本书获华南理工大学"双一流"建设项目本科精品教材专项、华南理工大学公共管理学院出版基金资助。

高等院校经济学管理学系列教材

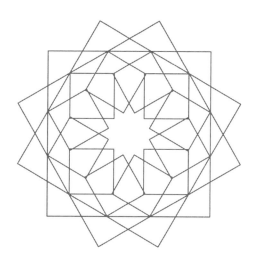

结构方程模型及Stata应用

阳义南 编著

图书在版编目(CIP)数据

结构方程模型及 Stata 应用/阳义南编著. —北京:北京大学出版社,2021.2
高等院校经济学管理学系列教材
ISBN 978-7-301-32003-7

Ⅰ. ①结… Ⅱ. ①阳… Ⅲ. ①统计模型—应用软件—高等学校—教材 Ⅳ. ①C815

中国版本图书馆 CIP 数据核字(2021)第 031512 号

书　　　名	结构方程模型及 Stata 应用 JIEGOU FANGCHENG MOXING JI STATA YINGYONG
著作责任者	阳义南　编著
责 任 编 辑	杨丽明
标 准 书 号	ISBN 978-7-301-32003-7
出 版 发 行	北京大学出版社
地　　　址	北京市海淀区成府路 205 号　100871
网　　　址	http://www.pup.cn
电 子 信 箱	sdyy_2005@126.com
新 浪 微 博	@北京大学出版社
电　　　话	邮购部 010-62752015　发行部 010-62750672　编辑部 021-62071998
印 刷 者	北京市科星印刷有限责任公司
经 销 者	新华书店
	787 毫米×1092 毫米　16 开本　13.75 印张　301 千字 2021 年 2 月第 1 版　2023 年 6 月第 3 次印刷
定　　　价	58.00 元

未经许可,不得以任何方式复制或抄袭本书之部分或全部内容。
版权所有,侵权必究
举报电话: 010-62752024　电子信箱: fd@pup.pku.edu.cn
图书如有印装质量问题,请与出版部联系,电话: 010-62756370

前　言

结构方程模型（structural equation modeling，SEM）初见于 20 世纪六七十年代，兴起于 20 世纪 90 年代，目前已发展为多元统计，尤其是潜变量统计的核心分析方法，被誉为应用统计的第三次革命，也被称为社会科学定量研究第三代与第四代方法之间的桥梁。（王卫东，2010；邱皓政和林碧芳，2012）

结构方程模型可以处理显变量、潜变量，一元变量、多元向量，连续型变量、分类型变量，直接效应、间接效应，单层效应、多层效应，中介效应、调节效应，等等，还可以灵活地搭配组合这些功能模块。它并不限于某一个或某一类定量模型，而是多种不同统计分析技术的集合体。在不同条件下，t 检验、列联表分析、方差分析、线性回归模型、广义回归模型、路径分析、因子分析、连续潜变量模型、分类潜变量模型等都是（广义）结构方程模型的特例。基于 SEM 框架将现有大多数统计方法整合进来，可以搭建一个不同模型之间顺畅转换、联通联用的超级平台，展现出极强的灵活性、延展性和广阔的发展空间。

结构方程模型的改进和发展是革命性的，代表了目前最先进的定量分析技术之一。（Iacobucci，2012）它不仅是一种全新的描述变量间复杂关系的建模方式，更是一种全新的定量研究思维方式，同时还是一种全新的定量论文写作方式；不仅能将研究者的数据分析能力提升到新的层次，对研究者提升研究能力、扩展研究视野、丰富研究领域也将产生潜移默化的作用。（Kline，2016）它第一次给社会科学研究提供了从概念操作到理论构建，再到理论检验的一整套统计分析数量工具。（王卫东，2010）

20 世纪 90 年代初，我国心理学、医学、教育心理学学者最先向国内介绍结构方程模型。目前，结构方程模型已在社会科学的各个学科得到广泛应用。国内介绍使用统计软件处理结构方程模型的教材已有很多，但都基于 LISREL、AMOS、EQS、Mplus。Stata 软件使用者众多、更新速度快，但目前并没有一本中文教材介绍如何使用 Stata 软件来处理结构方程模型。

Stata 在 12.0 版本之前还没有结构方程模型，之后开始着重开发 SEM 程序模块。Stata 13.0 又推出了广义结构方程模型（GSEM）程序包。GSEM 通过设定分布函数和联结函数（共有 13 种分布函数、5 种联结函数），能处理各种非连续型内生变量，并且能估计多层模型，从而极大扩展了应用场景。Stata 15.0 将潜类别分析、潜剖面分析等分类型潜变量模型纳入进来。尽管 Stata 还不能处理同时包含连续潜变量和分类潜变量的混合结构方程模型（mixture structural equation modeling，MSEM），但鉴于 Stata 版本更新快，相信不久后也能做到。

过去，Stata 软件在处理不同统计模型时，要分别使用 regress、logit、ologit、mlogit、erm、fmm、me、pca、factor、mvreg 等不同命令，而结构方程模型只需 sem、gsem 两个命令包就可以非常便捷地处理这些不同模型。这种便利性、灵活性带来的好处是不言而喻的。也许 SEM 在处理单一模型时没有这些专门命令程序那么精巧、细致，但由于它捋清了变量之间系统性的内在关系路径，能带来更清晰的视野和思路；还能极大地帮助使用者理解不同模型之间的关联和区别，更恰当地驾驭、融通这些模型，发挥出联通联用的更大威力。同时，由于采用了更先进的模型求解算法，估计结果也会更准确。

Stata 软件既能编程，又能画图来处理 SEM 模型。相比其他统计软件，Stata 的命令程序兼具简练和易读性，更加好学易懂，且能输出更高质量的统计图、统计表等结果。而其他软件的很多命令语句则十分烦琐，很难理解。另外，Stata 还推出了 SEM Builder，允许使用者通过路径图来勾画、拟合模型，并展示估计结果。

尽管 Stata 公司编制了详细的 SEM 操作手册，[①] 但这些手册内容庞杂、散乱，读者很难把握其内在逻辑关系。同时，这些手册更偏重介绍 SEM 的 Stata 操作使用，较少介绍这些模型、方法背后的数学、统计学原理。如果读者对结构方程模型、统计学、多元统计分析等知识不太熟悉，往往会知其然而不知其所以然，似懂非懂。这也是笔者在学习使用 SEM 过程中的切身体验，深感不便。为此，编写本书希望能有所帮助。

为了编写本书，笔者熟读了目前国内能获得的几乎所有结构方程模型的教材（详见参考文献），汲取了前辈的智慧精华，也写入了编者的使用经验、论文案例。需要强调的是，编写本书不是要让读者学会"造车、修车"，而是要让读者通过一段时期的学习与实操学会"驾车"。由于 SEM 是一个庞大的模型体系，本书不会贪多求全，而主要介绍当前实证研究中最常用、最实用的方法模型。因此，本书的定位是一本应用 Stata 软件操作 SEM 的教材，可作为高年级本科生、研究生学习统计学、多元统计学的软件实操学习手册，也可作为科研工作者的参考工具书。

由于水平有限且时间匆匆，书中难免存在错误和遗漏之处，恳请将您的宝贵意见和建议发到我的邮箱：99637339@qq.com，或在笔者的微信公众号"结构方程模型 STATA（SEM-STATA）"评论区留言。我们将在后续修订工作中进一步改正。

阳义南
2020 年于广州

---

① Stata 有关 SEM 的操作手册有 *Stata Structural Equation Modeling Reference Manual*，*Stata Multivariate Statistics Reference Manual*，*Stata Item Response Theory Reference Manual*，*Stata Multilevel Mixed-effects Reference Manual*，*Stata Finite Mixture Models Reference Manual*。

目录

第1章 结构方程模型介绍

1.1 从显变量到潜变量 ………………………………………………………… 1
1.2 什么是结构方程模型 ……………………………………………………… 9
1.3 结构方程模型为何盛行 ………………………………………………… 15

第2章 结构方程模型展示

2.1 路径图 …………………………………………………………………… 19
2.2 矩阵方程 ………………………………………………………………… 22
2.3 命令程序 ………………………………………………………………… 26

第3章 结构方程模型建模

3.1 模型设定与预识别 ……………………………………………………… 29
3.2 模型参数估计方法 ……………………………………………………… 33
3.3 模型拟合优度检验 ……………………………………………………… 42
3.4 模型修正 ………………………………………………………………… 46

第4章 结构方程模型：回归分析与路径分析

4.1 相关分析与线性回归 …………………………………………………… 48
4.2 中介效应与路径模型 …………………………………………………… 52

第5章 结构方程模型：因子分析

5.1 探索性因子分析 ………………………………………………………… 67

5.2 验证性因子分析 …… 77
5.3 多因子与高阶因子模型 …… 84

第 6 章 结构方程模型：连续型潜变量

6.1 MIMIC 模型 …… 93
6.2 标准结构方程模型 …… 98
6.3 合成型结构方程模型 …… 111
6.4 广义测量模型与广义结构方程模型 …… 115

第 7 章 广义结构方程模型：分类型

7.1 列联表分析 …… 126
7.2 广义线性回归模型 …… 128
7.3 广义中介模型 …… 133
7.4 分类型潜变量模型 …… 135

第 8 章 结构方程模型：多组比较

8.1 多组比较模型 …… 151
8.2 路径模型多组比较 …… 155
8.3 潜变量的测量不变性检验 …… 161
8.4 结构方程模型多组比较 …… 172

第 9 章 结构方程模型：多层效应

9.1 多层回归与路径模型 …… 182
9.2 多层结构方程模型 …… 195

第 10 章 结构方程模型：交互效应

10.1 交互效应结构方程模型 …… 202
10.2 二次效应结构方程模型 …… 209

总结与展望 …… 213
参考文献 …… 214

第1章

结构方程模型介绍

"工欲善其事，必先利其器。"为探索、揭示更复杂的变量间关系，为认识和考察研究对象的多维度、多面性，为消除测量误差、内生性、生态谬误等模型问题，为给缺失值、奇异值、异方差、非正态、不独立等数据问题提供新的解决办法，因子分析、路径分析、多层分析、结构方程模型、潜类别模型等新一代统计方法被逐步提出。这些新方法与方差分析、相关分析、回归分析等传统方法都可纳入（广义）结构方程模型的框架。

1.1 从显变量到潜变量

学习和使用结构方程模型应从哪里入手？有人认为是处理数据，有人认为是运用模型。笔者认为应先从认识变量及其分类开始。这是因为所谓的模型不过是变量之间内在关联关系的表达，而不同类型变量对应的统计模型是不同的。不同于回归模型只能处理显变量，结构方程模型的变量类型要丰富、复杂得多。如果不首先区分、辨识所要研究对象的具体变量类型，而贸然建立所谓的实证模型，则很可能会犯"张冠李戴"的错误。为此，我们将首先介绍变量的不同分类，再为其选择恰当的统计模型和估计方法。

一、变量与向量

在基础统计学中，研究对象是一元的随机变量（random variable）。它是一套以正态分布及其参数估计、假设检验为核心的统计分析方法。参数估计的主要思想是将所要研究的问题转化为一个个具体的参数，然后利用随机抽样的样本统计量对这些总体参数作出基于概率的统计推断。例如，使用样本均值 $\bar{x}$ 推断总体均值 μ，使用样本比例 p 推断总体比例 π，使用样本方差 x^2 推断总体方差 σ^2。尽管我们的研究对象是 y，但在实际操作中，往往会将问题转化为对 y 的某个未知参数（均值、比例、方差等）的推断检验。这是因为 y 的取值是非常繁杂的，有必要将它的信息集中到一些代表性参数上，如均值、比例、方差等。

在整个基础统计学中，研究的都是可以直接测量的显变量。除了描述性统计之外，统计分析方法主要有检验两个分类变量相关的列联表分析、分类变量与连续变量的方差分析、连续变量与连续变量的相关分析，以及糅合了相关分析与方差分析的回归分析。其中，最具代表性、使用最广的是回归模型。回归模型是一元显变量统计分析的最大框架。

然而，我们在研究社会、经济、心理、行为等很多实际问题时，常常需要处理多指标、多维度、多路径、多层次等更复杂的问题。例如，研究健康时，健康可分为生理健康、心理健康、社会健康等多个维度，而每一个维度又需要使用多个指标测量。由于这些指标之间往往并不独立，仅仅研究某一个指标（做代理变量）或分别对这些指标进行研究，都不能很好地从整体上把握所要研究问题的实质，会存在"挂一漏万""管中窥豹"的局部性、片面性。（何晓群，2015）尽管一些单位相同的指标可以加总（如工资、利息、股息、红利、劳务等不同来源的收入），但更多指标变量的单位是不同的，并不能直接加总，此时就需要借助向量这个数学工具。

（一）随机向量

假设所要研究的对象数据是同时观测 p 个指标（变量）并进行 n 次观测得到的。我们把这 p 个指标表示为 $x_1, x_2, \cdots, x_p$，用向量 X_p 表示为：

$$X_p = (X_1, X_2, \cdots, X_p)' \tag{1-1}$$

也可以用矩阵表示为：

$$X = (X_1, X_2, \cdots, X_p) = \begin{bmatrix} x_{11} & x_{12} & \cdots & x_{1p} \\ x_{21} & x_{22} & \cdots & x_{2p} \\ \vdots & \vdots & & \vdots \\ x_{n1} & x_{n2} & & x_{np} \end{bmatrix} \tag{1-2}$$

如果是被解释变量，则一般用 Y 来表示：

$$Y = (Y_1, Y_2, \cdots, Y_p) = \begin{bmatrix} y_{11} & y_{12} & \cdots & y_{1p} \\ y_{21} & y_{22} & \cdots & y_{2p} \\ \vdots & \vdots & & \vdots \\ y_{n1} & y_{n2} & & y_{np} \end{bmatrix} \tag{1-3}$$

（二）随机向量的数字特征

如同一元变量的数字特征表示为 $N(\mu, \sigma^2)$，多元向量 X 的数字特征可以表示为 $N_p(\mu, \Sigma)$，表示均值 μ 是一个 p 维向量，协方差 Σ 是一个 $p \times p$ 的矩阵。

设 $X = (X_1, \cdots, X_p)'$ 有 p 个分量，若 $E(X_i) = \mu_i$ 存在，$i = 1, 2, \cdots, p$，定义随机向量 X 的均值为：

$$E(X) = \begin{bmatrix} E(X_1) \\ E(X_2) \\ \vdots \\ E(X_p) \end{bmatrix} = \begin{bmatrix} \mu_1 \\ \mu_2 \\ \vdots \\ \mu_p \end{bmatrix} = \mu \tag{1-4}$$

两个变量之间的关系可以用协方差或相关系数（标准化的协方差）度量，而多个变量之间的关系则要通过协方差矩阵度量，如下所示：

$$\Sigma = \text{cov}(X, X) = E[(X - E(X))(X - E(X))'] = D(X)$$

$$= \begin{bmatrix} D(X_1) & \mathrm{cov}(X_1,X_2) & \cdots & \mathrm{cov}(X_1,X_P) \\ \mathrm{cov}(X_2,X_1) & D(X_2) & \cdots & \mathrm{cov}(X_2,X_P) \\ \vdots & \vdots & & \vdots \\ \mathrm{cov}(X_P,X_1) & \mathrm{cov}(X_P,X_2) & \cdots & D(X_P) \end{bmatrix}$$

$$= (\sigma_{ij}) \tag{1-5}$$

称式（1-5）为 p 维随机向量 X 的协方差矩阵。另外，称 $|\mathrm{cov}(X,X)|$ 为 X 的广义方差，它是协方差矩阵的行列式之值。事实上，结构方程模型就是从解构样本的方差—协方差矩阵入手的。

（三）随机向量的分布函数

随机向量最常用的概率分布函数是多元正态分布。多元正态分布是一元正态分布的自然推广。多元统计分析就是建立在多元正态分布的理论基础之上。许多实际问题的分布常常属于多元正态分布或近似正态分布，或虽然它们自身不是正态分布，但它们的样本均值近似服从多元正态分布。[①]

在一元统计中，由正态分布导出 t 分布、χ^2 分布、F 分布三个用于假设检验的分布函数。而在多元统计分析中，由多元正态分布导出的三大分布分别为 Wishart 分布（1928）、T^2 分布（1931）、Wilks Λ 分布（1958）。

有了多元随机向量的解释变量 X 和被解释变量 Y，我们就可以建立相应的多元变量理论模型，使用对应的多元统计分析方法进行研究。常用的多元统计分析方法包括处理多元显变量的路径分析、主成分分析，处理潜变量的因子分析、结构方程模型、潜类别分析，等等。

二、显变量与潜变量

根据是否可以直接测量，可将变量分为显变量、潜变量。这里的分类标准是该变量可否直接测量，而不是能否被测量。理论上，每一个变量都可以被测量，只是有的可以直接测量，有的需要间接测量；有的使用现有技术就可以测量，有的则留待未来测量技术改进后才能测量出来。

（一）显变量

显变量（observed variable），又称观测变量、指标变量（indicator）、条目（item）、代理变量（proxy variable），是我们使用测试、测验、调查、观察或其他方法得以直接测量出来的变量。例如，工资、年龄、身高、体重、GDP、零售额、出口额，等等。有些复杂的显变量则需要借助专业的量表工具，如 katz、IADL、ADS、MMSE 等。显变量就是那些在数据库里真实存在的变量。

在实际研究工作中，显变量可以直接用作被解释变量，或用作研究对象的代理变量。当研究对象可以直接测量且没有误差时，它可被当作一个真实有效的操作变量直

---

① 对此，读者可以研习何晓群编著并于 2015 年出版的《多元统计分析》。

接用于实证检验（绝大部分显变量都存在一定的测量误差）。如果该研究对象不能直接测量，就为它挑选一个代理变量。例如，工资作为收入的代理变量，GDP 作为经济增长的代理变量，主观幸福感作为效用的代理变量，等等。此外，显变量也可用于定义或测定后文将要介绍的潜变量。

显变量可以是一元的变量，估计方法主要有方差分析、回归分析等；也可以是多元的向量，研究方法主要有主成分分析、路径模型等。

在 Stata 中，显变量的首字母要小写。例如，x_1，x_2，…，y_1，y_2…，mpg，weight，testscore 等。如果数据中的变量使用了大写首字母，可以输入命令 rename_all，lower，变为小写首字母。

（二）潜变量

潜变量（latent variable），又称隐变量、概念（concept）、构念或构想、特质（trait）、构建或建构（construct）、维度（dimension）、因子（factor）。这些是不同学科、不同阶段的不同称呼，我们认为称其为"潜变量"最为规范。潜变量是不能直接测量或观察的，需要从一组反映其影响的显变量或合成它的指标推断出来。① 例如，智商是一个心理学的潜变量，消费者信心是一个经济学的潜变量，体质则是一个代表健康的概念，社会关系、社会网络是社会学的概念，领导力是一个管理学的概念，等等。

潜变量并不存在于研究者使用的数据库中，但研究者希望获得这些潜变量。这是因为潜变量是一种（抽象的）客观存在，并且在客观地发挥影响或起支配作用。事实上，相对于显变量的隐性概念在各个学科都是普遍存在的，如数学中的实数、虚数；生物学中的显性基因、隐性基因；物理学中的明物质、暗物质；心理学中的心理与行为，等等。众所周知，宇宙中暗物质占全部物质总质量的 85%，但它们是看不见、摸不着的。重力、磁场也是看不见、摸不着的，但它们可以解释很多现象以及事物之间的联系。心情也是一个潜变量，个人的心情会影响他的消费行为、社会行为。

正因为潜变量的客观、普遍存在，很多时候仅仅使用显变量无法揭示现象之间的真实联系。即使显变量能揭示现象之间的联系，但由于存在测量误差、指标单一性，得到的估计结果也不准确、不全面。在实证研究的早期阶段，由于缺乏构建、测度潜变量的有效办法，传统定量研究方法并没有直接对概念（潜变量）进行研究，而是采取了一种间接的操作办法：挑选一个显变量作为被研究潜变量的代理变量，再对该代理变量进行量化分析（如使用回归模型）。例如，假定工资可以代表收入，GDP 可以代表经济增长，自评健康可以代表健康，等等。有时可能遇到几个都能用的指标变量，这时会对这几个变量取均值或加总值（个别研究者会使用考虑了各个指标相对重要性的加权因子值）后，再进行研究。这是一种"化潜为显"的处理办法。

这种操作办法暗含的假设是该指标变量对潜变量的测度没有测量误差（信度、效度系数都为1），这往往不太可能。尽管我们可以为潜变量挑选那些具有较高信度和效度系数的显变量，但由于一些原因，测量误差（包括随机误差、系统误差）实际上是

---

① 在极端情况下，一些潜变量（概念）可能无法使用显变量进行测量（无法量化）。

普遍存在的。例如，选择的代理变量不恰当，可能是在测量别的潜变量（概念）；单个指标的信度和效度不足；[①] 存在一个更高阶因子的影响。这些都将导致不能很好地测定潜变量。在很多情况下据此得到的参数估计值很可能是不准确的，甚至是错误的。（侯杰泰、温忠麟和成子娟，2004）

使用单一指标做代理变量的另一个问题是估计结果存在局部性、片面性。我们在阅读一些使用回归模型的实证文献时，常常会发现研究者在研究同一个问题时得到的结论大多不一致，很少能达成统一认识。主要原因在于回归模型是处理一维单指标的显变量统计分析方法。在研究多维度、多指标、潜变量时，不同研究者为被解释变量找的代理变量不一定相同，相应的推断统计好比"盲人摸象"（总体参数是未知的），往往会得到不同的结果和发现。

使用潜变量可以更好地解释很多外显现象和不同外显现象之间的联系。（王孟成，2014）从这个角度讲，我们必须找到能研究潜变量的统计分析方法。幸运的是，尽管潜变量看不见、摸不着，但却"有影"，使得我们可以通过一些反映其影响的指标变量（好比"影子"）去测量它。这些指标都受到该潜变量的影响，对应地，每一个指标的测度值（scale score）中就会有一部分代表该潜变量的影响，而剩余的测量值则是各自的独特方差（unique variance）。由于每一个显变量都只能反映潜变量的某一个方面（侧面），因此，往往需要使用一组指标从多个方面测量或推测潜变量。我们可以采用相应的测量技术将这些指标值中反映潜变量影响的那一部分（公共值）提取出来，构成对该潜变量的测量值。这些测量技术就是我们将要在后文介绍的因子分析、潜特质分析、潜类别分析、潜剖面分析，等等。由此推知，除了一些特例，潜变量都是多元向量，并且是需要借助一定测量技术测量的多元向量。

测量一个潜变量需要多少个指标变量？Bagozzi & Baumgartner（1994）建议采用由 3—5 个指标组成的量表最理想。Kenny（1979）也指出，"两个也行，三个更好，四个是最好的，再多就会画蛇添足"。测量指标太多，相互之间的相关性就会增强，信息高度重叠导致多重共线，模型会变得更加复杂而不易求解。有时，如果个别潜变量确实只能找到 2 个指标变量，那就要求其他潜变量有多余的指标变量（≥3），或模型中有其他更多的显变量（如协变量）。否则模型就会难以识别（求解）。当然，如果一个潜变量的含义很清晰，也可以只用 2 个甚至 1 个指标就能很好地反映其含义。（易丹辉，2008）

可见，为潜变量挑选合适的指标变量是很讲究的，要挑选那些具有良好信度和效度的测量指标。这些被选中的指标既要尽可能广泛、全面地测度潜变量的内涵，又不能产生多余的维度（如测量躯体健康的指标不能又用来测量心理健康）。这些指标之间必须是相关的，但又不能高度相关。最理想的是这些测量指标之间呈中度相关。很多时候，使用的变量只是另一个变量的变体，或已包含另一个变量的大部分甚至全部测量值，这会产生多重共线的问题。测量指标挑选不当往往是结构方程模型无法求解

[①] 前两类测量误差又称为随机误差和系统误差。

的堵点、痛点。

三、变量的分类

（一）连续型变量与分类型变量

在基础统计学中，显变量往往被区分为定类、定序、定距、定比四种类型，或简单地区分为连续型、分类型两大类。连续型变量从理论上来说是指在取值范围内可以任意取值的变量，如时间、温度等。但社会科学研究的数据中往往连续型变量较少，尤其是问卷调查数据。经验的做法是，如果变量取值超过 5 种，采用极大似然估计仍可以得到精确的估计结果，故而也可以当作连续型变量处理。(Johnson & Creech，1983；Xie，1989)连续型变量一般被假设为服从正态分布，使用线性模型估计。

分类型变量则是使用几个数字代表互斥的不同类别。分类数据在社会科学中更为常见，尤其是我们目前使用的问卷调查数据大部分都是分类型变量。这些变量往往被假设为服从 0/1 分布、二项分布、多项式分布、泊松分布、负二项分布等，使用非线性模型估计。

显变量有分类与连续之分，潜变量也可分为分类、连续两种不同形式。(邱皓政，2008)根据使用的测量指标，连续型潜变量又可采用因子分析（factor analysis，FA）、潜特质分析（latent trait analysis，LTA）两种不同测量方式；分类型潜变量也分为使用连续型测量指标的潜剖面分析（latent profile analysis，LPA）和使用分类型测量指标的潜类别分析（latent class analysis，LCA），如图 1-1 所示。

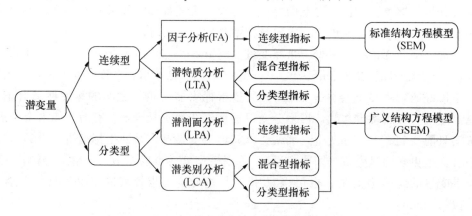

图 1-1 潜变量分类及其测量技术

若测量指标全部是连续型显变量，并采用因子分析的测量技术，得到的是连续型潜变量，此时，使用标准结构方程模型 sem 命令去处理；若测量指标是混合型（既有连续型又有非连续型）或分类型，测量技术仍是因子分析，此时的测量模型称为潜特质分析，测得的潜变量仍是连续型，但要使用广义结构方程模型 gsem 命令去估计；若指标是连续型，测量技术是概率分析，此时的测量模型称为潜剖面分析，测得的是分类型潜变量，要使用广义结构方程模型 gsem 命令去处理；若测量指标是分类型或混合型，测量技术仍为概率分析，此时的测量模型称为潜类别分析，也要使用广义结构方程模型 gsem 命令去估计。

当使用不同的测量技术将所需要的潜变量测量出来后，再根据研究需要将它们作为被解释变量、解释变量或中介变量、调节变量等，构建这些潜变量之间的结构关系模型。测量模型、结构模型两个部分就构成一个完整的结构方程模型。之后，再采用对应的估计方法将模型的参数估计出来。

在 Stata 中，潜变量的首字母要大写，例如，L_1、L_2、F_1……或 SEC、Verbal，等等。

没有特别说明，我们在前面章节将先介绍由因子分析测量出来的连续型潜变量及其结构方程模型。它的分析对象聚焦于指标或变量，这种方法也称为变量中心化（variable-centered）方法。（王孟成、毕向阳，2018）而在第 7 章才介绍由联合概率分析测量出来的分类型潜变量模型。分类型潜变量模型更偏向于个体中心化（person-centered）方法。变量中心化方法主要是研究和解释变量的取值变化及其分布规律，个体中心化方法则主要研究个体差异及其分类。

（二）内生变量与外生变量

根据变量在模型中所处位置，可以将变量区分为外生变量和内生变量。一个变量的内生性或外生性仅限于所研究的模型之内，在新的模型中则不再适用。

外生变量不由模型系统中的任何其他变量决定，在模型路径图中是路径（箭头）发出的一方。研究者一般也不会详细解释对它们的估计结果。外生变量之间可以是相关的，但彼此之间并不存在因果关系。例如，我们通常会将背景特征变量（性别、种族、教育、年龄……）作为外生变量。一般认为，这些变量的影响因素常在模型之外。

内生变量则是由模型系统决定的，在模型的路径图中是被路径（箭头）指向的一方。在结构方程模型中，内生变量主要包括三种：内生指标变量、内生中介变量、内生结果变量。

用作测量潜变量 X 的指标变量 x_1—x_4 都被当作内生显变量，这是因为有 X 和误差项的箭头指向它们。后文会详细介绍。

内生结果变量（endogenous outcome variables）是模型中所有其他变量的被解释变量（dependent variable），也是最终的研究对象或被影响的最终结果。

内生中介变量作用于一个外生变量与一个内生结果变量之间，提供了连接外生变量与内生结果变量之间的因果传导机制。对模型中一些变量而言是解释变量，又是其他一些变量的被解释变量。在更复杂的模型中，它也可以作用于其他两个内生变量（中介的中介）。内生中介变量具有非常重要的理论价值，用于解释外生变量和内生结果变量之间的作用关系（传导机制）或结构路径。

简言之，从箭头的指向来看，"只发不收"的是外生变量，"只收不发"的是结果变量，而"又收又发"的则是中介变量。

严格来说，当模型中所有内生变量都是连续型变量时，使用标准结构方程模型及 sem 命令来估计。当模型中有一个内生变量（包括潜变量的测量指标）不是连续型时，则应使用广义结构方程模型及 gsem 命令来估计。

（三）解释变量与被解释变量

不管是显变量还是潜变量，根据它们在模型中的作用都可区分为解释变量或被解释变量。

被解释变量是在模型中被其他变量影响的变量。在模型中，被解释变量一定是内生的，因此又称为内生结果变量或响应变量（outcome or response variable）。

解释变量就是在模型中能影响其他变量的变量，能在一定程度上解释被解释变量的变化。例如，教育学者认为家庭环境（解释潜变量）会影响学生的学习成绩（被解释潜变量）；市场学研究者认为消费者信任度（解释潜变量）会影响该公司的产品销售额（被解释潜变量）；健康专家则认为良好的饮食习惯和持续的运动（两个解释潜变量）会影响一个人的心脏病发病频率（被解释潜变量），等等。

我们在研究工作中常常遇到图 1-2 的情形。y 是被解释变量，x、m 都是解释变量，但 x 是外生解释变量，m 是内生解释变量。m 实际上是作为 x 和 y 之间的中介变量。x 对 y 的影响一部分是直接实现的，还有一部分是通过 m 的中介作用间接实现的。

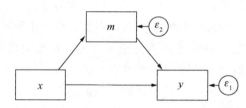

图 1-2　解释变量、中介变量和被解释变量

考虑到变量的内生性和外生性，又可以进一步将解释变量区分为内生解释变量（又称为中介变量）与外生解释变量。可见，解释变量并不一定就是外生的。在传统的回归模型中，解释变量往往被当作（或假定为）外生变量。然而，尽管所有外生变量都是解释变量，但这并不意味着所有解释变量就都是外生变量。图 1-2 中的中介变量 m 是解释变量，但它却是内生的解释变量。这也是回归模型常常产生内生性问题的原因之一。故此，为减少内生性，回归模型应尽量选择外生变量作为解释变量。

在结构方程模型中，我们很少像在回归模型中那样将变量区分为被解释变量、解释变量，而往往称之为外生变量、内生变量（含中介变量、结果变量）。

四、总的变量分类

如果把上述变量分类汇总在一起，可以得到更丰富的变量分类。例如，外生显变量、外生潜变量、内生显变量、内生潜变量。这些显变量、潜变量还可以区分为连续型、分类型，或被用作被解释变量、解释变量、中介变量、调节变量、多层变量，等等。了解这些不同的变量分类及其用途对我们理解和运用结构方程模型将会有很大的帮助。

1.2 什么是结构方程模型

一、结构方程模型的基础模块

结构方程模型是在糅合回归模型、路径模型、验证性因子模型三者各自优势功能的基础上发展而来的。这三个模型也是结构方程模型的建模基础。(Schumacker and Lomax, 2016)

第一个模型是回归模型。它起源于高尔顿在19世纪80年代开展遗传实验时发现的向均值回归规律。1896年，高尔顿的学生卡尔·皮尔森提出相关系数计算公式，可以计算两个变量之间的相关系数。回归模型用线性加权的一组显变量解释或预测一个被解释变量，并按照最小化残差平方和来求解回归方程的系数。它将相关分析、方差分析整合在一起，并给回归模型赋予研究者所假设的变量间因果关系。它的最大贡献和跨越就是将之前的方差、相关等相关分析方法推进到研究者更看重的因果分析。

回归模型的因果分析范式被结构方程模型所吸纳。结构方程模型整体上依然是一种回归分析的研究范式。不同之处在于，传统的回归模型只能处理显变量，而结构方程模型是一种使用潜变量（或潜显混合）并探索彼此更复杂路径关系的高级回归分析。实际上，结构方程模型中的每一条路径都是一个回归方程。当然，如果模型的各个因子都可以直接测量，则结构方程模型就是回归分析。从这个意义上说，回归分析是结构方程模型的一些特例，是结构方程模型最简单的形式。(Long, 2014)

1904年，查尔斯·斯皮尔曼使用相关系数来筛选显变量，将一组相关联的显变量（指标）捆绑在一起，把被访者对这些指标的回答结果进行加总得到一个数值，① 就可用于测度、定义或推断出一个相应的概念（构想、因子）。他使用六门课成绩来测量学生的智商，第一个提出因子模型。1940年，Lawley 和 Thurstone 进一步提出高阶因子模型等测量工具。Jöreskog 在1963、1969年的两篇论文中充分发展了验证性因子（CFA）模型。

验证性因子分析在结构方程模型中被用于构造潜变量，是整个 SEM 的测量模型部分。如果只是研究因子之间的相关关系（不考虑因果关系），即没有结构模型部分，则结构方程模型就是因子分析。故而，因子分析也是结构方程模型的部分特例。

1918年，生物学家 Wright 提出路径模型。路径模型使用相关系数、一组联立回归方程来构建更复杂的显变量路径关系模型。它最初被用于研究动物行为。之后，在很长一段时间里路径模型被遗忘了。直到20世纪50年代，计量经济学家把它们用于联立方程组，才重新进入研究者的视野。到20世纪60年代，社会学家也开始重视使用路径模型，如 Duncan 在1966年使用路径模型来研究社会代际流动，提出了经典的

---

① 因子值可以采用加总值、简单均值或因子加权均值。目前的 CFA 方法一般使用因子加权值（用因子载荷作求和的权重）。

社会地位获得模型。

路径模型的多重路径分析范式被结构方程模型所吸纳。在结构方程模型中,路径分析的作用就是描述、勾画潜变量之间的结构关系,是整个模型的结构模型部分。路径模型其实就是使用多元显变量的结构方程模型。从这个意义上说,路径模型也是结构方程模型的一些特例。

最后出现的是结构方程模型。在超过半个多世纪的时间里,因子分析这种潜变量模型与路径分析这种超级显变量模型一直都在各行其是,始终没有交集。(邱皓政、林碧芳,2012)直到 20 世纪 70 年代,Jöreskog、Keesling、Wiley 三人巧妙地利用矩阵将两种范式整合在一起,用验证性因子分析将潜变量和显变量结合起来,用路径分析将潜变量结合起来,提出了所谓的 JKW 模型,后又被称为线性结构关系模型 (linear structural relations model,LISREL)。1994 年,出现了研究 SEM 方法的专业期刊 *Structural Equation Modeling: A Multidisciplinary Journal*。这标志着结构方程模型已成为一种社会科学研究中广泛使用的量化分析方法,正式宣告一个全新量化研究范式的时代来临。

二、结构方程模型的定义

结构方程模型是一种使用测量模型 (measurement model) 构造潜变量,再搭建反映潜变量之间关系路径的结构模型 (structural model),构成一个完整的结构方程模型来估计、检验潜变量之间关系的多元统计分析方法。当然,结构方程模型并不仅仅是潜变量模型,而且是一个能处理显变量、潜变量、潜显混合变量的一般性模型框架。

首先,使用因子分析法筛选一组显变量来构造潜变量的测量模型。显变量与潜变量之间的相关关系用因子载荷 (factor loading) 来标识。因子载荷代表了该显变量对潜变量的测量(反映)程度或该潜变量对指标变量的影响大小,其平方值则反映各个指标变量之间的公共性 (communality) 或该因子方差的公共部分,故因子载荷又称为效度系数。一般希望标准化的载荷系数在 0.6 以上,如果小于 0.5,这个测量指标的使用要慎重。(侯杰泰、温忠麟和成子娟,2004)但也有一种观点认为最低极限为 0.3。(Nunnally and Bernstein,1994;Costello & Osborne,2005)因子分析的测量技术如图 1-3 所示。

在图 1-3 的测量模型中,x_1-x_4 都是连续型显变量,用作测量潜变量 X 的指标变量。x_1-x_4 属于内生显变量(因为有 X 和误差项的箭头指向它们),X 为外生潜变量。$e.x_1-e.x_4$ 4 个测量误差项则是外生潜变量。这里的内生、外生性质仅在该测量模型的范围内成立。

因子分析的测量原理是,x_1-x_4 都受 X 的影响(或支配)。它们的取值中有一部分是对 X 影响的反映,另一部分则是各自的独特误差 ($e.x_1$)。利用 4 个相关系数(载荷系数)乘以 x_1-x_4 的值,就可以将 x_1-x_4 中反映 X 影响的公共值提取出来,而不相关的值则是误差 $e.x_1-e.x_4$。这样与 X 不相关的测量值 $e.x_1-e.x_4$ 就被排除

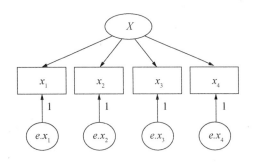

图 1-3　结构方程模型的测量模型

在外,而反映 X 影响的真实值则被保留了下来。之后,再对这些真实测量值进行下一步的统计分析和估计运算。这也是结构方程模型的参数估计结果和显著性水平优于回归模型的主要原因之一。

测量模型要解决的问题主要是所选择的指标变量能否很好地构造出(或测量出)所需的潜变量,故而主要应评估其聚合效度和区分效度(convergent and discriminant validity)。聚合效度主要是指测量同一个潜变量的各个指标之间要有相对较高的载荷系数(>0.7);区分效度主要是指各个潜变量(因子)之间的相关系数不能太高(<0.9)。简言之,各个指标要确实能聚拢在一起测量同一个因子,而不同因子的指标之间又要有区分度,能被区分开。

其次,搭建描述潜变量之间关系路径的结构模型。结构模型通常都是研究工作考察的重点和焦点。结构模型要解决的主要问题是能否正确地描绘潜变量之间的内在联系。这种联系的方向和大小就用结构系数(structure coefficients)来标识。结构模型主要是评估其理论效度(nomological validity)和预测效度(predictive validity)。这就要检验理论模型与样本数据方差—协方差的拟合度。此外,每一个结构方程都有一个预测误差或扰动项,代表内生潜变量没有被模型中的解释潜变量所解释或预测的那一部分变化值。

构建一个好的测量模型是关键的第一步。如果测量模型构造得不好,所检验的结构模型也将变得没有意义。因此,在检验潜变量结构关系之前必须先检验好测量模型。只有当各个潜变量都已被很好地测定(检验其因子载荷、信度系数、被解释了的方差大小),继而检验结构模型中各个潜变量之间的关系路径才是合理的。事实上,结构方程模型在拟合时如果不能收敛,大多数情况下都归咎于测量模型的设定错误。

最后,一个完整的结构方程模型如图 1-4 所示。测量模型包括构建三个潜变量 X、Y 和 Z,分别由 3 个指标进行测量。X、Z 都是外生潜变量,Y 是内生潜变量。X、Z 都作为 Y 的解释变量。这些测量指标 y_1—y_3、x_1—x_3、z_1—z_3 都是内生显变量。

模型中还有一类特殊的变量——以 e. 作为前缀的测量误差变量(error)。误差变量与内生变量一一对应。例如,内生显变量的误差一般命名为 $e.y_1$,内生潜变量的误

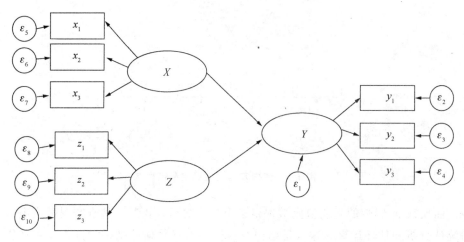

图 1-4 一个完整的结构方程模型

差项则命名为 e.y。误差项被视为一种特殊的外生潜变量。不同于其他外生潜变量的是，误差项有一些默认的设定，如均值为 0，误差项对指标变量的路径系数被限定为 1，且不能更改，但它的方差会被估计出来（标准误）。

在标准结构方程模型中，每一个连续型的内生变量（潜或显）都有一个对应的误差项（e.var）。而在广义结构方程模型中，如果内生变量是显变量，只有服从正态分布的才有对应的误差项，其他分布类型没有对应的误差项。如果内生变量是潜变量，则所有的内生潜变量都有对应的误差项。这是因为在结构方程模型中，所有（因子分析测量出来的）潜变量都被假定为服从正态分布。

三、结构方程模型的分类

结构方程模型可以分为标准结构方程模型和广义结构方程模型两大类。Stata 分别用 sem 和 gsem 两组不同的命令模块来估计这两大类模型。sem 命令估计标准结构方程模型，而 gsem 命令估计广义结构方程模型。后文中，我们也会用 SEM 和 GSEM 来指代这两类不同的模型。

（一）标准结构方程模型

标准结构方程模型的所有内生变量（含潜变量的测量指标）都是连续型变量（显或潜），模型为线性回归模型，并且只能估计单层（single-level）模型。Stata 估计的命令格式为：sem……，……。

尽管标准结构方程模型的应用范围比较严格，但它具有一些独特的功能，包括：能使用保留缺失值极大似然估计法 MLMV[①]（不用删除有缺失的观测值个体）；能报告拟合指标、修正指标，并将影响效应分解为直接效应、间接效应；能根据抽样方法和权重对标准误进行调校（适合分层、整群、多阶段等非简单随机抽样数据）；能估

---

① 有时也称为完全信息极大似然估计（full information maximum likelihood，FIML）。

计只有样本统计量的数据（summary-statistic data，只有原始数据的方差、协方差或相关系数、均值）[①]……这些功能非常实用，并且都是广义结构方程模型和其他定量研究方法所不具有的。

过去，标准结构方程模型要求所有的内生、外生变量都必须服从均值为 μ、方差矩阵为 Σ 的联合正态分布，包括误差项在内（被当作外生潜变量），但目前已不再严格要求必须服从联合正态分布的假设。外生显变量可以不服从联合正态分布。[②] 有时连正态分布假设也不需要，只要满足独立同分布假设（$i.i.d$）即可。有时甚至连独立同分布假设也可以不用满足，如使用渐近无分布估计方法（ADF）时，就没有任何分布假设要求。在一些特殊情况下，依然要求服从完全的联合正态分布，如使用 MLMV 时就要求满足该假设；在计算一些模型拟合指标时也要求必须完全符合该假设。后面再介绍这些不同情形。

（二）广义结构方程模型

广义结构方程模型的内生变量可以是连续型变量，也可以是二值、有序、计数、无序多项选择等非连续型变量。只要模型中的内生变量有非连续型的，即使只有 1 个，也应该使用广义结构方程模型，包括潜变量的测量指标。这是因为测量指标被当作内生显变量。对应的模型可以是线性回归，也可以是 gamma 回归、logit 回归、ologit 回归、oprobit 回归、mlogit 回归、泊松回归、负二项回归，等等。

广义结构方程模型不仅可以估计单层模型，还可以估计多层模型（如组织—个体两个层面），即估计包含固定效应和随机效应的混合效应模型。例如，难以观测得到的由于从属某一更高层级而产生的嵌套效应（nested effect），如学校对学生成绩的影响、地区对上市公司的影响、社区对家庭的影响；或不同层级交杂的交错效应（crossed effect），如行业与地区交错对上市公司的影响或对员工的影响。

总之，GSEM 既可以估计线性模型，也可以估计广义线性模型；既可以估计单层模型，也可以估计多层模型；既可以估计单层的线性与广义线性模型，也可以估计多层的线性与广义线性模型；既可以估计传统的固定效应模型，也可以估计包含随机效应的混合效应模型。另外，Stata 15.0 版本之后的 GSEM 已经可以估计分类型潜变量模型，如潜类别分析、潜剖面分析，还可以加入协变量，估计更进一步的结构模型。

GSEM 并不需要满足完全的联合正态分布假设，而只需要满足外生显变量给定条件下的联合正态分布。即把模型中的外生显变量都当作给定的，根据它们的取值来估计模型的参数。

SEM 与 GSEM 究竟要服从什么样的分布假设（联合正态分布、条件正态分布、独立同分布），取决于二者采用何种估计方法。在 Stata 中，SEM 一共有极大似然（ML）、极大似然稳健估计（QML）、渐近无分布估计（ADF）和保留缺失值极大似然估计 4 种参数估计方法，而 GSEM 只有 ML、QML 两种方法。使用不同参数估计

[①] 这可以在没有原始数据的情况下，对别人的研究进行复制、检验。

[②] 这意味着在估计时，已不需要考虑外生显变量的分布函数。

方法要求满足的分布假设不同。本书将在第 3 章详述。

由于 GSEM 是一个更大的框架，故而 SEM 能估计的模型，理论上 GSEM 都可以估计，反之则不可逆。但 GSEM 缺少一些 SEM 特有的功能，如使用 MLMV 估计、报告标准化系数，等等。

SEM 与 GSEM 会存在较多的重叠部分。对重叠部分，此时两种方法得到的估计结果几乎相同。这是因为两种方法都是基于相同的数学模型，只是使用的算法不同。对重叠部分，建议优先采用 SEM 估计。因为 SEM 只需较少的数学运算和近似迭代，运算速度更快，估计结果也更精确。研究者需要根据内生变量的类型（连续型或非连续型）、单层或多层来选用 SEM 或 GSEM。

（三）分类型潜变量模型

潜变量也可以是分类型的。最早在 1968 年由 Lazarsfeld & Henry 提出的潜类别分析（latent classes analysis）中的类别（classes）就是分类型潜变量。这类潜变量的测量技术采用的是联合概率分析。分类型潜变量又分为潜类别分析和潜剖面分析。

在 Stata 软件里，潜类别分析、潜剖面分析这些分类型潜变量模型（包括有限混合回归模型，finite mixture regression model）都被整合进 gsem，成为 gsem 命令的子模块。本书将在后面第 7 章专门介绍分类型潜变量模型。前面各章先只介绍连续型潜变量的标准结构方程模型和广义结构方程模型。

（四）新的进展

结构方程模型一直朝着建立一个把常用统计方法都统一起来的统计模型的方向努力。（王卫东，2010）Stata 15.0 版本后，gsem 命令已经可以处理连续型潜变量、非连续型潜变量，具备了更强的功能、更大的包容性。但目前同一个模型中还不能同时出现这两种不同的潜变量。这种测量模型称为混合因子模型（mixture factor model），结构模型称为混合结构方程模型（mixture structural equation modeling）。混合模型是最近几年开始流行的潜变量建模方法，目的是在建模过程中考虑群体的异质性，让传统建模方法更加精确，并且使以变量值为中心和以观测个体为中心的方法之间开始融合。（王孟成、毕向阳，2018）随着 Stata 软件处理潜变量模型功能的不断完善，预计不久将能估计同时包含连续型和分类型潜变量的混合模型。

四、结构方程模型是假设检验的统计分析方法

假设检验是推断统计学的主要内容之一。研究者将所要研究的对象变量化为一个具体的总体参数（均值、比例、方差等），提出一个假设关系模型，然后利用样本数据检验该假设是否成立。（贾俊平等，2015）

在使用结构方程模型时，研究者首先使用一组一组的显变量测度一个个需要的概念（因子、潜变量），再根据相关理论和已有实证研究结果，假设这些潜变量之间会按照某种方式或路径相互联系。例如，教育学假设家庭环境（解释潜变量）会影响一个学生的学习成绩（被解释潜变量）；市场学假设消费者信任度会影响一家公司的销售业绩；健康营养学则认为良好的饮食、保持运动的习惯会降低心脏病的患病率。接

着，利用随机抽样数据检验所假设的理论模型能在多大程度上得到样本数据的支持或验证，最终得到最接近变量之间真实关系的理论模型。如果样本数据支持所假设的理论模型，则可以进一步提出更复杂的理论模型；如果得不到样本数据的支持，研究者就要修改初始的理论模型或提出其他不同的理论模型。可见，结构方程模型也是一种假设检验的研究方法，而理论模型的建立是其第一个步骤。

需要强调的是，真实的因果模型往往并不可知。研究者只是提出一个假设的因果关系模型，然后用样本数据去检验该模型。即使数据和模型拟合得较好，也只能说明模型与数据是一致的，而不能说模型已被数据证实。从这个意义上来说，SEM 更似一种证伪技术，帮助研究者拒绝那些错误的模型（对数据的拟合指标较差），但在真实模型未知的前提下，绝不可能将模型验真。正如 Bollen（1989）指出的，"如果模型与现实一致，那么数据必然会与模型相一致；然而，即使数据与模型是一致的，却并不能确保模型就会与现实相吻合"。

在研究中，只有满足以下几个条件才能被认为是因果关系模型：第一，变量之间存在时间上的先后关系，X 发生在 Y 之前（必要非充分条件）；第二，变量之间存在显著的相关系数或协方差（必要非充分条件）；第三，在控制其他变量的影响之后，操纵变量 X 引起了 Y 的变化（充分条件）。

要注意变量在时间上的先后性，尽量避免使用的数据都来自同一个时间点。如果 A 发生在 B 之前，则可以更肯定地认为正确的因果关系应是 A 引起 B，而不会是 B 引起 A。如果在同一时间，究竟是 A 引起 B，还是 B 引起 A，或 A 和 B 相互影响？时间顺序正确之后，是否足以确保因果关系成立？并非如此。在实验研究中，一般会将被实验对象随机分组，使其暴露于一定的条件下，并控制这种解释变量的处理水平。如果没有这种随机实验安排，则可能遗漏很多未被纳入模型的协变量。如果存在某一个或一些前序变量能同时影响所讨论的两个变量，则二者的因果关系是可疑的，至少会有一定的虚假性。

我们永远无法确保已将所有相关变量纳入模型，而其中一个没有考虑到的变量就可能是导致内生性的"元凶"。故此，第三个条件在现实中很难满足。这使得社会科学的因果关系并不像硬科学那么直接明了。为此，很多研究者都表述为"X 影响 Y"或"X 与 Y 相关"，而不会表述为"X 引起 Y"。（Acock，2013）

1.3　结构方程模型为何盛行

1994 年之后，结构方程模型开始成为多元统计分析的主流方法。Hershberger（2003）发现 1994—2001 年使用 SEM 方法发表的论文开始增多，愿意发表这方面论文的学术期刊也开始增多。肖金川等（2014）分析 2001—2012 年五大英文顶级经济学期刊①计量方法的统计数据表明,经济学实证研究论文中使用结构方程模型的数量也开始增加。

结构方程模型越来越盛行至少有五个方面的原因:

第一,需要研究那些不能直接测量但却在客观上起作用的潜变量。社会科学中的概念都是高度抽象的,大多不可以直接测量。但它们却在客观地起作用,是很多现象、行为背后的影响因素。过去虽然研究的是概念、理念和构想,但囿于测量方法的缺位,研究者在当时的条件下无法测量这类变量,只能退而求其次使用代理变量间接探索。这种操作办法难免"隔靴搔痒",也存在较大的预测误差。随着潜变量测量方法和建模技术的发展成熟,对概念、因子进行直接研究是科学研究的客观需要和发展必然。结构方程模型整合了心理测量学和计量经济学,实现了社会科学描述性研究和解释性研究的统一,使得实证研究的宏观分析和微观分析得以联系。(王卫东,2010)

第二,探察更复杂的社会经济现象。人和物的世界是复杂联系的、多元多维的、间接含蓄的。传统定量研究方法只使用数量有限的变量,很难构建出复杂的理论模型,从而很难描述、解释复杂的社会经济现象。研究者们越来越认识到,有必要使用更多变量,构建复杂关系,多层次、纵贯性来开展科学探索。20世纪70年代,EM算法的出现和计算机技术的发展,带来了新一代的统计和测量理论及方法,传统的回归及方差分析和经典测量方法,虽然仍在广泛使用,但不再是主要的、更不是唯一的研究方法系统,也无法应付由新一代研究方法带动的学科专业发展。(侯杰泰、温忠麟和成子娟,2004)最突出的新一代统计分析方法是结构方程模型的发展和应用。结构方程模型可以对复杂的社会经济现象进行建模并进行统计检验,能更真实地模拟现实情况。它构造了一个与现实世界的认知形式和多元因果链具有高度同构性的统计模型。(王卫东,2010)相比传统的显变量估计方法,结构方程模型具有更多的功能,能获得更好的估计结果。无论是在理论层面还是在经验统计层面,SEM都是一种更具优越性的技术方法。(Iacobucci,2012)

第三,解决不同统计分析模型各行其是、不能联通联用的问题。现代统计都是一种基于模型的范式。新一代模型不仅要能解决前一代模型不能解决的问题,还要能兼容之前的模型。(王卫东,2010)结构方程模型提供了一个包纳性极强、极其灵活的统计数据分析框架,能将现有的大多数统计分析方法整合进一个统一的分析框架。这些模型包括验证性因子分析、二阶因子分析、多指标多因素模型、路径模型、结构方程模型、多层模型、纵贯分析等,可以满足研究者的大部分需求。同时,(广义)结构方程模型只需sem、gsem两个命令就可以非常便捷地处理这些不同模型,帮助使用者理解不同模型之间的关联和区别,更恰当地驾驭、融通这些模型,发挥"协同作战"的威力。

---

① 即 *American Economic Review*,*Quarterly Journal of Economics*,*Journal of Political Economy*,*Econometrica*,*Review of Economic Studies*。

第四，减少测量误差。在传统研究方法中，"测量"与"统计"是两个独立、相互分离的程序或步骤。(邱皓政、林碧芳，2012)例如，先测量（主成分分析或因子分析），再回归，如 PLS 估计法；或只回归，不测量（当作无误差处理），如 OLS 估计法。一些有讲究的研究者会精心挑选一些信度、效度高的指标作为代理变量。但当只使用一个指标变量时，是无法估计测量误差的（但可以将其设定为某个特定值）。① 研究者越来越认识到使用单一显变量作为被研究对象的代理变量所存在的测量误差问题。测量误差在各个学科都是一个严重的问题，导致参数估计值可能有偏或不一致。尽管有时可以使用几个指标并求均值（加总值或加权均值），但这依然是"化潜为显"的操作方法。② 而结构方程模型使用多个显变量构造一个潜变量，在对数据进行统计分析时把测量误差隔离开了，是一套将"测量"与"分析"整合为一的统计方法。(张岩波，2009)这能为研究者提供关于研究对象的更真实信息（对真实测量值进行回归），使各个概念之间的关系更加清晰。也就是说，测量误差最好的解决办法就是找到多个测量指标，使用这些指标构造对应的潜变量。

第五，为传统定量研究方法的模型、变量、数据等问题提供新的解决办法。回归模型往往遭遇内生性、生态谬误、缺失值、异方差、奇异值、非正态、不独立等顽疾的困扰，虽然提出了很多修补之法，如工具变量、删除法、插值法等，但效果往往差强人意。结构方程模型提供了保留缺失值极大似然估计 MLMV、ADF 估计、全局最优解、迭代算法、Satorra Bentler 标准误、自助法标准误、jackknife 标准误、多层嵌套、多组比较等新的办法和工具，为研究者提供了更多的选择，并具有更好的估计效果和统计效力。

过去30年来，SEM 模型越来越丰富、越来越成熟，推出了多组比较模型、多层嵌套（交错）模型、交互效应模型、潜增长（时间序列）模型、潜类别模型、潜类别转换模型、混合因子模型、混合结构方程模型等。这些模型为研究者使用 SEM 模拟、探索复杂的社会经济现象提供了强有力的工具。此外，SEM 统计软件也越来越多，使用越来越便捷，包括 LISREL（SIMPLIS）、AMOS、EQS、Mplus、SAS、STATISTICA、Stata，等等。这些软件极大地推动了结构方程模型的应用和普及。

"尺有所短、寸有所长"，不同于回归模型等传统定量研究方法的"小而精"，结构方程模型更多是基于全局思维探索变量之间的复杂结构关系，并使用完全信息估计方法（full information estimation），是一种"大而全"的定量研究方法。(Bollen & Long，1993)邱皓政、林碧芳（2012）指出，SEM 处理的是模型整体构建和比较，技术优势在于整体层次，而非个体或微观层次。

---

① 处理测量误差的另一种办法是当信度系数已知时，按信度系数对参数的估计结果进行调校。
② 不考虑测量误差，将导致变量的方差被高估，低估变量间的相关系数。而对于复杂的模型，影响会更大。测量误差越大，如果不考虑，错误就会越大。

当然,结构方程模型只是一种定量分析工具。研究结果有没有价值取决于研究设计及理论假设("实验"),而不是统计方法。(Kline,2016)研究者必须熟悉本领域的相关理论和已有文献,因为模型的设计、修改以及实证结果的解释都必须在理论、逻辑、实务的指引下进行。SEM使用者必须是一个科研工作者,而不应仅仅是个数据统计分析师或电脑"炫技"达人,必须坚守、践行"理论驱动型"研究,而不是"数据引导型"研究。

第 2 章
结构方程模型展示

结构方程模型一般可采用三种不同的展示方式：路径图、矩阵方程、命令程序。期刊论文一般会要求写出模型的方程组或矩阵方程。而在使用 Stata 估计时，先要写出命令程序 do 文档。当然也可以在 Sem Builder 窗口画出模型路径图，再进行菜单式操作估计模型参数。

2.1 路 径 图

路径图就是用画图的方式描绘变量之间的内在关系（路径）模型。这是一种最直观、最方便研究者和读者认识模型的办法，最后还可以非常直观地把参数估计结果展示在路径图上，包括非标准化系数、标准化系数。我们强烈建议研究者先在草稿纸上画出反映变量间关系的多种可能的路径图，再找出逻辑上、理论上以及以往研究揭示的最接近变量之间真实关系的几种路径图。有了这个模型路径图作为模板，能大大减少后续实证研究中可能发生的各种混淆或错误。

在 Stata 命令窗口中输入命令 sembuilder，就可以打开结构方程模型的路径图输入窗口，利用窗口左侧的工具栏画出要估计的结构方程模型。对话框如图 2-1 所示：

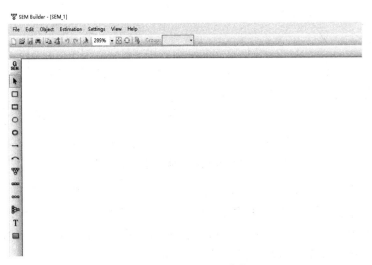

图 2-1　**Sem Builder** 窗口

利用表 2-1 的路径图工具，就可以勾画出所要研究的模型路径图。首先看一下测量模型的路径图，如图 2-2 所示。

表 2-1 sembuilder 图标含义

图形	含义	图形	含义
G SEM	广义结构方程模型	⌒	协方差
↖	选中模型（才能录入、修改）	▫▫▫	批量录入显变量指标
▭	显变量	⏃	快捷录入回归模型
▭	广义显变量	⏅	整个录入测量模型
○	潜变量	○○○	批量录入潜变量
◎	双层潜变量	T	录入文字、字母、符号等
→	路径	■	标识双层模型的阴影区域

注：笔者自制。

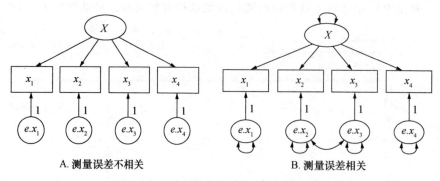

A. 测量误差不相关　　　　　　　　B. 测量误差相关

图 2-2　连续型指标变量构造的测量模型

Wheaton 等人于 1977 年发表的一篇研究疏离感的论文中的案例被 SEM 广泛使用，6 个测量指标分别是 1967 年的健忘程度、1967 年的无力感，1971 年的健忘程度、无力感，以及测量外生潜变量社会经济地位的两个指标，即 1966 年的教育程度、职业声望。该结构方程模型的路径图如图 2-3 所示。

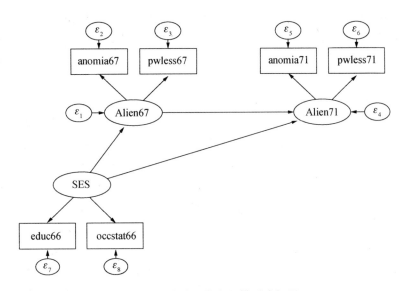

图 2-3　完整的结构方程模型路径图

资料来源：StataCorp（2017a）。

一个包含协方差的结构方程模型路径图如图 2-4 所示。

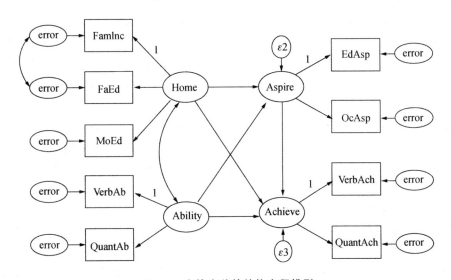

图 2-4　有协方差的结构方程模型

资料来源：Schumacker and Lomax（2016）。

综合上述三个路径图可以看出，在 Sem Builder 的路径图中：

（1）显变量 x_1—x_4 用矩形包纳，而潜变量 X 用椭圆形包纳。

（2）箭头，又称为路径（path），用于连接模型的矩形与圆形、圆形与圆形。当箭头（路径）由一个变量指向另一个变量时，意味着前者影响后者。路径系数又分为两种。测量模型的路径系数常被称为因子载荷或测量系数（measurement coefficients），如图 2-2 中，$X \rightarrow x_1$，β_1 是路径系数（path coefficient），意味着由 $\beta_1 X$ 和 x_1 构成了一个线性回归方程（$x_1 = \alpha_1 + \beta_1 X + e.x_1$）。图 2-4 中的 Home→FamInc。

结构模型的路径系数则被称为结构系数（structural coefficient），包括外生指向内生变量，如图 2-3 的 SES→Alien71；内生变量指向内生变量，如图 2-4 的路径 Aspire→Achieve。

如果在路径的旁侧标注一些具体的数字（如图 2-2、图 2-4 中的 1），表明该路径系数已被限定为等于 1，属于固定参数（fixed parameter），不需要再估计；如果是一些字母（如 a、b），则说明该路径系数是受限参数（constrained parameter），已被设定为等于其他变量的路径系数（二者相等）；如果该路径的旁边没有标注任何数字或字母，则说明该参数是自由参数（free parameter），是需要模型基于样本数据估计出来的未知系数。后文将会介绍如何把模型中的路径系数分别设置为固定参数、受限参数，以及不加限制的自由参数。

（3）双箭头。除了矩形、圆形和箭头，路径图中还有方差和协方差，连接一个变量自身的双箭头代表该变量的方差。例如，图 2-2 中的 $e.x_1$、$e.x_4$ 和潜变量 X。在路径图中，一般省略（不画出）连接变量自身的双箭头曲线。连接两个误差 $e.x_2$、$e.x_3$ 的双箭头代表二者之间存在协方差。还有图 2-4 中的测量误差协方差。没有标识双箭头的，表示默认这两个误差项之间不相关，例如，$e.x_1$ 与 $e.x_4$ 不相关但这不等于 x_1 与 x_4 之间不相关。这两个变量同时作为 X 的测量指标，是 X 函数，必然相关。因此，只是 x_1 与 x_4 各自的误差项之间不相关。

还有外生潜变量之间的相关，如图 2-4 中的 Home↔Ability。外生变量之间可以相关，但不能有因果关系。有因果关系，则箭头指向的潜变量就变成了内生变量。而在路径图中，一般省略（不画出）两个外生显变量之间的双箭头曲线（代表二者协方差）。

路径设置要根据各项研究的具体要求来定。总体上，在路径图中设定约束很简单，画出箭头则代表相应关系，不画出则表示二者不相关。换句话说，在路径图中，每一条要估计的路径都必须用箭头标识。如果不标识，程序会默认二者之间是不相关的（参数固定为 0）。但要注意的是，外生变量的测量误差可以相关，内生变量的预测误差也可以相关，但外生变量的测量误差不能与内生变量的预测误差之间相关。

理论上，可以画出所有的协方差，包括潜变量之间的协方差、外生显变量之间的协方差。但一般并不事先就认定各个潜变量之间都存在协方差，而是根据模型中潜变量之间的真实内在关系来判断是否可能存在协方差，然后画出连接两个潜变量的双箭头曲线。

画出路径图之后，再利用图 2-1 上方 "Estimation" 中的选项来对该路径图所示模型进行估计。后面各章节还会具体介绍各种应用模型，也会展示它们的路径图，在此无须赘述。

2.2 矩阵方程

期刊论文一般会要求列出所用模型的方程式。我们可以将结构方程模型中包含的

第 2 章 结构方程模型展示

每一个方程都写出来，用方程组（联立方程）的形式来表达，或直接使用更为简洁的矩阵方程来展示。

一、结构方程模型的矩阵方程

图 2-2 使用 4 个指标测量潜变量的测量模型可以写为如下方程组：

$$\begin{aligned} x_1 &= \alpha_1 + \beta_1 X + e.x_1 \\ x_2 &= \alpha_2 + \beta_2 X + e.x_2 \\ x_3 &= \alpha_3 + \beta_3 X + e.x_3 \\ x_4 &= \alpha_4 + \beta_4 X + e.x_4 \end{aligned} \quad (2\text{-}1)$$

上述方程组中，X、x_1、x_2、x_3、x_4、$e.x_1$、$e.x_2$、$e.x_3$、$e.x_4$ 作为一个整体要服从均值向量为 μ、协方差矩阵为 Σ 的多元正态分布，且要求各个观测值个体之间相互独立、同分布。其中，μ、Σ 与 α_1、β_1……α_4、β_4 都是需要估计的自由参数。

测量内生潜变量 Y 的方程组如下：

$$\begin{aligned} y_1 &= \gamma_1 + \lambda_1 Y + e.y_1 \\ y_2 &= \gamma_2 + \lambda_2 Y + e.y_2 \\ y_3 &= \gamma_3 + \lambda_3 Y + e.y_3 \\ y_4 &= \gamma_4 + \lambda_4 Y + e.y_4 \end{aligned} \quad (2\text{-}2)$$

由于把所有方程都写出来会比较烦琐，也容易遗漏，我们可以借助向量、矩阵工具，使用矩阵方程表示。

其中，测量模型（验证性因子模型）的矩阵方程如下：

$$Y = \Lambda_y \eta + \varepsilon \quad (2\text{-}3)$$

$$\begin{bmatrix} y_1 \\ \vdots \\ y_p \end{bmatrix} = \begin{bmatrix} - \\ - \\ - \end{bmatrix} \begin{bmatrix} \eta_1 \\ \vdots \\ \eta_m \end{bmatrix} + \begin{bmatrix} \varepsilon_1 \\ \vdots \\ \varepsilon_p \end{bmatrix} \quad (2\text{-}4)$$

$$X = \Lambda_x \xi + \delta \quad (2\text{-}5)$$

$$\begin{bmatrix} x_1 \\ \vdots \\ x_q \end{bmatrix} = \begin{bmatrix} - \\ - \\ - \end{bmatrix} \begin{bmatrix} \xi_1 \\ \vdots \\ \xi_n \end{bmatrix} + \begin{bmatrix} \delta_1 \\ \vdots \\ \delta_q \end{bmatrix} \quad (2\text{-}6)$$

式（2-3）和式（2-5）分别代表内生潜变量和外生潜变量的测量模型。其中，向量 Y（$p \times 1$）代表测量内生潜变量 η 的显变量指标，向量 X（$q \times 1$）代表测量外生潜变量 ξ 的显变量指标。各个显变量指标与被测量的潜变量之间的相关关系（因子载荷）分别用矩阵 Λ_y（$p \times m$）、Λ_x（$q \times n$）表示。Y 的测量误差用向量 ε（$p \times 1$）来表示，X 的测量误差用向量 δ（$q \times 1$）表示。矩阵 Θ_ε 代表内生潜变量的各个测量指标误差之间的方差—协方差矩阵，Θ_δ 代表外生潜变量的各个测量指标误差之间的方差—协方差矩阵。

整个结构方程模型的矩阵方程如下：

$$\eta = B\eta + \Gamma\xi + \zeta \tag{2-7}$$

$$\begin{bmatrix} \eta_1 \\ \vdots \\ \eta_m \end{bmatrix} = \begin{bmatrix} 0 & & \\ & 0 & \\ & & 0 \end{bmatrix} \begin{bmatrix} \eta_1 \\ \vdots \\ \eta_m \end{bmatrix} + \begin{bmatrix} - \\ - \\ - \end{bmatrix} \begin{bmatrix} \xi_1 \\ \vdots \\ \xi_n \end{bmatrix} + \begin{bmatrix} \zeta_1 \\ \vdots \\ \zeta_m \end{bmatrix} \tag{2-8}$$

式(2-7)中，字母 η 代表内生潜变量，是一个 $m \times 1$ 的向量。外生潜变量用字母 ξ 来表示，是一个 $n \times 1$ 的向量。矩阵 B（$m \times m$）代表内生潜变量之间的结构系数矩阵。矩阵 Γ（$n \times n$）代表外生潜变量与内生潜变量之间的结构系数矩阵。矩阵 Ψ 代表内生潜变量的预测误差之间的方差—协方差。矩阵 Φ 代表外生潜变量之间的方差—协方差。向量 ζ 是结构方程模型的误差项，代表整个方程的预测误差或扰动项。

需要指出的是，结构方程模型建立在分解方差—协方差矩阵的基础之上，往往假设测量模型与结构模型都是中心化的，但中心化与非中心化的模型结果并无差别，不影响变量之间的关系。就好比回归分析，是否中心化不影响回归系数的估计结果。（温忠麟、刘红云和侯杰泰，2012）

其中有如下假设：

（1）测量模型的误差 ε、δ 的均值为 0，结构方程的残差项 ζ 的均值也为 0；

（2）ε、δ 与因子 η、ε 都不相关，ε、δ 之间也不相关；

（3）ζ 与 ε、δ、ε 也都不相关。

综上可知，结构方程模型一共有 8 个不同的矩阵，即 B、Γ、Λ_y、Λ_x、Φ、Ψ、Θ_ε、Θ_δ。并且由这 8 个矩阵构成一个总的代表整个理论模型的协方差矩阵 Σ。Σ 一共包括四个子矩阵：

$$\begin{bmatrix} \Sigma_{yy} & \Sigma_{yx} \\ \Sigma_{xy} & \Sigma_{xx} \end{bmatrix} \tag{2-9}$$

其中，Σ_{yy} 代表结构模型的矩阵和 Y 的测量模型的矩阵。

$$\Sigma_{yy} = [\Lambda_y[(1-B)^{-1}(\Gamma\Phi\Gamma' + \Psi)(I-B')^{-1}]\Lambda_y' + \Theta_\varepsilon] \tag{2-10}$$

Σ_{xx} 代表了 X 的协方差项，类似于普通的因子分析模型。

$$\Sigma_{xx} = [\Lambda_x \Phi \Lambda_x' + \Theta_\delta] \tag{2-11}$$

左下角是 X 与 Y 的协方差项，而右上角则是左下角矩阵的转置矩阵。

$$\Sigma_{xy} = [\Lambda_x \Phi \Gamma'(I-B')^{-1}\Lambda_y'] \tag{2-12}$$

图 2-3 所示的模型矩阵方程具体可写为：

$$\begin{bmatrix} \eta_1 \\ \eta_2 \end{bmatrix} = \begin{bmatrix} 0 & 0 \\ \beta_{21} & 0 \end{bmatrix} \begin{bmatrix} \eta_1 \\ \eta_2 \end{bmatrix} + \begin{bmatrix} \gamma_{11} \\ \gamma_{22} \end{bmatrix} [\xi_1] + \begin{bmatrix} \zeta_1 \\ \zeta_2 \end{bmatrix} \tag{2-13}$$

其中，Y 的测量模型为：

$$\begin{bmatrix} y_1 \\ y_2 \\ y_3 \\ y_4 \end{bmatrix} = \begin{bmatrix} \lambda_{11} & 0 \\ \lambda_{21} & 0 \\ 0 & \lambda_{32} \\ 0 & \lambda_{42} \end{bmatrix} \begin{bmatrix} \eta_1 \\ \eta_2 \end{bmatrix} + \begin{bmatrix} \varepsilon_1 \\ \varepsilon_2 \\ \varepsilon_3 \\ \varepsilon_4 \end{bmatrix} \tag{2-14}$$

X 的测量模型为：

$$\begin{bmatrix} x_1 \\ x_2 \end{bmatrix} = \begin{bmatrix} \lambda_{11} \\ \lambda_{21} \end{bmatrix} [\xi_1] + \begin{bmatrix} \delta_1 \\ \delta_2 \end{bmatrix} \tag{2-15}$$

图 2-4 的矩阵方程具体可写为：

$$\begin{bmatrix} \eta_1 \\ \eta_2 \end{bmatrix} = \begin{bmatrix} 0 & 0 \\ \beta_{21} & 0 \end{bmatrix} \begin{bmatrix} \eta_1 \\ \eta_2 \end{bmatrix} + \begin{bmatrix} \gamma_{11} & \gamma_{12} \\ \gamma_{21} & \gamma_{22} \end{bmatrix} \begin{bmatrix} \xi_1 \\ \xi_2 \end{bmatrix} + \begin{bmatrix} \zeta_1 \\ \zeta_2 \end{bmatrix} \tag{2-16}$$

测量模型为：

$$\begin{bmatrix} y_1 \\ y_2 \\ y_3 \\ y_4 \end{bmatrix} = \begin{bmatrix} 1 & 0 \\ \lambda_{21} & 0 \\ 0 & 1 \\ 0 & \lambda_{42} \end{bmatrix} \begin{bmatrix} \eta_1 \\ \eta_2 \end{bmatrix} + \begin{bmatrix} \varepsilon_1 \\ \varepsilon_2 \\ \varepsilon_3 \\ \varepsilon_4 \end{bmatrix} \tag{2-17}$$

$$\begin{bmatrix} x_1 \\ x_2 \\ x_3 \\ x_4 \\ x_5 \end{bmatrix} = \begin{bmatrix} 1 & 0 \\ \lambda_{21} & 0 \\ \lambda_{31} & 0 \\ 0 & 1 \\ 0 & \lambda_{52} \end{bmatrix} \begin{bmatrix} \xi_1 \\ \xi_2 \end{bmatrix} + \begin{bmatrix} \delta_1 \\ \delta_2 \\ \delta_3 \\ \delta_4 \\ \delta_5 \end{bmatrix} \tag{2-18}$$

我们可以在模型拟合之后输入命令 estat framework, fitted。Stata 就会报告矩阵 B、Γ、Φ、Ψ、α、κ，还有 Σ、μ 这两个总体参数。

事实上，在某一项具体的研究工作中，几乎不会同时用到全部的 8 个矩阵，一般只是使用其中某几个矩阵的组合。

二、MIMIC 模型矩阵方程

多指标多因素模型（MIMIC）的内生变量是潜变量，但解释变量都是显变量。模型方程式如下：

$$\eta = \alpha + \Gamma X + \zeta \tag{2-19}$$

三、路径模型的矩阵方程

只使用显变量的路径模型的矩阵方程可以写为：

$$Y = BY + \Gamma X + \zeta \tag{2-20}$$

上式中，Y 是由 p 个内生变量组成的 $p \times 1$ 向量，X 是由 q 个外生变量组成的 $q \times 1$ 向量，B 和 Γ 分别表示 $p \times p$、$q \times q$ 系数矩阵，ζ 是 $p \times 1$ 残差向量。由于不使用潜变量，路径模型中并不包含测量模型，故只有 8 个矩阵中的 4 个矩阵 B、Γ、Φ、Ψ。

例如，某一个路径模型的矩阵方程可以写为：

$$\begin{bmatrix} y_1 \\ y_2 \end{bmatrix} = \begin{bmatrix} 0 & \beta_{12} \\ \beta_{21} & 0 \end{bmatrix} \begin{bmatrix} y_1 \\ y_2 \end{bmatrix} + \begin{bmatrix} \gamma_{11} & \gamma_{12} \\ \gamma_{21} & \gamma_{22} \end{bmatrix} \begin{bmatrix} x_1 \\ x_2 \end{bmatrix} + \begin{bmatrix} \zeta_1 \\ \zeta_2 \end{bmatrix} \tag{2-21}$$

式（2-21）表明，该模型有两个被解释（显）变量 y_1、y_2，并且 y_1、y_2 是相互影响的（非递归）；有两个解释（显）变量 x_1、x_2，它们都影响 y_1、y_2。因为有两个被解释变量，故而对应两个扰动项 ζ_1、ζ_2。

另一个路径模型的矩阵方程为：

$$\begin{bmatrix} y_1 \\ y_2 \\ y_3 \end{bmatrix} = \begin{bmatrix} 0 & 0 & 0 \\ \beta_{21} & 0 & 0 \\ \beta_{31} & \beta_{32} & 0 \end{bmatrix} \begin{bmatrix} y_1 \\ y_2 \\ y_3 \end{bmatrix} + \begin{bmatrix} \gamma_{11} & 0 \\ \gamma_{21} & 0 \\ 0 & \gamma_{32} \end{bmatrix} \begin{bmatrix} x_1 \\ x_2 \end{bmatrix} + \begin{bmatrix} \zeta_1 \\ \zeta_2 \end{bmatrix} \quad (2\text{-}22)$$

式 (2-22) 中，内生变量有 3 个，即 y_1、y_2、y_3，且 y_1 影响 y_2，y_1 和 y_2 影响 y_3；外生变量有 2 个，即 x_1 和 x_2，x_1 影响 y_1、y_2，x_2 影响 y_3。

回归模型用矩阵方程可以表示为：

$$y = \alpha + \Gamma X + \varepsilon \quad (2\text{-}23)$$

使用者如果掌握了矩阵符号，就能更好地理解和表述结构方程模型。我们将在后文报告不同类型结构方程模型的矩阵方程式，供读者参考。

2.3 命 令 程 序

一、设定测量模型、结构模型

各个结构方程模型也可以用 Stata 命令程序来书写。相比路径图，用命令程序的书写速度更快，并可以将其存放在 Stata 的 do 文档中。这便于研究者以后调用、修改。

在命令程序中，潜变量的首字母要大写，显变量的首字母则要小写。例如，Health 为潜变量，educ 为显变量。同时，用变量名和箭头来表示路径。只要箭头的方向正确，把哪个变量放在前面并没有关系。例如，（x_1←X）和（X→x_1）的含义是一样的。另外，在命令程序中，不需要写出（省略）误差项的变量名，例如，$e.x_1$。SEM 默认知道每一个内生变量都有一个对应的误差项。

图 2-2 的测量模型如果用 SEM 估计，命令可以写为：

    sem (x1←X)(x2←X)(x3←X)(x4←X)
    sem (X→x1)(X→x2)(X→x3)(X→x4)
    sem (x1 x2 x3 x4 ←X)
    sem (X→x1 x2 x3 x4)

这四种命令书写方式是等价的。

如果用 GSEM 估计，命令可以写为：

    gsem (x1←X)(x2←X)(x3←X)(x4←X)
    gsem (X→x1)(X→x2)(X→x3)(X→x4)
    gsem (x1 x2 x3 x4 ←X)
    gsem (X→x1 x2 x3 x4)

第 2 章 结构方程模型展示

如果需要估计误差项的协方差，可以写命令如下：

sem（x1 x2 x3 x4 ←X），cov（e.x2 * e.x3 e.x3 * e.x4）

或 sem（x1 x2 x3 x4 ←X），cov（e.x2 * e.x3）cov（e.x3 * e.x4）

此外，也可以使用命令对路径系数、变量的方差、协方差进行固定或约束。我们将在后面具体介绍。

在复杂情形下，如两个测量模型（双因子模型）的命令如下：

sem（X Y→x1 x2 x3）（X→x4 x5）（Y→x6 x7）

则该命令等同于：

sem（X→x1 x2 x3 x4 x5）（Y→x1 x2 x3 x6 x7）

此处，因为 Stata 默认外生潜变量之间是相关的，故而并不需要特别写出两者相关的程序语句。该命令也等同于：

sem（X→x1）（X→x2）（X→x3）（X→x4）（X→x5）///
（Y→x1）（Y→x2）（Y→x3）（Y→x6）（Y→x7）

图 2-3 中所示模型的完整命令程序如下：

```
sem (anomia67 pwless67 ←Alien67)    ///测量模型
    (anomia71 pwless71 ←Alien71)    ///测量模型
    (SES→educ66 occstat66)          ///测量模型
    (Alien67 ←SES)                  ///结构模型
    (Alien71 ←Alien67 SES)          //结构模型
```

如图 2-3 的结构方程模型也可以使用 GSEM 估计。命令程序如下：

```
gsem (anomia67 pwless67 ←Alien67)   ///测量模型
     (anomia71 pwless71 ←Alien71)   ///测量模型
     (SES→educ66 occstat66)         ///测量模型
     (Alien67 ←SES)                 ///结构模型
     (Alien71 ←Alien67 SES)         //结构模型
```

图 2-4 的命令程序为：

```
sem (Home→ faminc faed moed)         ///
    (Ability→verbab quantab)         ///
    (Aspire→ edasp ocasp)            ///
    (Achieve→ varbach quantach)      ///
    (Home Ability→ Aspire)           ///
    (Home Ability Aspire→Achieve)
```

二、约束参数条件

StataCorp（2017a）使用命令程序设定模型约束条件的方法如下：

（1）将路径系数设为固定参数。将路径系数设定为某个固定的值，则该参数就变成了固定参数（也可以设定为2）。命令如下：

(x1 ←X)(x2 ←X@1)(x3 ←X)(x4 ←X)

（2）将路径系数设为相等的受限系数。将两个或几个不同的路径系数都设为同一个字母，如 a、b、c，则该系数就变成了受限系数。命令如下：

(x1 ←X)(x2 ←X@b)(x3 ←X@b)(x4 ←X)

（3）设置截距。例如，使 $\alpha_2=0$，命令可以写为：

(x1←X _ cons)(x2←X _ cons@0)(x3←X _ cons)(x4←X _ cons)

或直接写为：

(x1←X)(x2←X _ cons@0)(x3←X)(x4←X)

如果要设置两个截距相等，命令可以写为：

(x1←X _ cons@c)(x2←X _ cons@c)(x3←X)(x4←X)

（4）设置协方差。一般是将两个协方差设为相等，而很少将其设为某个具体值。设置两个协方差相等的命令可以写为：

(x1←X)(x2←X)(x3←X)(x4←X), cov (e. x2 * e. x3@myc) cov (e. x3 * e. x4@myc)

（5）设置方差。在路径图中，指向自身的双箭头代表方差。方差可以设为某个具体的数值，或将两个方差设为相等。为了使潜变量服从正态分布，潜变量的方差也可以限定为1（由 SEM 或 GSEM 自动完成）。

（6）设定相关系数。SEM 和 GSEM 能设定协方差，但不能设定相关系数。当想设定两个外生潜变量的相关系数时，只需将它们的方差都设为1，再使用 cov () 命令设定其协方差，就等于设定了相关系数[①]。

上述结构方程模型的书写规则大部分也都适用于广义结构方程模型。广义结构方程模型的不同之处包括：第一，Logit 等非线性模型没有误差项；第二，正态分布数据取对数，虽然有误差项，但误差项不能相关（无协方差）；第三，缩尾（censored）的正态分布数据也有误差项，但误差项也不能相关；第四，更重要的是，广义结构方程模型把外生显变量都当作给定的，故而也不能估计外生显变量之间的协方差。

由于后面章节还会详细介绍不同类型模型的编程命令及注意事项，在此不再赘述。

---

① 相关系数等于两个变量的协方差除以各自的标准差。

第3章

结构方程模型建模

3.1 模型设定与预识别

模型展示实际上也是模型设定的过程。研究者要决定模型应包含哪些变量,不应包含哪些变量,探索这些变量之间是如何相互关联的;潜变量需要几个测量指标,采用哪些测量指标;哪些变量是外生变量、内生变量、中介变量,以及调节变量、多层变量,等等。要将研究重点关注的那些相关关系及待估参数全部纳入模型之中。

一般可以采用三种建模思路:第一种是验证性方法,即先提出一个假设理论模型,然后收集数据并检验数据能否支持该理论模型;第二种是备择模型法,即提出几个不同的理论模型,然后挑选出与数据拟合最好的模型;第三种是模型生成法,即首先生成一个与数据拟合程度较低的初始模型,然后使用修正指数、EPC 等指标增加或删除参数(路径),直至获得一个拟合可以接受的模型,还可以使用其他数据作交叉验证(cross-validation)。例如,如果样本量很大,可将一半用于建立模型和修正模型,再用另一半作交叉验证。生成法是最常用的建模方法。(侯杰泰、温忠麟和成子娟,2004)

Schumacker & Lomax(2016)建议采用模型设计、模型(预)识别、模型估计、模型检验、模型修正五个步骤来构建结构方程模型。Cooley(1978)指出模型设定是整个结构方程模型建模工作中最难的部分。由于如何建模并非本书的重点,在此并不过多地探讨。

一、设定方差—协方差结构

结构方程模型[①]也被一些文献称为协方差结构分析或协方差结构建模。(Kline, 2016)这是因为因子载荷、结构系数等参数估计值都源自对样本方差—协方差矩阵的设定及解析。模型设定就是要界定 B、Γ、Λ_y、Λ_x、Φ、Ψ、Θ_ε、Θ_δ 这 8 个矩阵。(王卫东,2010)前文已经介绍了如何使用命令程序、路径图来设定测量模型和结构模型(B、Γ、Λ_y、Λ_x)。有时还需要根据文献和基础理论、逻辑分析来设定理论模型的方

---

① 结构方程模型不仅可以作协方差结构分析,也能作均值结构分析。例如,潜变量的均值估计、潜变量的均值多组比较或差异分析,等等。

差—协方差结构（Φ、Ψ、Θ_ε、Θ_δ）。在 StataCorp（2017a）的路径图或命令程序中，结构方程模型包含的方差—协方差结构设定规则及办法如下：

第一，外生显变量的方差—协方差矩阵。在 SEM（含路径图、命令程序）中，外生显变量的方差是给定的（除了 MLMV 方法），它们会被估计出来，也可以使用 var（）命令重新进行设定（设为固定参数或受限参数）；外生显变量的协方差也被当作给定的（除非使用 MLMV 方法）。也可以用双箭头将两个变量连接起来（代表协方差的路径），还可以重新估计或约束。在命令程序中，可以使用 cov（）命令进行设定。这些约束规则实际上假定外生显变量也服从正态分布（不包括 ADF 方法）。

在 GSEM（含路径图、命令程序）中，外生显变量的方差也被当作给定的，但它们既不会被估计出来，也不可以重新设定；外生显变量的协方差也被当作给定的，不可以重新估计，也不可以限定，并且不能用双箭头将两个外生显变量连接起来。

第二，外生潜变量的方差—协方差矩阵①（Φ）。该矩阵包含所有解释潜变量的方差及其之间的协方差。设置这些协方差是考虑到一些没有被纳入模型的潜变量可能会同时影响这两个变量，使得二者相关或共变（covary）。如果研究者不想两者相关，则必须明确地将其限定为不相关或协方差等于 0。

在 SEM 路径图中，外生潜变量的方差会被估计出来，也可以进行限定，而在命令程序中，也会被估计出来，且可以使用 var（）进行限定；外生潜变量的协方差在 SEM 路径图中默认为 0。当然也可以通过添加双箭头曲线来进行限定或估计。在 sem 命令程序中，没有被默认为 0，而是被估计出来，也可以通过 cov（）命令来限定（可以等于 0）。

外生潜变量的方差在 GSEM 路径图中会被估计出来，也可以进行限定，但方差不可以设定为 0，在 gsem 命令程序中也是如此，外生潜变量的方差同样不能被设为 0。外生潜变量的协方差在 GSEM 路径图中与在 SEM 路径图中是一样的，在 gsem 命令程序中与 SEM 命令程序中也是一样的。

第三，外生潜变量与外生显变量的协方差（一般不设置）。在 SEM 路径图中，默认二者的协方差为 0。可以通过双箭头曲线将二者连接起来，进行重新限定或估计；在命令程序中，没有被默认为 0，而是被估计出来，也可以使用 cov（）命令进行限定（可以设为 0）。

在 GSEM 路径图中，假定协方差不等于 0，会被估计出来，但不可以重新估计或限定（这一类参数不属于广义结构方程模型的求解参数）。

第四，测量误差的方差—协方差（Θ_ε、Θ_δ）。在 SEM 路径图中会被估计出来，也可以进行限定，在 SEM 命令中，也会被估计出来，也可以通过 var（）命令进行限定。协方差在 SEM 路径图中默认为等于 0。如果要限定或估计，可以用双箭头曲线将两个变量连接起来。在 SEM 命令程序中也是默认为 0，要限定或估计可以使用 cov（）命令。

---

① 外生潜变量的均值默认被设为 0。

测量误差的方差在 GSEM 路径图中与在 SEM 路径图中是一样的，只是不能被设为 0；在 gsem 命令中与在 sem 命令中是一样的，但也不能被设为 0。测量误差的协方差在 GSEM 路径图中与在 SEM 路径图中基本一样，但当一个或两个误差项属于正态分布但取对数、缩尾①等广义结果变量时，虽然也有误差项，但却不能设定或计算误差项的协方差；在 gsem 命令程序中也是一样的，非正态分布变量的误差项不能计算协方差。

第五，预测误差的方差—协方差矩阵（Ψ）。该矩阵包含每个预测误差的方差及其之间的协方差。预测误差的协方差被默认为等于 0。如果研究者想要估计某两个预测误差的协方差，则必须将二者设为相关，即设为自由参数。设置协方差可能是由于存在一些潜变量，使得两个结构方程都产生了预测误差，而模型又没有将这些潜变量包含在内，因此必须将预测误差设为相关或共变，后文会介绍具体的设定办法。

二、模型可否识别

理论模型设计好之后，研究者画出路径图、写出方程组或命令程序，但这些并不意味着模型就一定能求解出来。在估计未知参数之前，还有必要先确认该模型是否有解（可识别）。

模型识别指的是对模型的一些参数进行必要的设定，使剩余的参数能求得唯一的一组解，达成理论模型内含的总体协方差矩阵 Σ 能最优拟合样本的协方差矩阵 S。模型设计出来之后就会存在一个模型内含的协方差矩阵 Σ，但可能存在一组或几组不同的参数解能产生相同的协方差矩阵 Σ。我们将这些模型称为等价模型或替代模型。如果存在不同的理论模型能同等地拟合样本数据，说明模型施加的约束条件不够。此时，必须添加更多的约束条件。

我们可以把模型识别分为三种不同的类型。它取决于理论模型参数估计值的唯一解，样本协方差矩阵 S 中所包含的信息量的大小。第一种为无法识别（无解），即由于样本协方差矩阵 S 包含的信息不够，以致理论模型的一个或多个参数无法求解；第二种为恰足识别（唯一解），即样本协方差矩阵 S 恰好包含使所有参数求出唯一解所需的信息；第三种是过度识别（多组解），即样本协方差矩阵 S 包含多余的信息，使得理论模型的自由参数产生多组解。

其中，恰足识别、过度识别都认为模型是可解的。对于过度识别的情形，即使相比未知变量拥有更多的方程（更多信息），SEM 依然能求出一个解。此时，不同于恰足识别的数值解（algebraic solution），过度识别模型会求得一个极大似然解（maximum likelihood solution）。如果模型是识别不足的，此时模型的自由度（df）为负数。我们必须进一步施加更多的约束条件，使模型的自由度大于或等于 0，才能求解该模型。

如何判断一个结构方程模型是否有解？必要条件（非充分条件）就是样本协方差

---

① 属于正态分布，但连接函数为 log（取对数），或为单位联结函数，但取值有缩尾。

矩阵 S 中独特值（distinct value）的个数必须大于或等于理论模型中自由参数的个数。这个条件称为"阶条件"（order condition），又称为 t 法则。如何数参数？如果你的模型有 p 个显变量，则数据信息中拥有 $[p(p+1)/2]$ 个二阶矩（方差或协方差），但理论模型中自由参数的个数为 $[p(p+3)/2]$，显然超过了 $[p(p+1)/2]$ 个。为此，模型可否识别在很大程度上取决于如何将这些参数设为自由参数、固定参数和受限参数。① 自由参数（free parameter）是模型中的未知参数，需要被估计出来（往往是研究者关注、要考察的系数）；固定参数（fixed parameter）就是参数被固定为某个特定值，常设为 0 或 1；受限参数（constrained parameter）也是未知的，但被限定为等于某一个或几个其他参数的值。通过固定或限定一些参数，可以减少自由参数的个数，使不可识别的模型变得可以识别。关于如何设定这些参数，前文已有较为详细的介绍，在此就不再赘述。

然而，即使满足这个"阶条件"也不一定能求解。因为模型是否有解不仅取决于自由参数的个数，也取决于各个参数在模型中的位置，也就是如何被设定的。即模型有解还必须满足充分条件——秩条件（rank condition），即矩阵的秩（rank）必须是一个非零的行列式值。

在实际操作过程中，我们极少专门花时间先去确认该模型可否识别，而是选择直接先运行程序看是否可以估计出结果。这种"是骡子是马先拉出来溜溜"的实用主义做法往往会更直接、实效。

由于潜变量事先并没有一个天然的度量单位，包括原点（origin）、单位刻度（unit），如果不事先设定，SEM 或 GSEM 程序就会不断尝试各种量纲，并能得到相同的结果（通过调整截距或斜率）。此种情形下，就会一直不断地迭代下去，并被程序当作无法求解。为此，必须对潜变量施加正态约束，以设定其量纲。

SEM 和 GSEM 会自动设定这些正态化约束：第一，假设所有外生潜变量的均值为 0；第二，假设所有内生潜变量的截距为 0；第三，将潜变量第一个指标变量的因子载荷设为 1（此时会报告潜变量的方差），有时也可以将潜变量的方差设为 1（此时会报告各个载荷系数）；第四，当某个潜变量是由其他潜变量测量时（高阶因子模型），则将测量它的第一个潜变量的路径系数设为 1。一般将路径系数设为 1 的显变量或潜变量称为锚（参照）。通常挑选系数最大的指标作为参照指标（命令程序中将某个指标变量放第一位，该变量就是参照指标）。而对其他指标载荷系数的解释都是相对该基准指标的差异（倍数）。这四个规则足以设定模型中所有潜变量的量纲。

不管固定方差还是固定载荷系数，不管固定的是哪一个指标的载荷系数，也无论这个载荷系数或方差被固定为多大，得到的标准化参数估计值以及模型拟合指标都是一样的（通过调整截距或斜率），不同的只是非标准化参数估计值。（侯杰泰、温忠麟和成子娟，2004）

---

① 模型中，每一条路径都会消耗一个参数。但固定参数不会消耗，限定相等的两个参数只算一个。潜变量的方差也要算一个。

3.2 模型参数估计方法

Stata 将结构方程模型的参数估计方法分为两类：第一类是计算参数估计值的方法，用 method（）命令设定；第二类是计算参数估计值标准误的技术，用 vce（）命令设定。

一、参数估计方法

（一）SEM 的估计方法

我们希望求出所有参数估计值，使得由这些参数产生的协方差矩阵 Σ 尽可能贴近样本协方差矩阵 S。估计程序就要是使用某一特定拟合函数 $F(S, \Sigma(\theta))$ 使（S−Σ）的离差最小化。如果 S−Σ=0（$\chi^2=0$），说明模型与数据的拟合程度达到100%。不同估计方法选用的拟合函数是不同的，得到的结果也不会完全一样，得到的对数似然函数值也不可比。

Stata 估计标准结构方程模型一共有四种方法：极大似然估计法（ML）、准极大似然估计法（QML，即极大似然稳健估计）、保留缺失值极大似然估计法（maximum likelihood with missing values，MLMV）和渐近无分布估计法（asymptotic distribution free，ADF）。其中，前三种都是使用 ML 去估计模型参数，而 ADF 实际上是一种加权最小二乘估计法。

（1）极大似然估计法。极大似然估计是 SEM 在 Stata 中默认的估计方法。极大似然估计的逻辑是，在 θ 的一系列可能取值中，选取一个使似然函数值 $L(\theta)$ 最大的。它的似然函数为（Bollen，1989）：

$$F_{ML} = \log|\Sigma(\theta)| - \log|S| + \text{tr}[S\Sigma^{-1}(\theta)] - (p+q) \tag{3-1}$$

式中，S 是全部显变量组成的样本方差—协方差矩阵。tr$[S\Sigma^{-1}(\theta)]$ 是矩阵 $S\Sigma^{-1}(\theta)$ 的迹，即该矩阵的对角线元素之和。$\log|\Sigma(\theta)|$ 是 $\Sigma(\theta)$ 行列式的对数，$\log|S|$ 是矩阵 S 行列式的对数，p、q 分别是内生、外生显变量的个数。在大样本情况下，如果 S 与 $\Sigma(\theta)$ 越接近，则 $\log|\Sigma(\theta)|$ 与 $\log|S|$ 越接近，而 tr$[S\Sigma^{-1}(\theta)]$ 也越接近（p+q），则 F_{ML} 越小。如果 $S=\Sigma(\theta)$，则 $F_{ML}=0$。故而，使 F_{ML} 达到最小值的估计量 $\hat{\theta}$ 称为 θ 的最大似然估计。

从最严格的意义上说，极大似然估计要求全部变量都必须服从联合正态分布，包括显变量在内。此时，ML 的参数估计值是无偏（unbiased）、渐近有效（asymptotic efficient）、一致性（consistent）估计，并服从渐近正态分布，且不受指标变量量纲的影响。基于协方差矩阵与基于相关系数矩阵得到的估计结果是一样的。（易丹辉，2008）

在实际使用中，变量一般都违反一元正态分布，更难以满足多元正态分布的要求。事实上，在多数情况下，即使测量指标不服从正态分布，ML 的估计结果仍是一个无偏估计（除了对数似然值、χ^2 值），但可能不再是渐近有效的估计值。（Hu, Bentler & Kano, 1992）这就是说，当不服从正态分布时，参数估计值一般都是无偏的，但参数估计值的标准误不一定是有效的（低估），以及对应 χ^2（高估）计算出来的拟合指标（低估）。

模拟发现，当偏态小于 2，峰度小于 7 时，采用 ML 估计仍是稳健的。（West, Finch & Curran, 1995；王孟成，2014）而当样本量够大时，ML 也会是渐近有效的，即 ML 是大样本下的稳健估计。（Satorra, 1990）这是因为我们在统计检验时并不是针对 y，而是将问题转化为对 y 的一些总体参数的检验，如均值、比例、方差等。按中心极限定理，y 是否服从正态分布并不重要（服从正态分布更好），只要是大样本，均值的抽样分布仍服从正态分布。这对多元正态分布也同样成立。故此，最简单的办法就是让样本量尽可能更大。

此外，我们也可以采取正态化变换（取对数、平方根等）、Satorra-Bentler χ^2、Bootstrap 法来调校标准误，或采用不需要满足正态分布假设的 ADF，或直接使用能处理这些非正态指标的 GSEM 去估计。然而，大量的模拟结果表明，为了改进所采用的这些校正办法往往收效甚微。（侯杰泰、温忠麟和成子娟，2004）

ML 是基于显变量信息矩阵（observed information matrix, OIM），即样本方差—协方差矩阵来估计未知参数的。对缺失值，会采用列示删除法（listwise deletion）。在 sem 命令中，只需写出 method (ml) 或干脆省略，就会默认使用 ML，如下所示：

    sem……, method (ml)

   或　sem……，

（2）准极大似然估计法，又称为极大似然稳健估计法。该方法依然使用 ML 去估计模型的参数，不同之处在于标准误的估计值。计算标准误时不再要求必须服从正态分布，而是通过调校标准误的方式——Huber-White sandwich 估计值——来处理不服从正态分布的情形。虽然 QML 仍没有解决变量不服从多元正态分布的问题，但它得到的标准误估计值会更好一些。QML 能得到一致的标准误估计值，但不是最有效的（less efficient）。对缺失值，也采用列示删除法（listwise deletion）。

在 sem 命令中，写出 method (ml) vce (robust) 或只写 vce (robust)，就会使用准极大似然估计，如下所示：

    sem……, method (ml) vce (robust)

   或　sem……, vce (robust)

（3）保留缺失值极大似然估计法，又称为完全信息极大似然估计（full information maximum likelihood, FIML）。当样本个体在某一些变量有缺失值时，传统估计方法（如 OLS、ML、QML、ADF）都会以不同的方式（列删、对删、相关方程删除等方法）将有缺失值的样本个体删除，① 导致损失大量的样本观测值个体（有时甚至损失大部分）。有时也会使用替代法（如均值替代法、回归预测值法、匹配个体结果输入法），但这些替换值毕竟不是该观测个体的真实值。

MLMV 是一种处理缺失值的新算法（还可以采用 EM 算法、MCMC 算法、bootstrap 等）。它不删除任何一个有缺失值的样本个体，最大限度提取样本观测值中包含的总体信息。不同于一般 ML 先将有缺失的观测值全部删除，再使用一个拟合函数拟合，见式（3-1），MLMV 会根据缺失值的不同类型使用多个拟合函数，然后将这些拟合函数合并在一起求解参数估计值。计算原理如下（易丹辉，2008）：

假设有 8 个受访者，他们的 Y、Z、W 三个变量数据如表 3-1 所示。

表 3-1 数据缺失的案例

观测个体	Y	Z	W
1	20	—	18
2	30	12	16
3	58	14	—
4	—	15	17
5	24	18	32
6	—	29	45
7	16	32	—
8	17	—	20

从表 3-1 可知，该样本数据的类型包括四种，第 2 个和第 5 个个体的数据是完整的，第 1 个和第 8 个属同一类型，第 3 个和第 7 个属同一类型，第 4 个和第 6 个属同一类型。

对变量 Y、Z、W，记均值为 $\mu'[\mu_Y、\mu_Z、\mu_W]$，四种数据的均值为：

$$\mu'_2 = \mu'_5 = [\mu_Y \quad \mu_Z \quad \mu_W]$$
$$\mu'_1 = \mu'_8 = [\mu_Y \quad \mu_W]$$
$$\mu'_3 = \mu'_7 = [\mu_Y \quad \mu_Z]$$
$$\mu'_4 = \mu'_6 = [\mu_Z \quad \mu_W] \tag{3-2}$$

整个数据的方差—协方差 Σ 为：

$$\begin{bmatrix} \sigma_{YY} & \sigma_{YZ} & \sigma_{YW} \\ \sigma_{ZY} & \sigma_{ZZ} & \sigma_{ZW} \\ \sigma_{WY} & \sigma_{WZ} & \sigma_{WW} \end{bmatrix} \tag{3-3}$$

---

① 不管该变量是内生还是外生，也不管该变量是否只在个别方程出现。

四个类型的方差—协方差矩阵为：

$$\Sigma_2 = \Sigma_5 = \Sigma$$

$$\Sigma_1 = \Sigma_8 = \begin{bmatrix} \Sigma_{YY} & \Sigma_{YW} \\ \Sigma_{WY} & \Sigma_{WW} \end{bmatrix}$$

$$\Sigma_3 = \Sigma_7 = \begin{bmatrix} \Sigma_{YY} & \Sigma_{YZ} \\ \Sigma_{ZY} & \Sigma_{ZZ} \end{bmatrix} \tag{3-4}$$

$$\Sigma_4 = \Sigma_6 = \begin{bmatrix} \Sigma_{ZZ} & \Sigma_{ZW} \\ \Sigma_{WZ} & \Sigma_{WW} \end{bmatrix}$$

对第 i 个观测个体，定义对数似然函数为：

$$c(\theta) = -2\log L(\mu(\theta), \Sigma(\theta)) + \sum_{i=1}^{N} K_i$$

$$= \sum_{i=1}^{N} \log |\Sigma_i| + \sum_{i=1}^{N} (x_i - \mu_i)' \Sigma_i^{-1} (x_i - \mu_i) \tag{3-5}$$

式（3-5）中，K 是该个体的有效变量数目，如 $i=2$，$K=3$。整个样本的对数似然函数是这些不同类型个案对数似然函数值的求和。如下所示：

$$\log L(\mu(\theta), \Sigma(\theta)) = \sum_{i=1}^{N} \log L_i \tag{3-6}$$

则 θ 的 ML 估计得到 $\log L(\mu(\theta), \Sigma(\theta))$ 最大化，也即 $c(\theta)$ 最小化得到式（3-7）：

$$c(\theta) = -2\log L(\mu(\theta), \Sigma(\theta)) + \sum_{i=1}^{N} K_i$$

$$= \sum_{i=1}^{N} \log |\Sigma_i| + \sum_{i=1}^{N} (x_i - \mu_i)' \Sigma_i^{-1} (x_i - \mu_i) \tag{3-7}$$

由式（3-7）得到的参数向量的估计值就是 MLMV 估计。

当缺失值为完全随机缺失（MCAR）[①] 类型时，list-wise、pair-wise 的估计值是一致的，但却是无效的，而 MLMV 估计既是一致的，又是有效的；当缺失值为随机缺失（MAR）[②] 类型时，list-wise、pair-wise 的估计值会有偏差，MLMV 估计值在大样本情况下是渐近无偏的。但当缺失值不可忽视时（缺失值的三种类型之一），三种方法都会产生偏差。因而，确保数据采集质量才是关键。MLMV 的不足在于其 χ^2 统计量将会发生变化，因而在使用以 χ^2 统计量为基础的拟合指标时要注意。

MLMV 要求全体变量都要服从联合正态分布，并且要求缺失值至少是 MAR 的。

---

① 完全随机缺失（MCAR）的含义参见本书第 63 页。
② 随机缺失（MAR）指的是缺失值在数据中的分布是完全随机的，或易于缺失的观测值能被模型中的其他变量所解释（预测）。

如果模型的显变量不服从联合正态分布，也会导致估计结果有偏，一些情况下偏误可能还比较大。(Acock, 2013)此时，最好使用 ML、QML、ADF 等估计方法，并删除有缺失值的样本观测值。

在 sem 命令中，写出命令 method (mlmv)，就会使用保留缺失值极大似然估计法，如下所示：

  sem…………, method (mlmv)

(4) 渐近无分布估计法。当不满足正态分布时，F_{ML}、F_{GLS}、F_{ULS}估计量都是不准确的。这时要采用比它们相对更准确的 ADF 估计量。我们知道，造成非正态分布的主要原因是偏度和峰度的影响，其中峰度的影响更大，更难调校。因此，矫正峰度是 ADF 的关键。Bollen (1984) 将峰度（四阶矩）纳入用于求解的方差—协方差矩阵 S，对 ADF 函数加权，以此调整数据的非正态性。该方法实际上是一种使用了 ADF 加权矩阵的广义矩估计（GMM）。拟合函数为：

$$F_{ADF} = \frac{1}{2}(\kappa+1)^{-1}\text{tr}\{[S-\Sigma(\theta)]W^{-1}\}^2 - \delta\{[S-\Sigma(\theta)]W^{-1}\}^2 \quad (3-8)$$

W^{-1}就是 S 的逆矩阵。ADF 能提供渐近一致、有效的参数估计值和标准误。当数据呈正态分布时，等同于广义最小二乘估计 GLS。在估计非正态分布数据时，QML 只是调校了参数估计值的标准误，而不是参数的点估计值本身，但使用 ADF 能获得可靠的参数估计值及其标准误估计值。

相比 ML 和 QML（不要求显变量服从联合正态分布），不管是显变量还是潜变量，ADF 都不要求其必须服从正态分布，连对称分布也不需要满足（甚至包括残差在内）。比较而言，当变量服从多元正态分布时，ML 比 ADF 能得到更有效的估计值。换言之，当变量不服从正态分布时，ADF 得到的估计值将比 ML、QML 得到的估计结果更有效。由于不假设服从正态分布，当样本量较大时，它渐近等价于 ML。所以，ADF 要求样本容量相当大（大于 2000，有人甚至认为要超过 5000）。换句话说，如果样本量不大，即使是非正态分布，ML 也不会比 ADF 差，甚至会更好。对缺失值，ADF 也采用了列示删除法（listwise deletion）。

在 sem 命令中，写出 method (adf)，就会使用渐近无分布估计法。如下所示：

  sem…………, method (adf)

(二) GSEM 的估计方法

GSEM 只有 ML、QML 两种估计方法。具体如下：

(1) 极大似然估计法。GSEM 的极大似然估计法与 SEM 的基本一致，只是使用了不同的似然函数。SEM 的 ML 要求变量服从联合正态分布（包括显变量和潜变量），而 GSEM 的 ML 只需要服从"有条件的正态分布"假设，即显变量被当作给定，只需潜变量服从正态分布（误差项被当作外生潜变量）。由于 GSEM 与 SEM 使用的是不同的似然函数，估计得到的似然值并不具有可比性（除非没有外生显变量）。

在 gsem 命令中，只需写出 method (ml) 或干脆省略，则默认使用极大似然估计法，如下所示：

　　gsem…………, method (ml) 或 gsem…………,

（2）准极大似然估计法。用 ML 估计模型的参数值，在估计其标准误时放松了服从正态分布的要求。在 gsem 命令中，写出 method（ml）vce（robust）或只写 vce（robust），就会使用准极大似然估计法，如下所示：

　　gsem…………, method (ml) vce (robust)
　　或 gsem…………, vce (robust)

（3）GSEM 对缺失值的处理方式。对有缺失值的变量，GSEM 的处理方式是按方程删除（questionwise deletion）。即包含该变量的方程会删除该样本观测值，而不使用该变量的方程就不会删除该样本观测值。例如，第 2 个样本观测值的 x_1 有缺失值，而 x_1 又是 y_1 的解释变量，则对第 2 个样本观测值的处理方式分为两种情况：第一，如果被解释变量 y_1 是潜变量或服从正态分布的显变量（没有缩尾或截断），则所有包含 y_1 的方程都会删除第 2 个样本观测值，而不包含 y_1 的方程就不会删除第 2 个样本观测值；第二，如果 y_1 是显变量且不服从正态分布（或服从正态分布但有缩尾），只有同时包含 x_1、y_1 的方程才会删除第 2 个样本观测值，而其他方程则不会删除。

GSEM 对缺失值的处理方式意味着，相比 SEM，它总是能使用更多的样本观测值，除非 SEM 使用 MLMV。

（三）其他估计方法

其他估计方法包括 IV、TSLS、ULS、WLS、GLS 和对角加权最小二乘法（DWLS）。这些估计方法中，TSLS、IV 不需要依靠迭代算法，常被用于快速计算各参数值，而其他方法都需要依靠迭代算法。由于 Stata 在估计结构方程模型参数时，只使用了 ML、ADF 两种估计方法，故而本书对其他估计方法就不再赘述，感兴趣的读者可以自行参阅其他教材。

（四）迭代算法及其收敛

大多数似然函数并没有解析解，待估参数只能以似然函数的隐函数形式存在，只能用数值计算的方法求出其数值解或近似解。极大似然估计法就没有解析解而只有数值解，要使用迭代法求解。（王卫东，2010）迭代法（iterative method）是利用计算机运算速度快、适合进行重复性操作的特点，让计算机对一组指令进行重复执行，在每次执行这组指令时，都从变量的一个初始值出发寻找一系列近似解以解决问题（一般是解方程或方程组）的过程。与迭代法对应的是直接解法或称一次解法（如传统回归模型、路径模型的解法）。一般来说，总是优先考虑直接解法。但当遇到复杂问题，特别是未知量很多、非线性方程时，我们无法找到直接解法，这时可以通过迭代法寻求方程（组）的近似解。Stata 对 SEM 的迭代法一般采用 Newton-Raphson（牛顿—

拉佛森）算法、EM 算法，等等。

估计方法中，OLS、IV、TSLS 不需要依靠迭代法，常被用于快速计算各参数值（被用作迭代的初始值），而其他估计方法都需要依靠迭代法。迭代法能否收敛主要取决于三个方面：收敛标准、最大迭代次数和初始值。（易丹辉，2008）

（1）收敛标准，即 Stata 事先给定的迭代停止的标准（可以调整）。收敛标准不一样，参数估计结果就会有差异。目前，Stata 对 SEM 设定的收敛标准是：$|F_{ML}(\theta_i) - F_{ML}(\theta_{i+1})| < 0.000001$。即采取最大似然估计时，第 i 步与第 $(i+1)$ 步的拟合函数之差的绝对值小于这个事先设定的标准，则认为前后两次结果的差异已经足够小，再迭代下去就没有必要，可以停止，即达到了收敛的标准。

在迭代初期，参数估计值的偏差往往较大，拟合函数值也很大。通过迭代计算，参数估计值越来越精确，而拟合函数（如对数似然值）也会逐渐收敛至某一最小值。如果拟合函数值达到预设的精度（Stata 设为 0.000001），迭代过程结束。最后一步得到的参数估计值就成了模型的解。反之，如果迭代超过一定的次数，而拟合函数值却达不到预设精度，迭代就不会收敛，模型将无解。这个收敛标准可以修改，但建议将修改后收敛得到的估计值作为后续采用原始收敛标准再来迭代的初始值，而不建议为了达到收敛的目的随意降低标准。

（2）最大迭代次数，即事先给定的迭代过程终止的最大次数。如果还不收敛，则自动终止。目前，Stata 对 SEM 设定的最大迭代次数为 16000 次。这个设定的最大迭代次数应该足够了。

（3）初始值。迭代算法必须设定一个初始值。初始值一般由程序自动给定，一般是一些直接算法的解析解，如 IV、TSLS 估计值。一个合理的初始值直接影响迭代的次数和能否收敛。初始值也可以自己设定（根据前人的研究结果或主观判断）。当模型无法收敛时，Stata 的 SEM 操作手册中也介绍了如何修改初始值或如何寻找合适的初始值。

二、标准误计算技术

结构方程模型用 vce（）命令来设定标准误估计技术。vce 的含义是参数估计值标准误的方差—协方差矩阵。一共有七种标准误计算技术，包括：

（1）OIM（observed information matrix）：显变量信息矩阵（样本方差和协方差）。OIM 是 SEM 和 GSEM 默认的选择。它基于渐近极大似然原理，当误差项服从独立同正态分布时，得到的标准误是有效的。如果是近似正态分布的对称分布，得到的标准误也是稳健的。可用如下命令：

sem（y←...）（...）（...←x1）（...←x2）

（2）robust（huber/white sandwich estimator）。数据往往难以满足同方差假设

（样本观测个体具有相同的误差方差）。例如，误差往往随着被解释变量（收入、社会地位等）的变化而变化，会出现异方差的情形。此时，退而求其次，只假设这些观测值个体之间相互独立（无需满足同方差），但可以是异方差。在异方差时得到的robust估计值是稳健的，所得到的标准误估计值依然是有效的。估计命令如下：

sem（y←…）（…）（…←x1）（…←x2），vce（robust）

（3）clustered，即广义huber/white sandwich estimator。在现实数据中，即使观测值之间相互独立的假设也很难满足。例如，同一个地区得到的样本观测值就很难满足彼此相互独立的假设。vce（cluster）进一步放松了每一个误差之间都相互独立的假设，只需各组之间相互独立，而组内的误差可以不独立。估计命令采用：

sem（y←…）（…）（…←x1）（…←x2），vce（cluster neighborhood）

总之，当观测值可以满足相互独立、同方差正态分布的假设时，用oim可以得到最优的估计值，而vce（robust）和vce（cluster）得到的标准误会有高估的偏差；当不满足时，oim的常用替补技术是robust或cluster，但二者不能用于method（adf）。因为method（adf）+vce（oim）能得到更稳健的估计值。

（4）bootstrap，即重抽样法，也称自助法。如果研究者担心数据违背正态分布假设，可以使用该方法。该方法按给定的次数对样本进行有放回重新抽样，得到类似于原始样本的bootstrap样本，然后根据这些复制研究得到的参数估计值的抽样分布函数（借助计算机进行随机模拟获得的近似经验分布）求得最后的标准误。例如，1000个估计值按大小排序，第2.5%和97.5%的百分位点就构成了一个置信度为95%的估计值置信区间。bootstrap过程实质上是模拟了从总体中随机抽取大量样本的过程，要求原始样本可以反映被研究的总体，但并不需要知道总体分布。

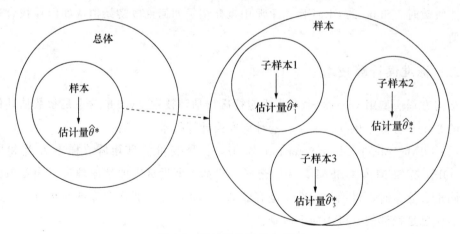

图3-1 重抽样的思路与原理

命令如下：

sem (Conservative → x1 – x9), vce (bootstrap, reps (1000) seed (111))

这里就是对原样本进行 1000 次重抽样。① 其中，seed () 选项的用处是使得之后的抽样估计可以复制之前的结果。如果不加入这个命令选项，之后的每次估计就会得到不同的结果，所以必须先设定一颗种子。②

（5）satorra—bentler，这是 Stata 15.0 才出现的新选项。它提供针对非正态数据的稳健标准误。当不服从多元正态分布时，χ^2 检验的结果不可靠。可以使用 satorra-bentler 有序 χ^2（四阶矩、峰度）来调校非正态数据的 χ^2 拟合指标。命令如下：

sem (x1 x2 x3 x4 ← X), vce (sbentler)

（6）jackknife (delete-one jackknife)，即刀切法，它主要是针对观测个体中的奇异值，这些奇异值会使估计结果有偏。jackknife 为总体参数估计值提供基于 (n－1) 个样本观测值的估计结果 (n 个)。例如，如果样本有 50 个观测值，刀切法每次随机删除一个不同的样本观测点，再基于剩余的 49 个样本观测值进行估计，这样一共计算出 50 个不同的样本估计值，然后计算得到均值，作为总体参数的估计值。

刀切法在影响点（奇异值）对样本统计量有较大影响时使用。模拟次数一般设置为等于样本观测值数目，便于检测每一个样本观测值对统计量（路径系数、R^2 等）的影响。观察模拟结果中那些路径系数、R^2 特别大或特别小的观测值，也可以同时观察其偏度、峰度等统计量，并在之后的研究中删除这些奇异值，避免在估计结构方程模型时出现问题。命令如下：

sem (……………), vce (jackknife)

在广义结构方程模型中，bootstrap 和 jackknife 只能用于前缀的命令，例如：

bootstrap: gsem (……), ……
jackknife: gsem (……), ……

如果是多层嵌套（multilevel nested）模型，为确保获得正确的重抽样结果，bootstrap 和 jackknife 还必须搭配 cluster () 或 idcluster () 命令。

（7）EIM (expected information matrix)，即期望值信息矩阵。SEM 会在后台计算 EIM，一般用于运行单值检验（score test）。

三、参数估计方法与标准误计算技术的搭配组合

参数估计方法和标准误计算技术的搭配如表 3-2 所示。

---

① 一般数量不大的情况，1000 次差不多，数据量大的情况，需要增加重复次数，以对比结果的稳定性。

② seed 只是为了控制 reps 结果的可重复性，使得每一次模拟都能从同一个起点开始；如果不设置，则从上一次模拟的结果开始。故 seed 设置得大一点为好。

表 3-2 参数估计方法和标准误估计技术的搭配

参数估计方法	标准误计算技术	基本假设	缺失值处理
标准结构方程模型（SEM）			
method（ml）	vce（oim）	独立同正态分布	list-wise 删除
	vce（robust）	异方差	
	vce（cluster……）	组间异方差、组内同方差	
	vce（bootstrap）	非正态数据	
	vce（sbentler）	非正态数据	
	vce（jackknife）	奇异值	
	vce（eim）	用于单值检验	
method（mlmv）	vce（oim）	默认	不删除
	vce（robust）	异方差	
	vce（cluster……）	组间异方差、组内同方差	
	vce（bootstrap）	非正态数据	
	vce（jackknife）	奇异值	
	vce（eim）	用于单值检验	
method（adf）	vce（oim）	默认，类似 vce（robust）	list-wise 删除
	vce（bootstrap）	非正态数据	
	vce（jackknife）	奇异值	
	vce（eim）	用于单值检验	
广义结构方程模型（GSEM）			
method（ml）	vce（oim）	默认	question-wise 删除
	vce（robust）	QML，异方差	
	vce（cluster……）	组间异方差、组内同方差	
	vce（bootstrap）	前缀，bootstrap：	
	vce（jackknife）	前缀，jackknife：	

资料来源：StataCorp（2017a），笔者略有补充、修改。

3.3 模型拟合优度检验

求出结构方程模型的参数估计值之后，下一步工作就是考察理论模型与样本数据的拟合程度。一个设计优良的理论模型必须满足与真实总体模型的一致性。也就是说，从总体中随机抽取得到的样本协方差矩阵 S 能被所设计的理论模型的协方差 Σ 充分复制出来。

结构方程模型的拟合检验主要从两个方面进行：一是针对整个模型的拟合度检验；二是针对模型单个参数的显著性检验。

一、模型整体的拟合优度检验

一般把研究者设计出来的模型称为理论模型（或隐含模型），也常为该理论模型设定两个参照系——饱和模型（saturated model）和独立模型（independence or null model)。饱和模型纳入了所有可能的相关关系和路径,而独立模型则认为所有变量之间都不相关。显而易见,饱和模型是最完美的,但也是最复杂的,常常无法求解。然而,研究者并不需要按饱和模型设计和估计参数,只需估计那些重点关注的路径和参数,而将其他参数设为固定参数或受限参数。这样设计出来的理论模型既简洁明了,又容易求解。最后,只要相比饱和模型或独立模型,理论模型的拟合指标(如 χ^2、RMSEA)能在相应置信水平下显著无差异(个别指标要求有显著差异),则该理论模型就被认为是可以接受的。这些拟合指标的原理都是基于($S-\Sigma$)离差大小,如果该离差较小,则认为模型拟合程度较高;如果离差较大,则认为模型的拟合程度较低。具体而言,都是基于饱和模型、独立模型、样本量大小、自由度或 χ^2 计算出来的,取值范围为 0(完全不拟合)到 1(完全拟合),如图 3-2 所示。

图 3-2 独立模型、理论模型与饱和模型

(一)模型拟合指标的程序命令

第一,estat gof 命令:报告一组拟合指标,其中一部分依然要求服从联合正态分布。

第二,estat eqgof 命令:报告每一个方程(单条路径)类似 R^2 系数的拟合优度指标。

第三,estat ggof 命令:当使用多组比较 group() 命令时,为每一组报告各组的拟合优度指标。

第四,estat ic 命令:报告 AIC、BIC 指标。这两个指标主要用于模型的比较。一般选择 AIC、BIC 更小的模型。

第五,estata gof,stats(all)命令:报告全部模型拟合指标。

(二)模型拟合指标分类

(1)χ^2 指标。这是唯一一个对理论模型显著性进行检验的指标。饱和模型的 χ^2 为 0,而独立模型的 χ^2 取最大值,研究者设计的理论模型的 χ^2 则介于二者之间。$\chi^2 = 0$ 意味着模型的拟合程度为 100%,但研究者没有必要将理论模型设计成饱和模型(也很难求解),而只需将那些重点关心的主要路径纳入模型,进而使理论模型与饱和模型之间无显著差异即可。例如,LR test of model vs. saturated:chi2(2)=1.78,Prob>chi2=0.4111。因此,也有人认为应将 χ^2 指标改称为拟合"劣度"指标(指标越显著表示拟合度越差)。同时,通过($S-\Sigma$)还可以得到一个残差矩阵。当 χ^2 与 0 之间无显著差异时,残差矩阵中的各个残差项也应与 0 无显著差异。如果 χ^2 是显著的,说明理论模型与真实模型之间的差异较大,模型设计有误,需要修正。当然,拟合的目的并不是得到最大值的 χ^2,因此不要画蛇添足,加入没有意义的路径。

使用 χ^2 指标分析拟合结果时要特别小心,因为 χ^2 指标对样本量大小很敏感。当样本量超过 200 个时,χ^2 指标会变得趋于显著;而当样本量较小时,χ^2 指标又会趋于不显著。① 此外，χ^2 指标还会受显变量是否服从联合正态分布的影响。故而一般会使用一个 χ^2/df 指标，即用 χ^2 去除以它的自由度，再进行判断。

(2) RMSEA 指标。这也是一种模型的总体拟合指标，是对卡方检验不显著的进一步报告。卡方指标不显著意味着样本协方差矩阵与理论模型复制出来的协方差矩阵很接近。RMSEA≤0.05 是可以接受的（取值在 0.05—0.08 之间）。但当模型的变量增多时，RMSEA 会降低。

(3) GFI 和 AGFI 指标。GFI 指标用来衡量 S 被 Σ 所复制出来的比率。例如，GFI=0.99，意味着样本方差—协方差矩阵 S 的 99% 已被模型 Σ 复制出来。AGFI 指标则是根据模型的自由度对 GFI 进行调整，计算公式为 $1-[(k/df)(1-GFI)]$，其中，k 是模型中独特值的个数，$k=p(p+1)/2$。GFI 和 AGFI 必须超过 0.9 或 0.95 才可以被接受。这两个指标也可用于比较使用同一数据的两个不同模型的拟合度，或同一模型使用不同数据的拟合度，或用于检验多组模型中测量模型的不变性（invariance）。

(4) SRMR。即 ($S-\Sigma$) 残差的平方根指标。该指标并没有设定一个可以参考的临界值，在使用时一般是比较两个模型（例如，初始模型与修正模型）的 RMR 指标值（使用同一数据）。它的可接受范围为小于 0.05。

表 3-3 模型拟合指数及判断的临界值

指数名称		评价标准	备注
绝对指数	χ^2	越小越好	受样本量大小的影响
	GFI	大于 0.9	
	SRMR	小于 0.05，越小越好	
	RMSEA	小于 0.05，越小越好	受变量个数的影响
相对拟合指数	NFI	大于 0.9，越接近 1 越好	
	TLI	大于 0.9，越接近 1 越好	
	CFI	大于 0.9，越接近 1 越好	
信息指数	AIC	越小越好	用于嵌套模型的比较
	BIC	越小越好	

资料来源：易丹辉（2008）。笔者略有修改。

相比其他统计分析方法（如方差分析、多元回归），结构方程模型的拟合指标并没有那么简单直接。结构方程模型会产生一组不同的拟合指标，这些指标中的任何一个都不足以单独判定整个模型的拟合程度。给定某一个样本数据，由于存在多个等价模型或可替代模型，都能产生几乎一样的数据对模型的拟合指标，因此，在报告模型的拟合结果时，所有模型都要报告拟合的 χ^2、RMSEA 和 SRMR 指标。其他拟合指标是否要报告则根据研究目的而定。如果要进行模型比较，则要报告 CFI、AIC、BIC 等指标。如果绝大多数拟合指标都在能接受的范围之内，则说明所设计的模型得到样

---

① 这与 χ^2 指标的计算公式有关。$\chi^2=(n-1)F_{ML}$，其中，F_{ML} 为极大似然估计函数。

本数据的验证和支持。

此外,在使用和解释这些拟合指标时,研究者的主观性也会比较大。有的学者认为 0.9 可以接受,有的学者认为 0.95 才能接受。尤其是当存在几个等价模型(或替代模型),并且使用同一套数据能产生相同的拟合指标时,则更加难以判断。

在得到这些拟合指标之后,有时需要在路径图中录入这些拟合指标值,这时使用 Sembuilder 左侧的 T 对话框,录入内容如表 3-4 所示。

表 3-4 SEM 路径图录入拟合指标值

输入命令	读出值
Chi-square (10) =115.44 {&chi}{sup:2}(10) =115.4	$\chi^2(10) = 115.44$
{it:p} <0.001	$p<0.001$
{it:{&rho}}(Depress) =0.73	$\rho_{Deprss}=0.73$
RMSEA=0.041	RMSEA=0.041
CFI=0.98	CFI=0.98
SRMR=0.03	SRMR=0.03
{it:N} =1466 或 N=1466	$N=1466$
{&beta}{sub:31} =0.21	$\beta_{31}=0.21$
{&R}{sup:2} =0.86	$R^2=0.86$

资料来源:Acock (2013)。笔者略有修改。

二、参数显著性检验

考察单个参数的显著性主要是为了评估模型中各个变量及路径的合理性。首先看该参数的估计值是否显著异于 0,使用的方法为 t 检验,这类似于回归模型中的参数显著性检验(每一条路径都是一个回归方程);接着检验参数估计值的符号(正负)是否与理论预期的一致;最后考察得到的参数估计值的大小是否在合理的预期范围之内。这三个条件必须都满足,即符合预期的方向、显著异于 0、解释合理有意义。

结构方程模型中检验的参数是所有需要估计的参数,对全模型 8 个矩阵 B、Γ、Λ_y、Λ_x、Φ、Ψ、Θ_ϵ、Θ_δ 的全部元素都要进行显著性检验。(易丹辉,2008)命令 estat eqtest 可以对每一个方程的系数是否显著异于 0 进行 Wald 检验。

需要注意的是,t 值与模型设计有关。使用同一数据时,不同的模型设计(等价模型)可能使同一参数得到不同的标准误,使得对基于同一数据但模型不同的参数显著性作出不同的判断(可能一个是显著的,但另一个却不显著),从而得出矛盾的结论。这意味着 t 检验对模型的设计错误缺乏稳健性。此时,我们可以在一个模型中保留该参数,而在另一个模型中删除该参数(嵌套模型),然后再使用 LR 检验,从而判断参数估计值的显著性,而不是使用 t 检验。

3.4 模型修正

如果理论模型与真实模型之间的误差过大，说明研究者设计出来的理论模型有误，这种错误称为模型设计误差（specification error）。这可能是因为漏掉了重要变量或变量间相关关系（路径），也可能是因为模型中加入了错误的变量或变量间相关关系（路径）。其结果是，获得的模型参数估计值是有偏的，会系统性地偏离本来的真实值，与样本数据之间的拟合度将会较低，统计结果也可能会不显著。此时，研究者必须对模型进行修正，寻找模型的设计错误。

第一个办法是考察模型中参数的统计显著性。在新模型中，可以删除那些不显著参数的路径。需要注意的是，参数不显著有可能是由统计效力（power）[①]、样本大小造成的。例如，小样本可能导致参数不显著，但大样本却能使之显著。另外还要综合考虑该参数的理论价值。有些参数虽然不显著但却具有非常重要的理论价值，依然要将其保留在新模型中（不要删除）。参考的标准就是这个参数对研究者而言是否有意义。

第二个办法是考察由（S－Σ）得到的残差矩阵。这些残差必须足够小，如果某个变量的残差较大，则说明模型设计存在相应的问题。考察标准化或正态化的残差矩阵，更易于发现问题所在。应使用 estat residuals 命令，报告残差矩阵（拟合矩阵与样本矩阵的离差），可以报告标准化残差（standardized residuals）或正态化残差（normalized residuals）。如果标准化残差较大，就说明某一个协方差在模型中没有得到很好的解释。此时，就要搜寻能更好地解释该协方差结构的路径。

第三个办法就是使用 estat mindices 命令，统计软件报告的修正指数（modification indices）。该指数的含义是，如果将之前的某一个固定参数改为自由参数，将至少能按该修正指数的大小降低新模型的 χ^2（$\chi^2=0$ 意味着拟合程度为100%。降低 χ^2 说明提高了模型的拟合程度）。1 个自由度的 χ^2 检验临界值为 3.84（5%显著性水平），大于 3.84 的都可以纳入修改范围（从大到小依次考虑）。如果是 1%显著性水平，该参考值为 6.63。该命令同时也会报告相应的 EPC 指标。EPC 指标表示如果将那些非自由参数（固定或限定）设置为自由参数，其参数估计值的大小和符号所发生的变化（不同于修正指数是针对整个模型所发生的变化）。该指标可以帮助研究者判断哪些参数应设为固定的，哪些应设为自由参数。这些 MI、EPC 指标是一次性使用的，一般不会同时删除两个，而是先删除一个，再运行 estat mindices，然后观察新的 MI、EPC 指标，再来判断。

第四个办法是观察测量模型中相关系数（因子载荷）的平方值。该指标衡量了使用某一个显变量作为潜变量的测量指标的优劣程度（信度指标）。结构模型同样也会

---

① 指假设检验的统计效力，即正确拒绝错误原假设 H_0 的概率（统计上为 $1-\beta$，其中，β 为存伪错误）。统计效力必须大于等于 0.8 才可以接受。

报告相关系数（结构系数）的平方值。该指标用于衡量潜变量之间结构关系的大小（预测力指标）。因此，可以根据这两个指标来筛选测量模型中的指标变量，以及结构模型中的潜变量。事实上，绝大部分模型设计错误都发生在测量模型。因此，研究者应先使用探索性因子分析（EFA）来寻找所需的潜变量个数和类型，再使用验证性因子分析（CFA）进一步验证（最好使用不同的数据）。

第五，通过检查初始参数估计值（initial parameter estimates）也可以帮助鉴别一个错误或设计有误的模型。例如，2SLS 初始估计值、自动初始值等都可以作为起始值。有时，一些参数估计值出现了不可能（不恰当）的取值，如相关系数>1，方差为负数，指标变量的误差方差接近 0（意味着对潜变量的完美测量，这往往不太可能）、奇异值，等等。

第六，研究者也可以借助一些模型比较的拟合指标，例如，χ^2/df（临界比率 CR，寻找最小者）、TLI（NNFI）、CFI[①]、NFI、AIC 或 BIC，等等。这些指标可以帮助研究者从多个备择模型中选出合意的理论模型。其中，在有限样本条件下，TLI 和 RNI 是无偏的、最适宜使用的模型比较指标。此外，也可以用 LR 检验来挑选备择模型（当二者无显著差异时应选择更严格的模型）。

偏差指标（deviance statistic）也可用于检验模型加入不同变量的显著性（是否有必要加入），使用$-2\ln L$（似然函数值）计算。可以选择$df=1$、$\chi^2=3.84$、$\rho=0.05$作为阈值来检验新加入的变量能否显著解释模型的方差。如果新加入的变量能显著解释模型的方差，则说明加入的变量是合适的，否则就没有必要加入。当然，同时还要考虑变量的理论价值。

研究者可以采用添加或删除因子载荷、因子协方差、测量误差协方差、潜变量数目、路径系数、预测误差协方差等多种办法。（易丹辉，2008）另外，研究者在建模时还必须遵循简洁原则。在给定的模型拟合优度水平下，设定适度个数的自由参数。常用的指标包括 AGFI、PNFI、AIC。其中，表现最佳的是 AIC 指标，数值越小说明拟合程度越高（模型参数给定时）。修正之后，还可以使用似然比检验（LR）来检验对原模型增加一些参数后的效果，使用拉格朗日乘子检验（LM）来检验对之前约束条件在放松约束而增加自由度之后的效果，使用 Wald 检验自由参数被限定之后的影响。

总之，研究者可以综合运用以上各种办法修正原模型，但模型修正的最终结果和质量还是得依靠相关理论、客观事实以及逻辑推断。所遵循的准则是，加入模型的变量及其关系路径必须是非常重要且有意义的，否则设计出来的模型就没有实际价值。

在后面各章节中，我们还会结合具体模型来介绍如何修正模型，此处不再赘述。

---

① 当模型中的变量增多时，TLI 和 CFI 指标会下降。

第 4 章

结构方程模型：回归分析与路径分析

从本章开始，我们正式介绍由结构方程模型估计的各种统计模型。首先介绍内生变量是一元连续型显变量的回归模型和多元连续型显变量的路径模型。

4.1 相关分析与线性回归

一、相关分析

20 世纪初，Pearson 原理在统计学中占据统治地位。其基本内容就是相关关系是现实生活中最基本的关系，因果关系只是完全相关的（理论）极限。这种理论认为没有必要寻找变量之间的因果关系（研究结果也不精确），只需计算相关系数。（何晓群，2015）当时的统计分析主要使用统计表、统计图对搜集的数据进行加工、整理和展示，并使用列联表分析、方差分析、相关分析等相关分析工具。

现代的相关分析是检验两个连续型变量相关程度的统计分析方法。在 Stata 中，我们可以使用 correlate 命令计算相关系数矩阵或协方差矩阵。使用 sem 命令也可以计算，命令如下：

sem (←x1 x2 x3), nm1

如果只计算相关系数矩阵，而不是协方差矩阵，命令如下：

sem (←x1 x2 x3), nm1 standardized

使用 sem 命令而不是 correlate 命令的好处在于，可以进一步检验不同相关系数之间的差异是否显著。

estat stdize: test _b [/cov (x1, x2)] = _b [/cov (x2, x3)]

另外，也可以使用更为简便的多元相关系数检验命令：

mvtest correlation x1 x2 x3

例如，使用该命令对多元相关系数是否相等进行检验：

mvtest correlations fuel repair capital, compound

检验结果为（原假设为所有相关系数都是相等的）：

Lawley chi2 (2) = 7.75

Prob > chi2   = 0.0208

检验结果在5%水平下拒绝了原假设，各对相关系数之间存在显著的差异。

二、线性回归模型

回归分析可以追溯到高尔顿1875年开展的豌豆遗传实验。他在英国挑选了7块土地，种下7组不同尺寸的豌豆，从而确定豌豆不同尺寸的遗传规律。他发现尺寸小的豌豆得到了更大的豌豆，而尺寸大的豌豆却得到了更小的豌豆，他把这种现象叫做"返祖"现象，即"向平均回归"。（贾俊平等，2015）回归分析的最大贡献是填补了假设检验中相关分析与方差分析之间的缺口，从以往的相关分析范式跨越到研究者更重要的因果关系。这是因为在现实生活中，有很多现象之间确实存在着明显的因果关系，并且二者之间的关系只能是单向的，而非对称的。（何晓群，2015）例如，父代与子代之间的基因关系，是父亲影响子代，而不可能是子代影响父代。多元回归模型于1967年开始盛行，逐渐成为第二代统计学的核心分析方法。

总体上，回归模型是一种显变量建模方法，描述一个被解释变量和一组解释变量之间的线性关系。被解释变量只有1个，解释变量可以是1个或多个。它研究直接效应，度量了多个变量之间的直接影响关系。方程式如下所示：

$$y_i = \beta_0 + \beta_1 x_1 + \beta_2 x_2 + \cdots + \beta_k x_k + \varepsilon_i \tag{4-1}$$

回归模型也是路径模型、结构方程模型的基础。由于介绍回归模型Stata应用方面的教材、资料文献已非常多，我们在此不再赘述，只介绍如何用sem命令估计线性回归模型。

一个最简单的线性回归模型路径图如下所示：

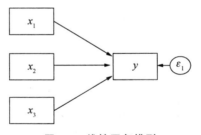

图 4-1　线性回归模型

使用结构方程模型的估计命令为：

    sem（y←x1 x2 x3）

该线性回归模型也可以用gsem命令来估计，命令如下：

    gsem（y←x1 x2 x3）

统计软件中有一个常用案例，即关于汽车排量的线性回归模型如图4-2所示。

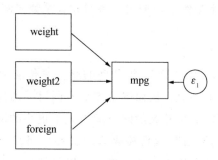

图 4-2 含二次项的回归模型

数据来源：sysuse auto。

该模型的估计命令如下：

generate weight2 = weight^2

sem（mpg ←weight weight2 foreign）

我们可以将使用 sem 命令得到的估计结果与传统回归模型使用 regress 命令得到的估计结果进行对比，如表 4-1 所示。

表 4-1 sem 命令与 regress 命令估计线性回归模型的结果

估计方法 被解释变量：mpg	sem		regress	
	系数	z 值	系数	t 值
weight	−0.0165729 (0.0038604)	−4.29	−0.0165729 (0.0039692)	−4.18
weight2	1.59e−06 (6.08e−07)	2.62	1.59e−06 (6.25e−07)	2.55
foreign	−2.2035 (1.03022)	−2.14	−2.2035 (1.059246)	−2.08
截距	56.53884 (6.027559)	9.38	56.53884 (6.197383)	9.12

表 4-1 中，sem 命令的参数点估计值与 regress 命令的参数点估计值相同。二者的标准误有些不同，sem 命令估计得到的标准误更小。这是因为 sem 命令是渐近估计值（asymptotic estimator），是用观测值个数（$N=74$）来除方差和协方差。而 regress 命令是无偏的有限样本估计值（unbiased finite-sample），是用 $N-k-1$（70）去除。此外，sem 命令报告的是 z 值，而 regress 报告的是 t 值。二者的置信区间和 e.mpg 的点估计值也会有些差异（除以 $N-k-1$ 导致的）。两者的算法也不同，sem 命令是极大似然估计，采用迭代算法，而 regress 命令是 OLS 估计，是一阶偏导求极值的直接算法。

如果要报告标准化系数估计值，可以使用以下命令：

sem, standardized

结构方程模型除了可以处理经典的线性回归模型之外，还可以处理正态分布数据被缩尾或截断的 tobit 模型和 interval 模型,以及观测值个体存在选择效应的 heckman 模型和处置效应的 treatment effect 模型。详细的处理办法请参考 Stata 15.0 的 SEM 操作手册。

三、回归模型的不足

总的来看,多元回归模型是目前广泛使用的数据分析方法,只有在满足一系列假设的条件下才能得到无偏、有效、一致的估计结果。这些条件包括:线性假设、正交假设、独立同分布假设、正态分布假设、无完全共线性、数据简单随机抽样等。此外,它的运用场景应为:解释变量和被解释变量都没有测量误差;解释变量直接作用于被解释变量,且独立发生影响,没有回路(递归模型);是一个封闭的影响路径,不受外在生态环境及所处系统其他因素的干扰;解释变量与被解释变量之间只存在研究者假设这一种关系模型,不存在其他替代模型。如果有一个条件得不到满足,就会产生相应问题。尽管计量经济学家们已经提出很多对应的修补、调校办法,但有三个大的问题依然存在:

(一) 测量误差

当研究对象不能直接测量时,传统多元回归模型的处理办法为:挑选一个变量,并检查它的信度和效度。[①] 只要效度、信度在可接受范围之内,就将其作为被研究对象的代理变量。回归模型只允许被解释变量有预测误差(在残差项 ε 里),而默认解释变量是没有误差的,实际上并没有或较少处理测量误差问题。而测量误差会导致有偏、不一致的估计结果。严重时,显变量的测量误差加上模型可能存在的设计错误(specification error),会使模型估计结果严重偏离真实情况。

一个针对测量误差的调校办法是乘以被解释变量的信度系数[②]或将 R^2 乘以解释变量的平均信度系数。公式如下:

$$\hat{R}^2_{y.123} = R^2_{y.123} \times r_{yy'}$$
$$\hat{R}^2_{y.123} = R^2_{y.123} \times r_{yy} \times \bar{r}_{xx} \quad (4-2)$$

通过调校 R^2 来考虑测量误差的影响是一种比较有吸引力的办法。例如,$R^2=0.68$,而被解释变量的信度系数为 0.8,则被解释变量的方差中只有 54%(0.68×0.8)是真正被解释的(不是 68%)。然而,如果无法获知被解释变量、解释变量的信度系数,这个办法就无法使用。正因如此,才发展出使用潜变量的结构方程模型,在统计分析的同时隔离指标变量的测量误差,从而只对测量值中的真实相关值进行回归。潜变量能消除测量误差给估计结果带来的偏差。(张岩波,2009)

(二) 加法模型

多元回归模型只是一种加法模型,研究的是解释变量对被解释变量的直接影响效

[①] 在实证研究中,研究者很少事先检查所使用指标变量的效度和信度,往往是"拿来主义"。
[②] 信度即真实值的变化(方差)能被所使用的显变量值说明或反映的部分或比重。

应,并不允许变量之间存在其他类型的间接关系。事实上,变量之间的间接影响、中介效应是普遍存在的,代表了直接效应是如何实现的传导路径、影响机制。同时,加法模型只有在各个解释变量与被解释变量之间都高度相关,而在各个解释变量之间都不相关的情况下才是比较理想的模型(可以严格可加),但这在现实中又很难满足。因为这些解释变量都在同一个系统中影响被解释变量,往往不太可能不相关。

(三)替代模型或等价模型问题

给定一组解释变量和被解释变量,实际上存在很多个替代模型或等价模型。这些模型对样本数据都能达到很接近的拟合程度,而多元回归模型往往只是其中一种可能的模型。回归模型的自由度为 0,自由度为 0 的模型是无法被证伪的。当一个模型无法证伪时,即使模型与样本数据是适配的,通常也是无用且无意义的。(黄芳铭,2005)

另外,回归模型使用的 OLS、ML 等参数估计方法往往将有缺失值的观测值个体删除,是一种部分信息或有限信息估计法(partial information or limited information method)。这些部分变量缺失的观测值个体依然含有关于总体的信息,直接删除将损失部分可供推测的样本矩信息,会降低统计推断的质量。

4.2 中介效应与路径模型

回归模型检验的是自变量对因变量的直接影响关系。一组变量往往被研究者假设为按某种预先设定的关系路径在起关联作用,如图 4-3(A)。但现实中,变量之间不仅存在直接影响,还存在间接影响。一组变量之间可能存在很多种不同的关系模型,以三个变量为例,就存在如图 4-3(B)所示的多种不同变量关系模型。

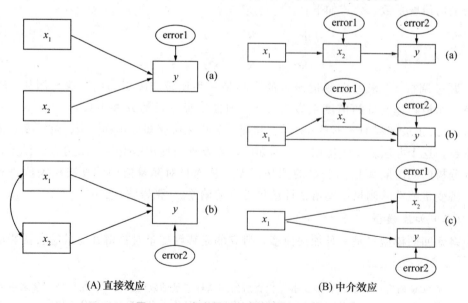

(A) 直接效应　　　　　　　　　　(B) 中介效应

图 4-3　三个变量之间关系的路径模型

如果是 4 个变量，还可能存在更多种路径关系模型。可见，变量之间的关系是非常复杂的（现实中也是）。当然，具体采用哪种关系模型，要依据理论、现实、逻辑推断、先行研究结果等综合确定。

路径模型是回归模型自然而然的扩展，最初由遗传学家 Wright 于 1918—1921 年间提出，用于探索变量之间的直接效应、间接效应。路径模型提出之后一直没有得到重视。直到 1966 年美国学者 Duncan 将它用于研究社会流动，并提出社会地位获得模型。尽管路径模型仍使用显变量，但其改进之处在于不限于变量之间的加法关系，可以使用任意多个被解释变量、解释变量，从而包含多个回归方程。（Schumacker, 1991）路径模型是使用显变量的联立方程模型，也常被称为因果模型（causal model）或多重回归分析（multivariate regression）。

一、中介效应

路径模型最重要的作用就是探察和解析间接效应，核心是中介效应。中介效应指的是 A 变量对 B 变量的影响（或一部分效应）要通过 C 变量的中介传导才起作用。路径模型中有三种类型的变量，一种是外生变量，一种是内生中介变量，一种是内生结果变量。中介变量是内生结果变量的解释变量，又是外生变量的被解释变量。常用的中介模型可以分为单一中介、平行中介、复合中介等类型。

（一）单一中介

单一中介模型（a single mediator）如图 4-4 所示。

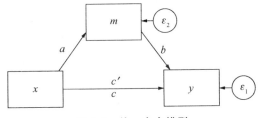

图 4-4　单一中介模型

上述模型中，x 对 y 有一部分是直接影响，有一部分是间接影响（通过 m 的中介作用）。如果直接效应和间接效应（a 和 b）都很显著，则可以认为 x 影响 y 的一部分效应是通过 m 的中介作用实现的。但如果间接效应不显著，则不需要使用中介模型，只需使用传统的回归模型就可以。故此，间接效应显著是使用中介模型的前提条件。

一些研究者常使用回归模型来估计图 4-4 的中介模型，它由一组标准步骤构成。首先确保 x 对 y 具有显著的影响，这是前提条件。如果 x 与 y 没有显著相关，通常认为不存在可用来中介的效应。然后按以下三步进行：第一，把 y 对 x 回归，得到系数 c；第二，把 m 对 x 回归，得到系数 a；第三，把 y 对 x、m 回归，得到 y 对 x 的系数 c'，对 m 的系数 b。c' 是在控制了中介变量 m 之后，x 对 y 的直接效应。如果 c' 较小且不显著，则认为 m 完全中介了 x 对 y 的效应；如果 c' 是显著的但比 c 小，则认为 m 部分中介了 x 对 y 的效应。

这种间接、逐步检验法使用起来很烦琐，并且存在明显的缺点，容易忽略自变量与因变量之间相关不显著时仍可能存在的中介效应，即自变量和因变量是否显著相关并不是存在中介效应的前提。(王孟成，2014) 一种情形是，当存在中介效应，并且中介效应与直接效应的符号相反，而传统的回归模型又没有纳入该中介变量时，会导致自变量与因变量之间的回归系数变小，甚至变为相反的关系。这个回归模型中没有纳入的中介变量称为"抑制变量"(suppressor variable)。如果选用中介模型（不是回归模型）估计，则该直接效应的回归系数会变大。这种抑制效应或不一致中介效应的存在往往使本来显著的 X→Y 效应变得不显著，进而掩盖事实上存在的中介效应。

模拟发现有 50%的情形是自变量和因变量的关系 c 不显著，但却存在显著的中介效应。即使自变量与因变量相关系数为 0，仍可能存在间接效应。(温忠麟等，2012) 故使用这种逐步检验法将错过很多实际存在的中介效应，并且相比其他检验办法统计功效①最小。如果每次检验犯第一类错误的概率都是 0.05，作多次检验会使犯第一类错误的概率相应增加，多步检验完成之后，犯第一类错误的概率会大于 0.05。例如，检验 3 次犯第一类错误的概率为 $1-(1-\alpha)^3=0.142625$，则置信水平会降低为 0.857375。

我们将在后文介绍系数乘积 ab 显著性的非线性检验办法，其被称为 sobel 检验；还可以采取系数差值显著性检验，即检验 $c-c'=0$ 是否显著，也可以采用 bootstrap 检验法。这三种办法都比分步检验法统计效力高。

尽管传统路径模型有多个方程（内生变量），但仍对每一个内生变量逐一进行计算。各个方程都是单独估计的，是满足各自方程最优的局部解，而不是满足整个模型最优的全局解，也就是在计算对某一个因变量的影响关系时，忽略了其他因变量的存在及影响。(侯杰泰、温忠麟和成子娟，2004) 这个问题随着结构方程模型将路径分析纳入，并使用 ML 估计得到了解决。图 4-4 的中介模型使用 sem 命令进行估计会更加简单直接。命令如下：

$$\text{sem}(y \leftarrow m\ x)(m \leftarrow x)$$

SEM 为检验中介效应提供了更先进的处理方法。SEM 中所有影响效应的估计都是在同一个建模环境下进行的，而采用回归方法估计影响效应会假设其他影响效应不存在，使得每一种影响效应的估计结果既无法与其他影响效应比较，也无法与全模型 {X, M→Y} 的估计结果比较。在一个模型中同时对所有关系进行建模，在统计上总是优于以分散形式分开建模。基于同步估计的精确性，SEM 的估计结果会在很多方面更优，包括：更有可能发现存在的中介作用模式，更接近总体的结构性特征，更具有统计上的可靠性。即使与回归方法得到的路径系数相同，SEM 的系数标准误也会更小。

我们还可以使用命令 estat teffects 分解总效应（直接效应和间接效应），并得到

---

① 统计功效等于 $1-\beta$（β 是存伪错误）的概率，一般以 0.8 作为临界值，即以 80% 的概率拒绝错误的假设。

相应的标准误;也可以使用 gsem 命令估计上述模型,命令为 gsem(y←m x)(m←x),但估计之后不能使用命令 estat teffects,此时可以通过手工计算直接效应、间接效应,并使用 nlcom 命令计算标准误来进行检验。

(二)多重中介模型

当中介变量不止一个时,相应的模型称为多重中介模型。多重中介变量可以是并联(平行)关系,也可以是链式多重中介。(温忠麟等,2012)中介变量之间是串联关系。更复杂的多重中介模型还可以同时兼有平行中介变量和链式中介变量。(柳士顺、凌文辁,2009)

不同于只有一个中介变量的模型,在有两个中介变量的模型中,如果 x 与 y 的相关系数为 0,并不能由此认定不存在中介效应。例如,一条间接效应是负的,另一条中介效应是正的,抵消之后使 x 与 y 之间的相关系数为 0,但却可能存在很重要的中介效应,如图 4-5 所示。

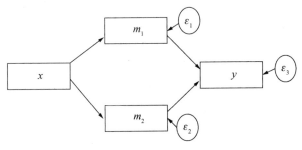

图 4-5 平行中介机制

除了平行中介模型,还有更复杂的中介效应模型,如图 4-6 所示。

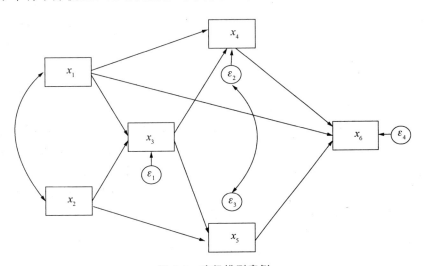

图 4-6 路径模型案例

资料来源:Acock(2013)。

图 4-6 的路径模型中一共有 x_1—x_6 6 个变量。连接两个变量的单箭头代表直接效

应。x_6 是唯一的内生结果变量，$x_3—x_5$ 是内生中介变量，传导前面一些变量对后面一些变量的一部分影响效应。每一个内生变量都由模型中的其他变量所解释，例如，变量 x_4 是内生变量，因为它是由模型所解释的；它还是一个内生中介变量，中介了一部分 x_1 对 x_6 的影响（效应）。这种间接效应可由两个直接效应的乘积计算得出。两个外生变量 x_1、x_2 是 $x_3—x_6$ 的解释变量。x_1 与 x_2 之间的双箭头则代表了两个显变量之间的协方差，表示这两个变量是相关的。两者相关可能是因为在该路径模型之外还存在影响这两个变量的其他共同因素。由于模型并未将产生这些影响的其他变量纳入，因此有必要将这两个变量设为相关。

模型中 4 个内生变量 $x_3—x_6$ 对应 $\varepsilon_1—\varepsilon_4$ 这 4 个误差项，意味着被解释变量的方差中没有被这些解释变量所解释的部分，即路径模型中没有考虑到的一些因素对被解释变量的影响。变量 $x_1—x_2$ 则没有对应的误差项，因为只有内生变量才有各自对应的误差项，而它们都是外生变量。

模型中还有一组相关的误差项 ε_2、ε_3。虽然 x_4 与 x_5 之间没有直接联系，但模型假设 x_4 未解释的方差与 x_5 未解释的方差之间可能存在一定的联系。如果模型中没有设定内生变量之间存在一定的因果联系，包括内生结果变量和内生中介变量，则需要考虑将它们的残差联系起来。如果不将残差项设为相关，就相当于假定模型中两个内生变量之间的协方差已完全被后续变量解释了。这往往不太符合事实。因此，为更贴近实情，应将未直接联系的两个内生变量的残差项设为相关。

该模型的估计命令为：

sem（x1 x4 x5→x6）（x1 x2→x3）（x1 x3→x4）（x2 x3→x5），cov（e. x4 * e. x5）

在这种比较复杂的中介效应模型中常常遇到一种现象，即尽管研究者在模型中用单箭头表示因果关系，但分析解释时又发现这种因果关系不合逻辑。例如，检验发现年收入与罹患癌症之间正相关，但这不符常理。实际上，这是因为模型中没有纳入年龄这个变量。年龄增大，收入增多，罹患癌症概率增大，是年龄使得收入与罹患癌症之间产生了虚假的因果关系。这种现象常用来解释相关不等于因果关系的情形，因为可能存在第三个变量同时影响二者。这种变量称为"混淆变量"（confunding variable）。类似案例还有养老金与老人健康的关系。估计结果显示养老金与老人健康负相关。很多研究者会误以为（或解释为）是养老金增多导致老人健康下降，这显然不合常理，这也是因为存在年龄这个混淆变量。随着年龄的增长，养老金会增加，但老人健康状况下降。如果不纳入年龄（或设置的形式、路径关系不正确），而仅仅依据估计结果就解释是养老金增多导致老人健康状况下降，这样的结论显然是不合理的。

二、路径模型

路径模型常被用于解析变量影响效应的中介机制。一个案例是研究青年人初婚年龄（age_m）、年龄差（age_gap）对其生育意愿（birth）的影响。模型如图 4-7 所示。模型中，年龄差为中介变量，即初婚年龄既会直接影响生育意愿，也会通过影响婚龄差间接影响生育意愿。此外，可能还存在其他协变量影响被解释变量或内生中介变量。因此，可以将更多的协变量纳入模型，作为控制变量，以增加模型结果的说服力，如图 4-7 所示。

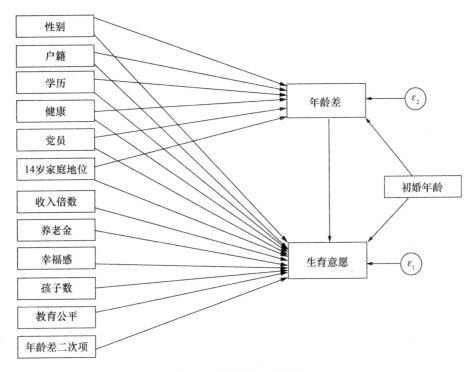

图 4-7　基础模型路径图

资料来源：阳义南. 初婚年龄延迟、婚龄差与生育意愿 [J]. 南方人口，2020，(3)。
数据来源：CGSS2013 年。

图 4-7 的路径模型估计命令如下：

sem (birth ← age_m age_gap age_gap2 gender identity edu_da income3 health happiness children party pension edu_fair status_14) (age_gap ← age_m gender identity edu_da health party status_14), vce (robust)

（一）基本估计结果

表 4-2　路径模型估计结果

Structural	coef.	OIM Std Err	z	$P>z$	[95% Conf. Interval]	
birth3 ←						
age_gap	0.0048	0.0035	1.37	0.169	−0.0020	0.0116
age_m	−0.0115	0.0026	−4.47	0.000	−0.0166	−0.0065
gender	0.0694	0.0185	3.74	0.000	0.0331	0.1057

(续表)

Structural	coef.	OIM Std Err	z	$P>z$	[95% Conf. Interval]	
identity	0.0399	0.0197	2.03	0.043	0.0013	0.0785
edu_da	0.1044	0.0447	2.34	0.019	0.0169	0.1920
income3	0.0116	0.0065	1.78	0.075	−0.0012	0.0244
health	−0.0296	0.0087	−3.38	0.001	−0.0467	−0.0124
happiness	0.0375	0.0113	03.33	0.001	0.0155	0.0596
children	0.3800	0.0091	41.77	0.000	0.3622	0.3979
party	0.0623	0.0284	2.19	0.028	0.0066	0.1181
pension	0.0439	0.0196	2.24	0.025	0.0055	0.0823
edu_fair	0.0286	0.0229	1.25	0.212	−0.0163	0.0735
age_gap2	−0.0001	0.0002	−0.40	0.688	−0.0005	0.0003
status_14	−0.0076	0.0051	−1.49	0.137	−0.0177	0.0024
_cons	1.473436	0.0881635	16.71	0.000	1.3006	1.6462
age_gap ←						
age_m	0.1600	0.0106	15.15	0.000	0.1393	0.1807
gender	−0.1121	0.0783	−1.43	0.152	−0.2656	0.0413
identity	−0.0225	0.0820	−0.27	0.784	−0.1832	0.1383
edu_da	−0.3912	0.1876	−2.09	0.037	−0.7589	−0.0235
health	−0.2108	0.0359	−5.88	0.000	−0.2811	−0.1405
party	−0.1750	0.1222	−1.43	0.152	−0.4145	0.0644
status_14	−0.0416	0.0218	−1.91	0.056	−0.0844	0.0011
_cons	−0.6772	0.2942	−2.30	0.021	−1.2538	−0.1006
var(e.birth3)	0.5448	0.0090			0.5275	0.5627
var(e.age_gap)	10.1548	0.1671			9.8324	10.4878

注：R test of model vs. saturated：chi2(6) = 3739.91, Prob > chi2=0.0000。

我们可以报告标准化估计系数，并使用路径图展示估计结果。命令如下：

sem, standardized

图 4-8 是模型估计的标准化路径系数，又称为标准 β 权重。在 SEM 中，每一个内生变量都有一个方程，有几个内生变量，就有几个方程，并估计相应的路径系数。图 4-8 中一共有 2 个内生变量，故而共有 2 个方程。如果想要知道每一个方程的拟合程度，使用命令：

estat eqgof

第 4 章 结构方程模型：回归分析与路径分析

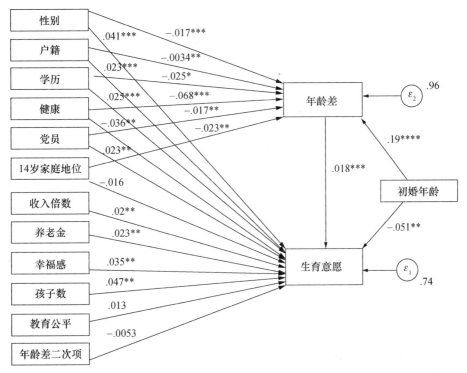

图 4-8 标准化系数估计结果

表 4-3 内生变量方差解释度

depvars	fitted	Variance predicted	residual	R^2	mc	mc2
birth3	0.7315684	0.186748	0.5448204	0.2552707	0.5052432	0.2552707
age_gap	10.544	0.3891847	10.15481	0.0369105	0.1921212	0.0369105
overall				0.2827491		

R^2 代表了每一个内生变量的方差被解释程度。如果是非递归模型，则应报告 Bentler-Raykow R^2 系数，即 mc2 指标值。

相比传统的回归分析、路径分析结果，SEM 路径分析的估计结果提供了一些评估模型拟合度的新信息。如果想要知道整个模型的拟合程度及更多拟合指标，输入命令：

estat gof, stats (all)

表 4-4 整个路径模型的拟合度指标

Fit statistic	Value	Description
Likelihood ratio		
chi2_ms (6)	3739.908	model vs. saturated
p>chi2	0.000	
chi2_bs (27)	6196.272	baseline vs. saturated

(续表)

Fit statistic	Value	Description
p > chi2	0.000	
Population error		
RMSEA	0.290	Root mean squared error of approximation
90% CI, lower bound	0.283	
upper bound	0.298	
pclose	0.000	Probability RMSEA <= 0.05
Information criteria		
AIC	323077.600	Akaike's information criterion
BIC	323250.263	Bayesian information criterion
Baseline comparison		
CFI	0.395	Comparative fit index
TLI	−1.724	Tucker-Lewis index
Size of residuals		
SRMR	0.053	Standardized root mean squared residual
CD	0.283	Coefficient of determination

一个递归模型往往是可识别或过度识别的。如果自由度为 0，则 $\chi^2=0$，RMSEA=0，CFI=1，但这并不意味着该模型已是一个拟合得很好的模型，而仅仅是因为没有多余的自由度去作进一步检验（验伪）。

（二）模型修改

命令 mindices 提示模型与数据拟合得不太好的地方，以及如何对模型进行修改。估计命令如下：

estat mindices

表 4-5 路径模型的修正指数

Structural	Standard MI	df	P>MI	EPC	EPC
age_gap					
birth3	7.819	1	0.01	0.2823851	0.0743818
children	11.212	1	0.00	0.1300271	0.0425492
edu_fair	5.713	1	0.02	0.2350215	0.0275472
age_gap2	2926.931	1	0.00	0.0390141	0.6268701

上表中的修正指数都是一次性使用的，即一次只能修改一个路径。每次修改一个（路径、相关误差）都会耗用一个自由度。需要强调的是，每一次作出的修改必须是合理的、说得通的。如果研究者还想再次修改，须再次运行 estat mindices 命令，根据新的修改指数 MI 判断后续的修改。

首先，可以考虑将一些内生变量的误差项设为相关。正如前文指出的，这是因为可能存在第三方变量同时影响这两个变量，但该变量又未被纳入模型，故而需要将受其影响的二者的误差项设为相关。将两个没有直接关联的内生变量的误差项设为相关，类似于偏相关（partial correlation）。也就是将 birth 没有被模型解释的方差与 age_gap 没有被解释的方差二者设为相关。从这两个方程的拟合 R^2 系数来看，由于这两个内生变量的方差分别有 74.5%、96.3% 没有被模型解释，它们之间很可能存在协方差，故而很有必要将二者的误差项设为相关。作为一个准则，当模型中有作用于（联结）同一个解释变量和被解释变量之间的平行中介变量时，一般需要将它们的误差项设为相关。

误差项设为相关后的模型如图 4-9 所示。

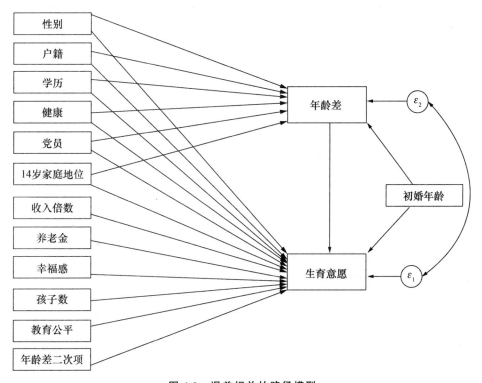

图 4-9 误差相关的路径模型

新的误差项相关模型的估计命令如下：

```
sem (birth ←age_m age_gap age_gap2 gender identity edu_da income3 health happiness children party pension edu_fair status_14)
(age_gap ←age_m gender identity edu_da health party status_14),
vce (robust) cov (e.birth*e.age_gap)
```

我们也可以报告新模型的拟合指标和修正指标。命令如下：

```
                    estat eqgof
estat gof, stats (all)
estat mindices
```

估计结果中，报告的大部分拟合指标都没有意义，因为模型已没有多余的自由度，不管怎样都是完美拟合（perfect fit）。而修正指标也报告没有进一步的修改对象，这也仅仅是因为已没有自由度，并不意味着模型已没有修改的可能。所以必须确保至少有一个自由度，报告的拟合指标和修正指标才有意义。

我们还可以进一步将每一个指标变量的影响分解为直接效应、间接效应和总效应。命令为：

estat teffects, standardize

表4-6 路径模型的效应分解

直接效应

Structural	coef.	Robust Std. Err.	z	P>z	Std. coef.
birth ←					
age_gap	0.0071508	0.0035703	2.00	0.045	0.0292109
age_m	−0.0069475	0.0029753	−2.34	0.020	−0.0336968
age_gap2	−0.0000619	0.0001981	−0.31	0.755	−0.0043109
gender	0.0518309	0.0196862	2.63	0.008	0.0337376
identity	0.05769	0.0207561	2.78	0.005	0.0372367
edu_da	0.1464251	0.0557423	2.63	0.009	0.040561
income3	0.0105092	0.0064046	1.64	0.101	0.0212242
health	−0.021921	0.0089083	2.46	0.014	−0.0287629
happiness	0.0275483	0.0130665	2.11	0.035	0.0280421
children	0.3655878	0.0159948	22.86	0.000	0.3885723
party	0.0747486	0.0318921	2.34	0.019	0.0301141
pension	0.03803	0.0207422	1.83	0.067	0.022455
edu_fair	0.0303112	0.0237487	1.28	0.202	0.015145
status_14	−0.0019228	0.0065491	−0.29	0.769	−0.004449
age_gap ←					
age_m	0.1681974	0.0174919	9.62	0.000	0.1997064

间接效应

	coef.	Robust Std. Err.	z	P>|z|	Std. coef.
birth ←age_m	0.0012028	0.0005992	2.01	0.045	0.0058336

总效应

Structural	coef.	Robust Std. Err.	z	P>z	Std. coef.
birth ←					
age_gap	0.0071508	0.0035703	2.00	0.045	0.0292109
age_m	−0.0057447	0.0029464	−1.95	0.051	−0.0278632
age_gap2	−0.0000619	0.0001981	−0.31	0.755	−0.0043109
gender	0.0518309	0.0196862	2.63	0.008	0.0337376
identity	0.05769	0.0207561	2.78	0.005	0.0372367

(续表)

Structural	coef.	Robust Std. Err.	z	P>z	Std. coef.
edu_da	0.1464251	0.0557423	2.63	0.009	0.040561
income3	0.0105092	0.0064046	1.64	0.101	0.0212242
health	−0.021921	0.0089083	−2.46	0.014	−0.0287629
happiness	0.0275483	0.0130665	2.11	0.035	0.0280421
children	0.3655878	0.0159948	22.86	0.000	0.3885723
party	0.0747486	0.0318921	2.34	0.019	0.0301141
pension	0.03803	0.0207422	1.83	0.067	0.022455
edu_fair	0.0303112	0.0237487	1.28	0.202	0.015145
status_14	−0.0019228	0.0065491	−0.29	0.769	−0.004449
age_gap					
age_m	0.1681974	0.0174919	9.62	0.000	0.1997064

上表的左侧是非标准化系数，z 检验结果也是针对非标准化系数的；右侧是标准化系数，但没有针对标准化系数的 z 检验。尽管如此，即使对非标准化系数的 z 检验结果与对标准化系数的 z 检验结果有所不同，也不会改变总体的显著性水平。

表 4-7　效应分解结果报告

结果	直接效应	间接效应	总效应
初婚年龄→年龄差	0.1682****	—	0.1682****
初婚年龄→生育意愿	−0.0069**	0.0012**	−0.0057*
年龄差→生育意愿	0.0072**	—	0.0072**

注：* 表示 $p<0.1$，** 表示 $p<0.05$，*** 表示 $p<0.01$，**** 表示 $p<0.001$。

在上表报告的总效应中，直接效应和间接效应各占多大的比例？我们可以计算出总效应中各个中介效应的比重，并通过对不同中介效应的比较来确定哪一个是最重要的中介变量，且代表了最主要的影响传导机制。

在很多研究中，缺失值是一个很大问题。很多估计方法都使用列示删除法来处理有缺失值的观测个体。列示删除法假设这些缺失值是完全随机缺失（missing completely at random，MCAR）[1]，即缺失值的产生与任何变量都没有关系——不管该变量在不在模型中。也只有在 MCAR 情况下列示删除才是合理的，但 MCAR 假设在实际中很难满足。为此，很多研究方法基于更切实际的随机缺失（missing at random，MAR）假设。MAR 与 MCAR 有很大的不同，MAR 认为模型中的一些变量或模型外的其他变量能解释什么人会回答而什么人不会回答，即数据中为什么有一些个体会相对更容易缺失。

未纳入模型但可以解释什么人更容易产生缺失值的变量称为辅助变量（auxiliary

---

[1] 估计非标准结构系数时可以放松该假设。

variable)。为此，还可以加入一些辅助变量来帮助解释为什么一些变量会有缺失值。例如，教育（受教育多的人缺失值更少），年龄（老年人更容易漏填身高数据）。加入辅助变量主要是为了提供更多的信息来满足 MAR 假设（研究者对这些变量并不感兴趣）。然而，尽管加入辅助变量会有一些贡献（SEM 采用完全信息估计，辅助变量的信息也会成为方差—协方差矩阵的一部分），但也会带来新的问题。例如，可能使数据更偏离正态分布假设（如加入 0/1 型的性别变量），而且辅助变量自身也可能有缺失值，故而要求加入的辅助变量尽量少有缺失值。一个可以考虑的办法是，同时使用默认的极大似然估计 ML（列示删除）和 MLMV（不删除），如果二者的估计结果比较相近（无显著差异），则能提高估计结果的可信度。

(三) 路径模型的检验

1. 中介效应显著性检验

表 4-7 中，中介效应是 0.1682×0.0072=0.0012。这个中介效应很微小，它是显著的吗？表 4-7 中的检验结果都是针对单个系数的 t 检验（是否显著异于 0），而这里的中介效应却是两个系数的乘积。表格中并未报告针对这种乘积项中介效应的检验结果。对这种系数乘积的检验需要非线性检验命令 nlcom。

nlcom 检验实际上就是我们俗称的"小白鼠检验"或 sobel 检验。在原理上，如果两个直接效应的系数分别为 a 和 b，各自的标准误分别为 SE_a 和 SE_b，则间接效应为 ab 和 ab 的标准误计算公式为：

$$SE_{ab} = \sqrt{b^2 SE_a^2 + a^2 SE_b^2} \tag{4-3}$$

在大样本中，计算 ab/SE_{ab} 得到一个 z 值，就可以对间接效应进行检验。具体而言，首先要找到 Stata 赋予每一条直接效应路径的名字，使用命令：

sem, coeflegend

表 4-8 直接效应路径的程序命名

Structural	coef.	Legend
birth ←		
age_gap	0.0071508	_b[birth:age_gap]
age_m	−0.0069475	_b[birth:age_m]
age_gap2	−0.0000619	_b[birth:age_gap2]
gender	0.0518309	_b[birth:gender]
identity	0.05769	_b[birth:identity]
edu_da	0.1464251	_b[birth:edu_da]
income3	0.0105092	_b[birth:income3]
health	−0.021921	_b[birth:health]
happiness	0.0275483	_b[birth:happiness]
children	0.3655878	_b[birth:children]
party	0.0747486	_b[birth:party]
pension	0.03803	_b[birth:pension]

第 4 章 结构方程模型：回归分析与路径分析

（续表）

Structural	coef.	Legend
edu_fair	0.0303112	_b[birth:edu_fair]
status_14	−0.0019228	_b[birth:status_14]
_cons	1.359005	_b[birth:_cons]
age_gap ←		
age_m	0.1681974	_b[age_gap:age_m]
_cons	−2.066569	_b[age_gap:_cons]
var(e.birth)	0.4907997	_b[var(e.birth):_cons]
var(e.age_gap)	9.450516	_b[var(e.age_gap):_cons]

有了表 4-8 中的直接效应路径名之后，就可以通过相乘得到所需的间接效应。在使用 nlcom 命令进行检验之前，需要加入前缀命令 estat stdize:，以便 Stata 检验的是标准化估计值。完整命令如下：

estat stdize: nlcom (age_gap_birth: _b[age_gap:age_m] * _b[birth:age_gap])

表 4-9 间接效应显著性检验结果

Path	coef.	Std. Err.	z	P>z	[95% Conf. Interval]	
age_gap_birth	0.0058336	0.002952	1.98	0.048	0.0000478	0.0116194

上表中的联合检验结果显示间接效应在 5% 水平下显著，这说明间接效应虽然较小，但仍具有统计显著的重要影响。

上述检验是针对一个中介变量的，如果有 2 个或 2 个以上中介变量则需要一一检验。Cohen & Cohen（1983）提出一个经验法则：如果所有的直接效应都在同一个显著性水平 α 下显著，则由它们乘积得到的间接效应也会在 α 水平下显著。

2. 系数差异显著性检验

图 4-9 中，age_gap 对 birth 的路径系数为 0.0071508，而 age_m 对 birth 的路径系数为 −0.0069475，虽然检验结果显示它们都是显著的，但这种检验只是相对是否显著异于 0 的 t 检验。这两个系数之间是否有显著差异？哪个系数的影响更大（且显著）？有时即使有差异，但这种差异并不显著，也不能认为哪个影响更大。甚至有时一个参数是显著的，另一个参数并不显著，也不能轻易地就认为显著的参数与不显著的参数之间存在显著差异。

SEM 使用 test 命令来对两个参数的差异显著性进行 Wald 检验。当然，首先还是要获得每一个路径参数储存在 Stata 中的路径名。由于之前得到的参数估计值是非标准值，还需要加入前缀命令 estat stdize:，从而对标准化路径系数进行检验。命令如下：

estat stdize: test b[birth:age_m] == _b[birth:age_gap]

chi2 (1) = 7.76，Prob > chi2 = 0.0053

从检验结果可以看出，一个系数为 0.00715，一个系数为 -0.00695，两者之间的差异在统计上并不显著。当然，我们也不能据此就认为两者的影响是相等的，而只能认为基于使用的数据没有显示两者之间有显著差异。

（四）小结

总体而言，图 4-8 的路径模型是一个递归模型（recursive model），因为各种影响的发生都是单向的，没有回路（feedback），有回路的模型属于非递归模型（nonrecursive）。事实上，很多日常现象都有回路。非递归模型中的回路会使变量之间的关系产生循环，更难估计出来。如果路径模型是递归的（无回路），就无需担心模型的识别问题，所有递归模型都是可以求解的。在很多情形下，即使确实存在一定的回路效应（反向因果），很多学者依然选择使用递归模型，这是因为非递归模型很难求解。（Acock，2013）故此，本书未介绍非递归模型，感兴趣的读者可以参考 StataCorp（2017a）的 SEM 手册。

相比回归模型，路径模型能探察一直被当作"黑匣子"的自变量影响因变量的中介机制或传导路径。问题在于，在众多可能的模型中，如何选出正确的模型？这就取决于相关理论和已有研究。路径模型并不能用于设计模型，而只是在模型设计好了之后对其中的参数进行估计和检验。

路径模型是构建 SEM 的第二个模块，称为 SEM 的结构模型。SEM 估计路径模型的优势在于更简化且拥有很多改进的功能。目前，我们把使用传统 OLS 估计、各个方程单独最优求解的仍叫做路径模型，而把使用 ML 估计、整个模型同步求解的称为结构方程模型，（何晓群，2015）笔者认为可以称之为结构方程模型的路径分析。尽管 SEM 路径分析解决了传统路径模型各方程单独求解的问题，但不足之处在于仍使用显变量，且没有考虑测量误差的问题。

路径模型也是用于检验变量之间的相关关系，而不是因果关系。这是因为在社会科学研究中，无法对观测值进行随机分组（对照），无法控制某个解释变量的暴露水平，使得存在很多种可替代模型，而不仅仅限于研究者提出的这一种理论模型。事实上，即使将路径模型的路径反转，依然可以得到非常好的估计结果，并且也能通过统计检验。因此，模型中所谓的因果关系必须依托很强的理论依据才可能成立。

除了上述连续型显变量的中介效应模型，非连续型显变量也可以作为中介变量，我们将在第 7 章介绍；中介模型也可以是潜变量之间的联结，我们将在第 6 章进行介绍；中介模型也可以是两层模型或其他变体。SEM 和 GSEM 都可以估计多层的线性中介模型，GSEM 还可以估计两层或多层的广义线性或非线性模型。多层中介模型将在第 9 章进行介绍。

第 5 章

结构方程模型：因子分析

第 4 章介绍了 SEM、GSEM 估计的连续型显变量模型，本章将介绍 SEM、GSEM 估计的连续型潜变量模型。实现由显变量向潜变量"华丽转身"需要借助因子分析[①]。因子分析就是为了决定哪一组显变量具有相同的方差—协方差，从而构造概念、构想或因子，即探测这些显变量指标背后共同影响或起支配作用的公因子。如果这个公因子被提取，则指标之间的相关将不存在，即实现了局部独立性。因子分析的默认假设是样本个体同质，测量出来的是连续型潜变量。

5.1 探索性因子分析

因子分析可分为探索性因子分析（EFA）和验证性因子分析（CFA）。探索性因子分析可以用来判断哪一些显变量与哪一个潜变量相关，有几个潜变量，潜变量之间是如何相关的。在 EFA 中，会有多个不同模型，最终要找到能拟合数据并具有理论支撑的模型。因此，研究者事先并没有一个设计好的理论模型。在 CFA 中，研究者首先界定一组因子、因子间相关关系以及测量每一个因子的显变量，事先搭建了一个设定好的理论模型。接下来就是要检验该理论因子模型的统计显著性，即样本数据能否验证该因子模型。

通常，探索性因子分析又称为数据驱动研究（data driven research），验证性因子分析也称为理论驱动研究（theory driven research）。EFA 适合理论尚未发展丰富的研究课题的数据分析，或不需要采用理论观点作指引的调查研究。从研究的角度来看，EFA 和 CFA 具有相辅相成的关系。(Costello and Osborne, 2005) 传统上所指的因子分析是探索性因子分析。(张岩波, 2009) 如果我们对因子与因子、因子与指标之间的关系完全没有了解或所知不全，应该先使用探索性因子分析。

一、使用 α 系数挑选测量指标

首先要做的工作就是为因子挑选测量指标。一个粗略的做法是，报告所挑选指标的 α 信度系数。只要 α 大于 0.8，就认为该指标是可用的。有时小于 0.8 也被认为可以接受，例如，Kline（2000）就认为 $\alpha \geqslant 0.7$ 也可以接受。选中指标之后，就开始计

[①] 分类型潜变量的测量技术不是因子分析，我们将在第 7 章进行介绍。

算所谓的因子值，再代入回归模型进行估计。

问题在于，一个较高的 α 并不能确保所挑选的指标就是在测量同一个且唯一的因子。Acock（2013）列举的例子就是一个很好的案例，如下表所示：

表 5-1 用 α 挑选指标

	x_1	x_2	x_3	x_4	x_5	x_6
x_1	1.0					
x_2	0.6	1.0				
x_3	0.3	0.6	1.0			
x_4	0.3	0.3	0.3	1.0		
x_5	0.3	0.3	0.3	0.6	1.0	
x_6	0.3	0.3	0.3	0.6	0.6	1.0

数据来源：Acock，2013。

上表中，x_1—x_3 高度相关，x_4—x_6 也是高度相关，但这两组指标之间的相关度却较低。这意味着 x_1—x_3 在测量一个维度，而 x_4—x_6 却在测量另一个不同的维度。但 x_1—x_6 的 α 系数却达到 0.81。此时，如果我们仅仅依赖 α 值将 x_1—x_6 捆绑在一起，实际上是在把两个或更多不同的维度绑在一起"拉郎配"，由此构造的因子就是有问题的。出现该状况的原因在于，α 指标度量的是单个因子的内部一致性（internal consistency）。它的计算公式如下：

$$\alpha = \frac{k\bar{r}}{1+(k-1)\bar{r}} \tag{5-1}$$

式（5-1）中，$\bar{r}$ 是各个指标的平均相关系数，k 是指标的个数。从该式可以看出，α 的大小取决于两个因素：各个指标之间的相关系数（或协方差）、指标的个数。实际上，如果挑选的指标大于 20 个，即使各个指标之间的相关度较低（联系较弱），甚至是在测量几个不同的维度（潜变量、概念、因子），α 也可能大于 0.8。例如，$\bar{r}=0.17$[①]，如果有 40 个指标，则 $\alpha=0.8$。

可见，α 指标在测量一个因子的内部一致性时也许是可靠的，但 α 较高并不能确保我们就是在测量单一的维度（可能存在多个因子）。为此，研究者将指标值加总或取均值，同时报告这些指标的 α 值，并不能确保所挑选指标的质量。（Acock，2013）因此，我们的工作不能如此浅尝辄止，而应该使用完整的探索性因子分析来判断这些指标是否只在测量同一个维度，然后再计算并报告 α 信度系数。

二、主成分因子分析法

在实际研究工作中，很大一部分研究者都使用主成分因子分析法（PCF）。假设

[①] $r=0.17$，则 $r^2=0.03$，这意味着两个变量的方差中有 97% 不是线性相关的。

用 x_1—x_{10} 10 个指标去测量保守度（conservatism）。各个指标变量的取值为 1—4。

在进行因子分析之前，必须先对测量"保守度"的 10 个指标变量进行 Bartlett 检验、KMO 检验、Cronbach 信度检验、多元正态检验等先行检验，才能确定可否采用因子分析。(StataCorp，2017b；俞立平和刘骏，2018)

（数据来源：http：//www.stata-press.com/data/dsemus/nlsy97cfa.dta）

命令如下：

```
mvtest normality x1 - x10, stats (all)    //多元正态分布检验
factortest x1 - x10                        //巴特利球形检验①，必须显著
alpha x1 - x10, item label asis            //单因子信度系数检验
```

检验结果如下：

表 5-2 因子分析先行检验结果

检验类型	检验结果
Bartlett 检验	χ^2 (45) =4080.926；p=0.000
KMO 检验	KMO=0.876
Cronbach's α 检验	0.81
多元正态检验	Mardia mSkewness=20.03391 chi2 (220) =5410.979 Prob>chi2=0.0000 Mardia mKurtosis=169.8231 chi2 (1) =4181.198 Prob>chi2=0.0000 Henze-Zirkler =12.02729 chi2 (1) =1.44e+05 Prob>chi2=0.0000 Doornik-Hansen chi2 (20) =5310.163 Prob>chi2= 0.0000

Bartlett 检验 p 值为 0.000，非常显著地拒绝了各指标之间不相关的原假设，这说明各个指标之间是显著相关的。(StataCorp，2017b) KMO 检验值为 0.876，属于非常好的检验值。(Kaiser，1974) 这说明我们选择的 4 个指标之间具有较高的共同性，能用来测量公因子。Cronhach 信度检验系数为 0.81，也超过可接受的临界值 0.7。(Kline，2000) 这三项检验结果说明我们可以使用这 10 个指标变量来进行因子分析。多元正态检验都显著地拒绝了原假设，说明这 10 个指标并不满足联合正态分布假设，但这并不重要。前文已指出，推断统计是基于样本统计量的抽样分布（均值、比例、方差等），而不是基于样本的抽样分布。所以，样本分布不服从正态分布（服从更好），按照中心极限定理，在大样本条件下，对样本均值统计量的推断统计并无影响。

主成分因子分析的命令如下：

```
factor x1 - x10, pcf
```

---

① factortest 是外部程序，必须安装。

表 5-3　主成分因子分析结果

Factor	Eigenvalue	Difference	Proportion	Cumulative
Factor1	3.91523	2.90094	0.3915	0.3915
Factor2	1.01429	0.13285	0.1014	0.4930
Factor3	0.88144	0.11496	0.0881	0.5811
Factor4	0.76648	0.02404	0.0766	0.6577
Factor5	0.74243	0.04889	0.0742	0.7320
Factor6	0.69354	0.08649	0.0694	0.8013
Factor7	0.60705	0.06820	0.0607	0.8620
Factor8	0.53886	0.09140	0.0539	0.9159
Factor9	0.44746	0.05424	0.0447	0.9607
Factor10	0.39322	.	0.0393	1.0000

LR test：independent vs. saturated：chi2（45）=4083.46 Prob>chi2=0.0000.

表 5-4　保留因子的载荷系数

Variable	Factor1	Factor2	Uniqueness
x_1	0.6064	−0.3789	0.4888
x_2	0.5810	0.0438	0.6605
x_3	0.7221	0.2140	0.4328
x_4	0.7174	0.3200	0.3830
x_5	0.5780	−0.0261	0.6653
x_6	0.6091	−0.4536	0.4233
x_7	0.6050	−0.3327	0.5233
x_8	0.5994	0.3252	0.5350
x_9	0.7330	−0.1621	0.4365
x_{10}	0.4543	0.5211	0.5221

因子取舍的标准一般为特征值（eigenvalue）大于 1（K1 规则）、方差解释比为 50% 或 80%、85%，标准不一。特征值指的是该因子在多大程度上能解释全部指标的总方差，等于各个因子中各指标因子载荷的平方和。PCF 使用的是相关系数矩阵，会将每一个指标标准化（方差为 1）。因此，10 个指标的特征值加总等于 10。通常认为，当特征值小于 1 时，该因子就不宜采用。所得到的结果中，只有 2 个因子的特征值大于 1。

第一个因子有一个很强的特征值 3.92，意味着第一个因子能解释这些指标 39.2% 的方差。计算如下：

$0.6064^2+0.5810^2+0.7221^2+0.7174^2+0.5780^2+0.6091^2+0.6050^2+0.5994^2+0.7330^2+0.4543^2=3.92$

在上表中，只有因子 1 是较强的因子，也符合只需构造一个因子的目的。同时，因子 1 各个指标的因子载荷也全部大于 0.4，0.4 是接受一个指标测量某因子的通常标准。Costello and Osborne（2005）则认为，0.3 是接受一个指标变量的最低标准，即该指标对因子的因子载荷不能小于0.3。事实上，因子载荷就是指标变量与因子之间的相关系数。

虽然第二个因子的特征值为1.014（大于1，可是不够强），但并不符合我们只需构造一个因子的目的。此时，可以考虑将因子载荷最低的那个指标变量x_{10}去掉，当然也要考虑该指标的理论含义或实际意义，即是否是在测量因子，是否是重要的指标。

表5-4中还报告了每一个指标的独特值，这个独特值代表了每一个指标的独特方差（在测量其他别的因子或测量误差）。例如，x_1的方差中有48.88%没有被该因子所解释。然而，PCF往往假设这些独特方差都为0。

此外，如果因子的载荷系数之间区分度不大，则可以进一步使用因子旋转。正交旋转一般假设因子之间不相关，而斜交旋转则没有这样的约束条件。在社会科学研究中，因子间往往是相关的，大多数情况下使用斜交旋转更符合事实。但在实际研究过程中，正交旋转可能会得到更容易解释的结果，所以大多采用正交旋转。其实，在研究中应该先用斜交旋转，如果因子间确实相关性较小，再采用正交旋转。（王孟成，2014）

实际上，主成分分析法只是因子分析法的一种，甚至与真正的因子分析法有较大差别。

主成分分析是一种当指标很多时，为抓住主要矛盾（构造指数，或在回归模型中用于减少多重共线问题），在损失很少信息的前提下，把多个指标转化为几个综合指标（主成分）的降维技术。它通过原来变量的少数几个线性组合来解释原来变量的绝大多数信息。（何晓群，2015）它的计算公式如下：

$$\begin{cases} F_1 = \mu_{11}X_1 + \mu_{21}X_2 + \cdots + \mu_{p1}X_p \\ F_2 = \mu_{12}X_1 + \mu_{22}X_2 + \cdots + \mu_{p2}X_p \\ \cdots\cdots \\ F_p = \mu_{1p}X_1 + \mu_{2p}X_2 + \cdots + \mu_{pp}X_p \end{cases} \quad (5\text{-}2)$$

式（5-2）中，F_1、F_2……F_p都是主成分（一般会保留特征值大于1的主成分），X_1、X_2……X_p都是指标变量。

从公式（5-2）可以很清楚地看出，每一个主成分只是各个指标的线性组合，并没有误差项。主成分分析法假设每一个指标变量都没有各自的独特方差（只有共性，没有个性）或称不存在误差项，试图得出少量几个主成分来解释一组指标变量的全部方差或协方差，而不是这些指标的公共或共有方差（shared or common variance）。这是主成分分析法的基本原理，但并不符合事实。例如，前文案例中，表5-4中x_1的方差中就有48.88%没有被该因子所解释。此外，主成分并没有特定含义，需要给主成分命名，并给出合理解释。

因子分析法是用一个公因子来解释一组相关指标变量背后的共同原因，更倾向于描述原始变量之间的相关关系。它根据相关系数的大小将原始变量分组，使得同组的变量之间相关性较高，而不同组的变量间相关性较低。原始变量的值可以分解为两部分,一部分是少数几个不可测的公因子的线性函数,另一部分则是与公因子无关的特殊因子(独特误差)。不同于主成分分析法,因子分析法允许每一个指标都有各自的独特方差,并且假设这些误差项服从正态分布,且不相关(个别情形下也可以不作此要求)。它的计算公式如下:

$$\begin{cases} X_1 = \mu_{11}F_1 + \mu_{21}F_2 + \cdots + \mu_{p1}F_p + \varepsilon_1 \\ X_2 = \mu_{12}F_1 + \mu_{22}F_2 + \cdots + \mu_{p2}F_p + \varepsilon_2 \\ \cdots\cdots \\ X_p = \mu_{1p}F_1 + \mu_{2p}F_2 + \cdots + \mu_{pp}F_p + \varepsilon_p \end{cases} \quad (5\text{-}3)$$

从式(5-3)可以看出,因子分析中,指标是几个主要因子的线性组合,并且除了这几个能解释它们相关的公因子之外,每个指标都还有自己的独特误差 ε。由此可知,因子分析法与主成分分析法是不一样的。

因为都已标准化,对该模型有:

$$\text{var}(X_i) = \mu_{i1}^2 + \mu_{i1}^2 + \mu_{i1}^2 \cdots + \mu_{i1}^2 + \text{var}(\varepsilon_i) = 1 \quad (5\text{-}4)$$

其中,$\mu_{i1}^2 + \mu_{i1}^2 + \mu_{i1}^2 \cdots + \mu_{i1}^2$ 表示公因子解释 X_i 方差的比例,称为 X_i 的共同度;Var(ε_i)可称为 X_i 的特殊度或剩余方差。

从式(5-2)、式(5-3)不难看出,两者之间的计算是可逆的(前提是 $\varepsilon_i = 0$),这就给我们提供了一种因子分析的办法。先对数据进行一次主成分分析,然后把前面几个主成分作为未旋转的公因子,剩余的主成分则用 ε_i 代替,再把主成分除以其标准差(特征值的平方根)即可。

主成分分析法比较简单,但用这种方法得到的特殊因子 ε_1、ε_2、ε_3 ······ ε_i 之间并不互相独立。因此,主成分分析法确定的因子载荷并不完全符合因子模型的假设前提,所得的因子载荷并不完全正确。(何晓群,2015)这种办法只有在共同度为 1 时才会正确(Var(ε_i)=0),这很难满足。正因为如此,一些学者指出主成分分析法远非最好的因子分析法,甚至根本就不算因子分析法。

三、主轴因子法与极大似然因子法

上文中的 PCF 假设一个因子就可以解释全部方差,不需各自的独特误差方差。然而,表 5-4 显示这些独特方差都比较大,是不能轻易忽视的,因此应采用其他更合理的探索性因子分析法。相比主成分分析法,主轴因子法、极大似然因子法承认各个指标都存在各自的独特误差,只是从各个指标中提取出同受因子影响的公共值。主轴因子法的估计命令为:

```
factor x1 - 10, pf
```

表 5-5 主轴因子法估计结果

Factor	Eigenvalue	Difference	Proportion	Cumulative
Factor1	3.24987	2.92419	1.0502	1.0502
Factor2	0.32568	0.17054	0.1052	1.1554

(续表)

Factor	Eigenvalue	Difference	Proportion	Cumulative
Factor3	0.15514	0.10472	0.0501	1.2056
Factor4	0.05042	0.04916	0.0163	1.2219
Factor5	0.00127	0.02830	0.0004	1.2223
Factor6	−0.02703	0.09577	−0.0087	1.2135
Factor7	−0.12280	0.01180	−0.0397	1.1739
Factor8	−0.13460	0.05117	−0.0435	1.1304
Factor9	−0.18578	0.03187	−0.0600	1.0703
Factor10	−0.21764	.	−0.0703	1.0000

注：LR test：independent vs. saturated：chi2（45）=4083.46 Prob>chi2=0.0000。

表 5-6 主轴因子法估计得到的因子载荷系数

Variable	Factor1	Factor2	Factor3	Factor4	Factor5	Uniqueness
x_1	0.5430	0.1712	0.1817	−0.0334	−0.0047	0.6417
x_2	0.5173	−0.0613	0.2493	0.0488	−0.0061	0.6641
x_3	0.6795	−0.1943	0.0143	−0.1189	−0.0043	0.4862
x_4	0.6748	−0.2525	−0.0267	−0.0664	0.0091	0.4757
x_5	0.5101	0.0197	0.0864	0.1076	0.0212	0.7199
x_6	0.5535	0.2869	−0.0958	−0.0629	0.0138	0.5980
x_7	0.5403	0.1982	−0.0317	0.0002	−0.0126	0.6676
x_8	0.5373	−0.1475	−0.1159	0.0904	−0.0145	0.6678
x_9	0.6860	0.1530	−0.1335	0.0419	−0.0063	0.4864
x_{10}	0.3907	−0.1548	−0.1007	0.0539	0.0075	0.8103

也可以使用迭代算法的主轴因子法，命令为：

factor x1 - x10，ipf

表 5-7 迭代主轴因子法估计结果

Factor	Eigenvalue	Difference	Proportion	Cumulative
Factor1	3.43999	2.90989	0.6984	0.6984
Factor2	0.53009	0.17584	0.1076	0.8060
Factor3	0.35425	0.11217	0.0719	0.8779
Factor4	0.24209	0.06312	0.0491	0.9270
Factor5	0.17897	0.07377	0.0363	0.9634
Factor6	0.10520	0.04419	0.0214	0.9847
Factor7	0.06101	0.04715	0.0124	0.9971
Factor8	0.01386	0.01328	0.0028	0.9999
Factor9	0.00058	0.00080	0.0001	1.0000
Factor10	−0.00023	.	−0.0000	1.0000

注：LR test：independent vs. saturated：chi2（45）=4083.46 Prob>chi2=0.0000。

表 5-8 迭代主轴因子法估计得到的因子载荷系数

Variable	Factor1	Factor2	Factor3	Factor4	Factor5	Factor6	Factor7	Factor8	Factor9	Uniqueness
x_1	0.5557	0.1693	0.2729	−0.0767	−0.0861	−0.0726	0.1368	0.0249	0.0071	0.5501
x_2	0.5371	−0.1343	0.4028	0.0738	−0.0246	0.0390	−0.0961	−0.0083	0.0040	0.5143
x_3	0.6988	−0.2460	−0.0461	−0.2240	−0.1244	−0.0696	−0.0487	0.0393	−0.0119	0.3745
x_4	0.6955	−0.3113	−0.1140	−0.1677	0.0931	0.0236	0.0177	−0.0647	0.0088	0.3644
x_5	0.5213	0.0121	0.1285	0.1265	0.3081	−0.0417	0.0109	0.0009	−0.0106	0.5987
x_6	0.5836	0.4325	−0.1327	−0.1829	0.1173	−0.0051	−0.0010	0.0053	0.0013	0.4076
x_7	0.5482	0.2132	0.0119	0.0454	−0.1463	0.2019	0.0261	−0.0408	−0.0094	0.5873
x_8	0.5497	−0.1751	−0.1700	0.2535	−0.0732	−0.0785	0.1151	−0.0070	−0.0020	0.5492
x_9	0.7097	0.2031	−0.1600	0.1815	−0.0766	−0.0917	−0.1272	0.0019	0.0064	0.3661
x_{10}	0.3899	−0.1462	−0.1169	0.0614	0.0742	0.1895	0.0127	0.0755	0.0065	0.7618

也可以使用极大似然因子法，命令为：

factor x1 - x10, ml

迭代 7 次后收敛得到解。

```
Factor analysis/correlation          Number of obs = 1,617
Method: maximum likelihood           Retained factors = 6
Rotation: (unrotated)                Number of params = 45
                                     Schwarz's BIC = 332.849
Log likelihood = -0.1870003          (Akaike's) AIC = 90.374
Beware: solution is a Heywood case (i.e., invalid or boundary values
of uniqueness)
```

表 5-9 极大似然因子法估计结果

Factor	Eigenvalue	Difference	Proportion	Cumulative
Factor1	2.32396	1.43694	0.4074	0.4074
Factor2	0.88702	−0.82119	0.1555	0.5629
Factor3	1.70822	1.36414	0.2994	0.8623
Factor4	0.34408	0.02668	0.0603	0.9226
Factor5	0.31740	0.19330	0.0556	0.9782
Factor6	0.12410	.	0.0218	1.0000

注：LR test: independent vs. saturated: chi2 (45) = 4083.46 Prob>chi2 = 0.0000 (the model with 6 factors is saturated)

表 5-10 极大似然因子法估计得到的因子载荷系数

Variable	Factor1	Factor2	Factor3	Factor4	Factor5	Factor6	Uniqueness
x_1	0.3809	0.1604	0.3316	−0.0299	0.4054	−0.0008	0.5540
x_2	0.3388	−0.0384	0.4023	0.0569	0.2759	0.0445	0.6406
x_3	0.3657	0.1325	0.6074	0.2221	0.0159	−0.0918	0.4217

(续表)

Variable	Factor1	Factor2	Factor3	Factor4	Factor5	Factor6	Uniqueness
x_4	0.4112	0.0860	0.5869	0.3125	−0.1206	−0.0331	0.3658
x_5	0.9297	−0.3682	−0.0000	−0.0000	−0.0000	−0.0000	0.0000
x_6	0.6347	0.7728	−0.0000	0.0000	−0.0000	0.0000	0.0000
x_7	0.3452	0.2132	0.3429	−0.1319	0.1398	0.1395	0.6614
x_8	0.3068	0.0234	0.4762	−0.0448	−0.1146	0.0496	0.6609
x_9	0.4732	0.2347	0.5232	−0.4063	−0.0879	−0.0440	0.2725
x_{10}	0.2382	0.0330	0.3239	0.0922	−0.1473	0.2979	0.7182

注：Heywood solutions often produce uniquenesses of 0, and then, at least at a formal level, the test cannot be justified。

为得到全局最优解，防止一次性算法获得的是局部最优解，可以设定极大似然估计的次数，如运算 50 次，命令为：

factor x1 - x10, ml protect (50) seed (349285)

seed 选项是为了设定随机数种子，否则随机数生成器（randon-number generator）会自动选择从上一个收敛值开始，得到的结果和 ML 是一样的。

由于表 5-10 中的 x_5、x_6 的独特值出现了很多 0 值（Heywood 情形），导致该结果不能用。综合前面不同因子分析法得到的结果，我们最终选择采用迭代极大似然估计的结果。由于 x_{10} 的载荷系数低于 0.4，且远低于其他 9 个指标的载荷系数，综合考虑，我们不再采用 x_{10} 作为测量指标。

保留 9 个指标的因子分析路径如图 5-1 所示。模型假设 9 个指标的方差（协方差）能被一个单因子加上各自的独特方差解释。因子（潜变量）代表一组显变量的共同变化或方差。该因子解释了被访者如何回答或响应各个指标变量。单箭头代表因子及其显变量（测量指标）之间的关系。其中，因子是解释变量，指标为被解释变量，这是因为对指标的回答结果取决于因子的水平（取值）。二者的相关性也称为因子载荷，因子载荷的平方又称为变量的公共值。

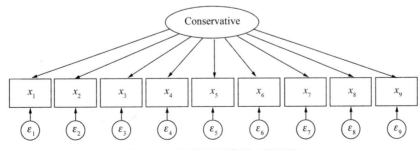

图 5-1 验证性因子模型（单因子）

测量误差被置于椭圆形内，代表该显变量自己独有的变化，这种变化与所测量的因子无关，表明该显变量除了测量模型中的公因子外，还有一部分是在测量别的特征

——另一个不同的因子或不可信的测量误差,又称为误差因子或特殊因子。(易丹辉,2008)这些被当作随机误差,并假设它们服从正态分布,且均值为0,互不相关。为反映测量误差的大小,模型会基于样本数据估计出每一个测量误差的方差。

下一步就是通过alpha命令估计这9个指标的信度系数。此时,如果某个指标与其他指标的测量方向是相反的(有的是正向测量,有的是负向测量),则应该先手动反向调整,再估计信度系数。命令如下:

alpha x1 - x9, item label asis

表 5-11 再次计算因子信度系数

item	Obs	Sign	Corr.	corr.	cov.	alpha
x_1	1833	+	0.6638	0.5055	0.1985677	0.7892
x_2	1859	+	0.5894	0.4545	0.2184795	0.7933
x_3	1874	+	0.6689	0.5728	0.2157707	0.7814
x_4	1872	+	0.6584	0.5680	0.2195358	0.7834
x_5	1815	+	0.5818	0.4410	0.2186451	0.7947
x_6	1811	+	0.6502	0.5031	0.2045592	0.7879
x_7	1775	+	0.6559	0.4870	0.1984449	0.7934
x_8	1875	+	0.5396	0.4409	0.2347950	0.7966
x_9	1847	+	0.7171	0.6216	0.2050897	0.7739
test	scale			0.2126229	0.8072	mean (unstandardized items)

在上表的最下行,信度系数为0.8072,超过0.7的最低标准。表中的alpha列表示如果去掉这一个指标,alpha将变为多少。如果去掉一个指标能提高alpha值,也要认真检查该指标是不是与其他指标一样确实是在衡量同一因子。

因子分析完成之后,研究者往往会继续求得每一个样本观测值的因子值。这样做有时是因为研究需要计算出因子值;有时是因为研究者使用回归模型遇到了多维指标,计算出这些多维指标的均值后将其代入回归方程作为解释变量或被解释变量,以达到降维的目的;另一个好处是能够提取多个指标的多维信息,能够更好地反映研究对象。

一种做法是,计算这9个指标的加总值或简单均值。计算因子的测量值(加总或均值)应该使用非标准化的变量值。相比加总值,简单均值更适合,因为它不会改变指标的原始量纲。例如,如果原值量纲为1—4,均值仍位于1—4,而加总值会变为9—36,就很难解释这些取值的含义。加总值存在的另一个问题是受缺失值影响。加总时,缺失值会被当作0计入,这会改变真实的取值。求因子均值的命令如下:

egen conserve = rowmean (x1 - x10)

使用均值作为因子值的问题在于,它会赋予每个指标相等的权重。或者说,它会默认这9个指标是同等重要的,但这种情形往往并不成立。指标载荷为0.9的显然要比载荷为0.5的指标更重要。显然,载荷大的指标应被赋予更大的权重,而载荷小的指标则应被赋予较小的权重。为此，相比加总值或简单均值，加权因子值更为合适。因为加权值使用各个指标的载荷系数作为权重。

为获得加权因子值，可在factor命令之后继续使用predict命令。该命令的一个不足之处是只使用没有缺失值的观测值，而有缺失值的观测值会被删除。但之前的egen命令只要回答了至少一个指标就会参与计算，而不是被删除。通过egen命令计算时使用的观测值数量会多于predict命令。

```
factor x1—x9, ipf
predict conservf1
```

总体而言，当各个指标的权重系数（因子载荷）差异较大时，用加权值更合适，而如果系数差异不大，用简单均值也可以。当缺失值较多时，用均值能使用更多的观测值样本。但一般不推荐使用各个指标的加总值。

然而，计算量表的均值看似简化了分析过程，但却牺牲了结论在实质和理论上的准确性。使用均值代理概念，没有充分利用数据的全部信息，其实是对数据的一种损害。在后续工作中，将测得的因子值放到回归模型中使用，会导致产生有偏的参数估计值，并产生两个或更多潜变量联合分布的不一致解。此外，由于因子分析得到的解并不确定，因子值往往容易发生改变。最终，研究者会为这种"化潜为显"走捷径付出代价——常得出错误的结论。（Iacobucci，2012）更好的办法是使用潜变量。例如，如果某一概念有3个测量指标，就应该纳入一个同构的测量模型（及结构模型），而不是将多个指标变量汇总或使用均值。使用潜变量就是要让数据按其固有特性来"说话"。

探索性因子分析的另一个不足之处在于，它假设因子之间不能相关（仅限于同一组指标测量出来的各因子之间），一个指标只能载荷于一个因子，各指标的测量误差不能相关，等等。而在验证性因子分析中，不同因子之间的关系可以根据理论或实践设定，可以相关，也可以不相关，并且误差项之间也可以相关。

5.2 验证性因子分析

SEM也可以进行验证性因子分析，这是一种更好的因子分析法。因为sem命令可以对整个模型的拟合优度进行检验，并报告修改指数，等等。这些功能是其他传统验证性因子分析法所不具备的。

传统因子分析使用的是factor命令，现在使用sem命令估计图5-1的单因子CFA模型。所用的参数估计方法为极大似然估计（也可以使用QML、MLMV、ADF等估计法）。估计命令为：

```
sem (Conservative→x1—x9)
```

表 5-12 sem 因子分析估计结果

Measurement	coef.	OIM Std. Err.	z	P>z	[95% Conf. Interval]	
Conservative						
x1 ←			1 (constrained)			
_cons	2.329846	0.0253521	91.90	0.000	2.280157	2.379535
x2 ←	0.7377011	0.0451423	016.34	0.000	0.6492237	0.8261784
_cons	1.617231	0.0198829	81.34	0.000	1.578261	1.656201
x3 ←	0.8267157	0.0432635	19.11	0.000	−0.7419209	0.9115105
_cons	1.414154	0.0167434	84.46	0.000	1.381337	1.44697
x4 ←	0.7555335	0.0403806	18.71	0.000	0.676389	0.834678
_cons	1.362462	0.0155865	87.41	0.000	1.331913	1.39301
x5 ←	0.7380149	0.0462134	015.97	0.000	0.6474383	0.8285914
_cons	1.769846	0.0202603	87.36	0.000	1.730137	1.809556
x6 ←	0.9146378	0.053406	17.13	0.000	0.8099639	1.019312
_cons	2.259692	0.0229301	98.55	0.000	2.21475	2.304634
x7 ←	1.028027	0.0614681	16.72	0.000	0.9075522	1.148503
_cons	2.219692	0.0266439	83.31	0.000	2.167471	2.271913
x8 ←	0.5486913	0.033463	16.40	0.000	0.483105	0.6142775
_cons	1.307077	0.0141374	92.46	0.000	1.279368	1.334786
x9 ←	0.9278118	0.0479147	19.36	0.000	0.8339008	1.021723
_cons	1.705231	0.0187041	91.17	0.000	1.668571	1.74189
var (e.x1)	0.7287257	0.0280851			0.6757076	0.7859038
var (e.x2)	0.4706031	0.0178489			0.4368885	0.5069195
var (e.x3)	0.2397812	0.0104761			0.2201029	0.2612188
var (e.x4)	0.2145611	0.009255			0.1971672	0.2334895
var (e.x5)	0.4950753	0.0186802			0.45978380	0.5330757
var (e.x6)	0.590299	0.0229507			0.5469876	0.6370399
var (e.x7)	0.8199315	0.0314634			0.7605262	0.8839769
var (e.x8)	0.2297334	0.0087974			0.213122	0.2476396
var (e.x9)	0.2967257	0.0129788			0.2723476	0.3232858
var (Conservative)	0.3157048	0.0287081			0.264167	0.3772973

注：LR test of model vs. saturated：chi2 (27) =419.01, Prob > chi2=0.0000。

估计结果由两栏构成，一栏为测量模型，报告非标准化的测量系数（因子载荷）、标准误、95%置信区间、z 检验值。另一栏是误差项方差的估计值。系数列报告了非标准化的载荷系数。为计算潜变量的方差，Stata 程序将第一个指标的系数固定为 1，这个指标也称为参照指标。如果更改参照指标，所有非标准化系数估计值也会一起改变，为此，建议使用最强（系数最大）的指标作为基准指标。如果要更改，只需将该指标变量放到第一的位置即可。而表 5-4 中的 PCF 只会估计并报告因子载荷、独特误差。

用 SEM 进行因子分析还可以进一步检验理论模型与样本数据方差—协方差矩阵的拟合度。如果拟合度很好，说明设计的理论模型能得到样本数据的支持。否则，研究者必须修改原模型，以获得一个更好的拟合度。拟合指标包括：χ^2、NCP、RMSEA、GFI 等。这些功能都是传统因子分析法所不具备的。

模型拟合指标的估计命令如下：

estat gof, stats (all)

表 5-13　模型拟合度指标

Fit statistic	Value	Description
Likelihood ratio		
chi2_ms (27)	419.007	model vs. saturated
p > chi2	0.000	
chi2_bs (36)	3872.316	baseline vs. saturated
p > chi2	0.000	
Population error		
RMSEA	0.095	Root mean squared error of approximation
90% CI, lower bound	0.087	
upper bound	0.103	
pclose	0.000	Probability RMSEA <= 0.05
Information criteria		
AIC	31241.457	Akaike's information criterion
BIC	31387.075	Bayesian information criterion
Baseline comparison		
CFI	0.898	Comparative fit index
TLI	0.864	Tucker-Lewis index
Size of residuals		
SRMR	0.045	Standardized root mean squared residual
CD	0.835	Coefficient of determination

上表中有一个自由度为 27 的卡方指标 χ^2，$p<0.001$，它是与自由度为 0 的饱和模型相比较的结果，自由度是独特值个数减去自由参数个数。本模型有 9 个指标，故独特值有 $k\times(k+1)=45$ 个，而要估计的参数有 8 个因子载荷（1 个已被固定为 1）、9 个误差方差、1 个潜变量方差，故自由度为 $45-18=27$ 个。如果是标准化系数，自由度也是 27（潜变量方差设定为 1）。极大似然估计的目的是得到最好的载荷系数与方差组合，以便最近似复制出所有 45 个方差和协方差。

本模型的 $\chi^2=419.01$，为显著。这意味着我们复制出来的模型与原模型之间存在显著的差异，拟合结果并不理想。其他拟合指标中，CFI=0.898。该指标是与零模型相比较的结果。零模型假设所有指标之间没有任何联系。0.898 意味着我们设计的模型比零模型要好89.8%，但还低于可以接受的门槛值0.9或0.95（更广泛使用的标准）。[①] 这也说明图5-1所示的模型还不够理想。

我们还可以参考RMSEA指标，该指标是指每一个自由度的平均误差，会对模型多余的冗繁施加惩罚。当研究者增加更多路径（载荷、相关误差或其他）时，会耗用更多的自由度。复杂模型也许能提高拟合度，而RMSEA指标会据此进行调校。RMSEA的参照值为低于0.05（拟合得好），低于0.08也可以接受。表5-12的RMSEA=0.095，说明模型拟合得不好，甚至不能认为基本合理。

另一个拟合指标是SRMR，是指平均而言，模型对每一个相关关系进行复制的平均接近程度，该指标的参照值为小于0.08。需要注意的是，当各个指标之间的相关程度较低时，使用SRMR指标会导致误读。例如，当指标之间平均相关系数为0.06时，即使SRMR低于0.08，也不能接受；而当平均相关系数为0.6时，低于0.08才被认为是合适的。也就是说，SRMR指标只有在各个指标之间的相关程度较高时，使用才有实际意义。

最后，CD指标是评估模型总体拟合度的指标，类似于回归模型的R^2指标，最大值为1。该指标并没有一个标准的参考值（门槛值）。

AIC、BIC指标并不是用于评估单一模型的指标。它们一般用于比较变量相同的多个模型（不是嵌套关系）之间的优劣。此时，AIC、BIC取值低的模型会被认为是更好的模型。

除了考察上述拟合指标，还可以通过观察残差矩阵来评估模型的拟合程度——CFA模型在多大程度上复制了每一个方差和协方差，命令为estat residuals。残差越小（相对显变量协方差矩阵的值），表明模型拟合得越好。最终选择能产生最小协方差残差矩阵的模型。

由于图5-1的CFA模型拟合得不够好，Stata会报告一些修正指标来帮助修改模型，命令为：

estat mindices

表5-14 因子模型拟合后的修正指数

修改项目	MI	df	$P>$MI	EPC	Standard EPC
cov（e.x1，e.x2）	27.046	1	0.00	0.0830313	0.1417856
cov（e.x1，e.x4）	22.437	1	0.00	−0.0549145	−0.1388768
cov（e.x1，e.x6）	16.165	1	0.00	0.0727568	0.1109317
cov（e.x1，e.x7）	8.434	1	0.00	0.0615727	0.0796558
cov（e.x1，e.x8）	13.662	1	0.00	−0.041522	−0.1014807
cov（e.x2，e.x5）	16.394	1	0.00	0.0526548	0.1090874
cov（e.x2，e.x6）	39.084	1	0.00	−0.090013	−0.1707818

---

① TLI指标可接受的临界值与CFI指标相似，但CFI是更为广泛使用的指标。

(续表)

修改项目	MI	df	$P>$MI	EPC	Standard EPC
cov (e. x2, e. x9)	11.090	1	0.00	-0.0364539	-0.0975527
cov (e. x3, e. x4)	147.976	1	0.00	0.0889115	0.3919898
cov (e. x3, e. x5)	18.664	1	0.00	-0.0433453	-0.1258053
cov (e. x3, e. x6)	15.379	1	0.00	-0.0438055	-0.1164353
cov (e. x3, e. x7)	15.291	1	0.00	-0.0510741	-0.1151874
cov (e. x3, e. x9)	16.559	1	0.00	-0.035565	-0.133333
cov (e. x4, e. x6)	12.898	1	0.00	-0.0375737	-0.1055778
cov (e. x4, e. x7)	22.944	1	0.00	-0.0586131	-0.1397431
cov (e. x4, e. x8)	11.218	1	0.00	0.0217217	0.0978375
cov (e. x4, e. x9)	30.371	1	0.00	-0.0449624	-0.1781953
cov (e. x6, e. x7)	29.683	1	0.00	0.1041754	0.1497409
cov (e. x6, e. x8)	31.435	1	0.00	-0.0568032	-0.1542497
cov (e. x6, e. x9)	62.385	1	0.00	0.0984096	0.2351387
cov (e. x7, e. x9)	19.055	1	0.00	0.0635887	0.128918
cov (e. x8, e. x9)	16.553	1	0.00	0.0314136	0.1203174

注：EPC 即 expected parameter change。

表 5-14 中，MI 指标代表如果估计一个额外参数，模型拟合的 χ^2 将减少多少。每一个新增的参数都会耗用一个自由度，而一个自由度的 χ^2 在 5% 水平下显著的参照值为 3.84。① 因此，每一个 MI 大于 3.84 的参数都能显著降低 χ^2，从而显著改善模型拟合度。在使用 MI 指标修改模型时，新增的参数（路径）必须满足两个条件：第一，MI 指数要大于 3.84（可以按大小依次考虑）；第二，在理论上说得通、有意义。另外，MI 值指的是增加单一参数的结果，这些结果是不能累加的。当添加一个参数时，其他参数的结果都会相应改变，每次只改变一个参数（如 MI 最大的），然后再运行 estat mindices 命令，继续观察 MI 指标，再考虑改变下一个参数。

我们可以继续修改拟合度不满意的模型。模型修改的办法主要包括：第一，使用命令 cov（）将指标的误差项设为相关；第二，增加或删除一些变量；第三，增加或删除一些路径。例如，通过 t 检验删除不显著的路径，根据 MI、EPC 等指标加入其他路径，检查残差矩阵，尤其是标准化残差。

假设我们删除不太相关的指标 x_2、x_8，并根据表 5-14 的修正指标将 x_3 和 x_4 的误差设为相关，则图 5-1 中的 CFA 模型修改后的估计命令为：

```
sem (Conservative→ x1 x3—x7 x9), cov (e. x3 * e. x4)
```

修正并获得拟合度可接受的模型后，才可以进行稳健性检验。

最后再计算模型的信度系数。信度系数指的是由一组指标变量构造的潜变量值（方差）在多大程度上是真实值。如果信度系数为 0.8，意味着潜变量能代表 80% 的

---

① 若 $\alpha=0.05$，则 $\chi^2=3.84$；若 $\alpha=0.01$，则 $\chi^2=6.63$。

真实值变化（不含测量误差）。信度系数 ρ 的计算公式如下：

$$\rho = \frac{(\Sigma \lambda_i)^2}{(\Sigma \lambda_i)^2 + \Sigma \theta_{ii} + 2\Sigma \theta_{ij}} \tag{5-5}$$

在计算信度系数时，使用的是非标准化因子载荷。其中，$(\Sigma \lambda_i)^2$ 是非标准化因子载荷的平方和；$(\Sigma \theta_{ii})^2$ 是非标准化误差方差的平方和；$2\Sigma \theta_{ij}$ 是对非标准化的误差协方差之和（如果模型中有相关的误差项）。如果误差项都不相关，则计算公式简化为：

$$\rho = \frac{(\Sigma \lambda_i)^2}{(\Sigma \lambda_i)^2 + \Sigma \theta_{ii}} \tag{5-6}$$

当误差项都不相关时，α 是 ρ 的下限值，这是因为 α 系数在计算时假设所有指标具有相同的集中趋势，即假设各个指标的因子载荷是相等的。而当存在相关的误差项时，α 也可能大于 ρ。这些相关的误差项可以是同一潜变量的指标变量之间，也可以是不同潜变量的指标变量之间。因此，当报告整个模型（或整个量表）的信度系数时，不能使用 α 系数，而应该计算 ρ 系数。

信度系数的计算基于非标准化系数，为此，我们可以将潜变量 Conservative 的方差设为 1，相应就不会再设置基准指标，从而能计算出所有指标的因子载荷（不是标准化的载荷系数）。否则，第 1 个指标的载荷系数就会被程序自动设为 1。得到的非标准化因子载荷估计结果如表 5-15 所示。

命令如下：

sem（Conservative→x1 x3—x7 x9），cov（e.x3 * e.x4）var（Conservative@1）

表 5-15　不设定基准指标的载荷系数估计结果

Measurement	coef.	OIM Std. Err.	z	P>z	[95% Conf. Interval]	
Conservative						
x1 ←	0.5731977	0.0262634	21.82	0.000	0.5217223	0.624673
_cons	2.332311	0.0253234	92.10	0.000	2.282679	2.381944
x3 ←	0.3928852	0.0173651	22.620	0.0000	0.3588501	0.4269203
_cons	1.41447	0.0167666	84.36	0.000	1.381608	1.447332
x4 ←	0.3541811	0.0162626	21.78	0.000	0.322307	0.3860552
_cons	1.364194	0.0155794	87.56	0.000	1.333659	1.394729
x5	0.4042766	0.0213058	18.97	0.000	0.3625179	0.4460353
_cons	1.769467	0.0201988	87.60	0.000	1.729878	1.809055
x6	0.5942818	0.0230962	25.73	0.000	0.5490141	0.6395494
_cons	2.261189	0.0229305	98.61	0.000	2.216247	2.306132
x7 ←	0.6178507	0.0273552	22.59	0.000	0.5642355	0.6714658
_cons	2.219497	0.0265943	83.46	0.000	2.167373	2.271621
x9 ←	0.5474424	0.0182758	29.95	0.000	0.5116225	0.5832622
_cons	1.705089	0.0186488	91.43	0.000	1.668538	1.74164

(续表)

Measurement	coef.	OIM Std. Err.	z	P>z	[95% Conf. Interval]	
var (e. x1)	0.7173593	0.0287599			0.6631487	0.7760015
var (e. x3)	0.3041442	0.0124605			0.2806769	0.3295736
var (e. x4)	0.2704286	0.0109494			0.2497976	0.2927635
var (e. x5)	0.5019923	0.0192822			0.4655875	0.5412437
var (e. x6)	0.5044216	0.0218112			0.4634339	0.5490344
var (e. x7)	0.7717982	0.0311739			0.7130544	0.8353815
var (e. x9)	0.2675341	0.0134682			0.2423975	0.2952774
var (Conservative)			1 (constrained)			
cov (e. x3, e. x4)	0.110268	0.0091451	12.06	0.000	0.092344	0.128192

注：LR test of model vs. saturated：chi2 (13) =56.02, Prob > chi2=0.0000。

此时，就可以根据表5-15的估计结果计算模型的信度系数：

$$\rho = \frac{(\Sigma\lambda_i)^2}{(\Sigma\lambda_i)^2 + \Sigma\theta_{ii} + 2(\Sigma\theta_{ij})} = \frac{12.04}{12.04 + 3.33 + 2(0.11)} = 0.77$$

$(\Sigma\lambda_i)^2 = (0.57 + 0.39 + 0.35 + 0.40 + 0.59 + 0.62 + 0.55)^2 = 12.04$

$\Sigma\theta_{ii} = 0.72 + 0.30 + 0.27 + 0.50 + 0.50 + 0.77 + 0.27 = 3.33$

$\Sigma\theta_{ij} = 0.11$

最后是报告整个模型的结果。一般还会使用路径图报告标准化系数，并使用一个表格同时报告标准化、非标准化系数。图5-2中，每个指标都是显著的，并且测度出有且仅有一个的维度Conservative。

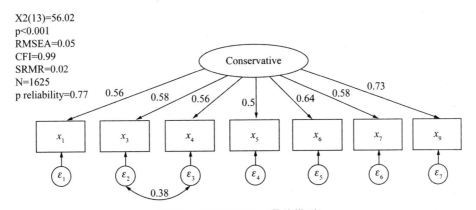

图5-2 标准化结果（最终模型）

标准化系数的计算为非标准化系数乘以指标变量的标准差除以潜变量标准差的商。由于已经标准化处理，故图5-2中不再设置一个基准指标。图5-2中，所有指标的载荷系数都比较大，且具有统计显著性（0.1%水平）。指标x_1的标准化系数为0.56，其含义是潜变量Conservative的标准差上升1个单位，带来x_1的标准差上升0.56，如同回归模型的标准β系数那样。

CFA 具有更多的优点：将 7 个指标共有的方差与各自独特的方差分隔开，能获得对潜变量的更好测量结果。通过消除测量误差，当这些潜变量在结构方程模型中被用作解释变量或被解释变量时，可以获得更优的估计结果。这是因为测量误差只是给测量结果带来无用的噪音，本身并没有任何的解释力。

验证性因子分析是结构方程模型的第二个模块，主要用于构造潜变量，称为测量模型。构建一个好的测量模型是关键的第一步。只有当各个潜变量都得到了很好的定义或测量（检验其因子载荷、信度系数、被解释了的方差大小），继而检验结构模型中各个潜变量之间的关系路径才是合理的。如果测量模型构造得不好，之后检验的结构模型就是没有意义的。

5.3 多因子与高阶因子模型

使用测量模型测量出所需的潜变量之后，就可以开始建模。如果探索多个因子之间的关系，以及多个一阶因子与二阶因子之间的高阶相关关系，就是多因子分析；如果在 CFA 模型中加入预测因子，就可以将 CFA 模型扩展为 MIMIC 模型；如果探索多个因子之间的因果关系，CFA 模型就扩展为结构方程模型。如果 CFA 模型中的测量指标都是非连续型指标（或混合指标），CFA 模型又可以扩展为广义测量模型及广义结构方程模型。

一、双因子模型

有的潜变量是多维度的，有的潜变量是高阶多纬度的。双因子模型是一个潜变量相关模型，用于检验两个因子之间的相关度，而不是因果模型。双因子模型由两个单因子构成，并且这两个因子之间可能存在一定的联系，用双箭头标识。双箭头代表两个因子之间有共同的方差或相关（共变）。这是考虑到某潜变量可能是二维，或两者有可能受到一个更高阶因子的影响，因此具有理论上的相关性。在估计双因子模型之前，首先要确保每一个因子自身都要有意义，测量模型是合理的。在合理构造两个潜变量的测量模型之后，就可以对双因子模型进行估计。

假设有一个测量老人健康的双因子模型，包括功能状态、生理健康这两个因子。其中，功能状态由 adl、iadl、ads 这 3 个指标来测量，生理健康由 2 年内患重病次数、患慢性病种类数这 2 个指标来测量。

该模型的估计命令如下：

    sem (Function→katz iadl ads)(Physical→ill slow)

如果要得到标准化估计系数，[1] 输入命令：

    sem, standardized // 标准化结果

估计结果如下：

---

[1] 标准化值是指某变量一个标准差的变化引起另一个变量变化多少个标准差。

第5章 结构方程模型：因子分析

```
Fitting target model:
Iteration 0: log likelihood = -71423.829
Iteration 1: log likelihood = -71423.086
Iteration 2: log likelihood = -71423.085
Structural equation model                    Number of obs = 8065
Estimation method = ml
Log likelihood   = -71423.085
 (1) [katz] Function = 1
 (2) [ill] Physical = 1
```

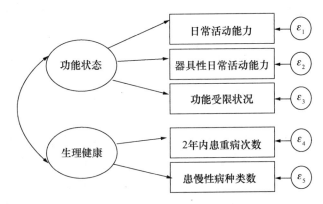

图 5-3　双因子模型

资料来源：笔者根据 CLHLS 2014 年数据自制。

表 5-16　双因子模型估计结果

Measurement	Standardized coef.	Std. Err.	z	$P>z$	[95% Conf. Interval]	
Function						
katz	0.8015742	0.0062917	127.40	0.000	0.7892428	0.8139057
_cons	7.356497	0.0683907	107.57	0.000	7.222454	7.49054
iadl	0.8136766	0.0061442	132.43	0.000	0.8016342	0.825719
_cons	3.14758	0.031503	99.91	0.000	3.085835	3.209325
ads	0.8532037	0.0057364	148.73	0.000	0.8419605	0.864447
_cons	6.073933	0.056935	106.68	0.000	5.962343	6.185524
Physical						
ill.	0.6578835	0.0797481	8.25	0.000	0.5015801	0.8141868
_cons	0.3840692	0.0133787	28.71	0.000	0.3578475	0.410291
slow	0.5023182	0.0613973	8.18	0.000	0.3819818	0.6226547
_cons	0.8541077	0.015083	56.63	0.000	0.8245456	0.8836698
var (e.katz)	0.3574787	0.0100865			0.3382463	0.3778047
var (e.iadl)	0.3379304	0.0099988			0.3188906	0.3581071
var (e.ads)	0.2720434	0.0097887			0.2535187	0.2919216
var (e.ill)	0.5671893	0.1049299			0.3946899	0.8150798

(续表)

Measurement	Standardized coef.	Std. Err.	z	P>z	[95% Conf. Interval]	
var (e.slow)	0.7476764	0.0616819			0.6360498	0.8788935
var (Function)	1		.	.		
var (Physical)	1		.	.		
cov (Function, Physical)	−0.1187717	0.0198373	−5.99	0.000	0.1576521	−0.0798913

注：LR test of model vs. saturated：chi2 (4) =17.25, Prob > chi2=0.0017。

表 5-16 中，所有指标变量的载荷系数都大于 0.4。各个潜变量的载荷系数与在单因子模型中的估计值会有所不同，这是因为 SEM 使用的是完全信息极大似然估计法，是基于整个模型来最大化协方差估计值与协方差实际值之间的接近度。然后，根据显变量的协方差矩阵与模型拟合出来的协方差之间的差异，评估模型的拟合度。之前单独估计因子时，没有考虑 3 个指标与另一个因子 2 个指标之间的关系，使用的观测值数量也不同。也有可能存在没有考虑到的第 3 个变量同时影响一个人的躯体功能和生理健康。

表中报告的误差方差代表没有被解释的方差部分。例如，var (e.katz) 为 0.3575，var (e.iadl) 为 0.3379。潜变量的方差被限定为 1，即正态化，此时不再报告相应的标准误。当报告标准化值时，协方差就等价于相关系数。由于图 5-3 中每一个指标都只是用于测量一个潜变量，此时路径系数可以是指标变量和潜变量之间的相关系数。例如，$katz_1 \leftarrow$ Function 为 0.80，意味着 katz 和潜变量 Function 之间的相关系数为 0.8，也意味着指标 katz 的方差有 0.64 或 64% (0.8^2) 被潜变量解释。

模型拟合度的估计命令为：

estat gof, stats (all)

表 5-17 模型拟合指数

Fit statistic	Value	Description
Likelihood ratio		
chi2_ms (4)	17.253	model vs. saturated
p > chi2	0.002	
chi2_bs (10)	9205.300	baseline vs. saturated
p > chi2	0.000	
Population error		
RMSEA	0.024	Root mean squared error of approximation
90% CI, lower bound	0.013	
upper bound	0.035	
pclose	1.000	Probability RMSEA <= 0.05
Information criteria		
AIC	122676.717	Akaike's information criterion
BIC	122783.906	Bayesian information criterion

(续表)

Fit statistic	Value	Description
Baseline comparison		
CFI	0.999	Comparative fit index
TLI	0.996	Tucker-Lewis index
Size of residuals		
SRMR	0.009	Standardized root mean squared residual
CD	0.936	Coefficient of determination

模型修正命令为:

```
estat mindices
```

表 5-18　模型修正指标报告值

	MI	df	$P>$MI	EPC	Standard EPC
Measurement					
katz					
Physical	12.676	1	0.00	−0.1598832	−0.0452722
ads					
Physical	7.606	1	0.01	0.1369077	0.0340039
cov (e.katz, e.iadl)	7.606	1	0.01	−2.977248	−0.6207957
cov (e.katz, e.ill)	4.710	1	0.03	−0.0429263	−0.0413188
cov (e.katz, e.slow)	4.026	1	0.04	−0.0538837	−0.033298
cov (e.iadl, e.ads)	12.676	1	0.00	5.11995	1.073439
cov (e.ads, e.ill)	7.991	1	0.00	0.0617941	0.0598065

可以使用以下命令计算每个指标变量（内生的）的拟合度:

```
estat eqgof
```

表 5-19　指标变量的解释度

depvars	fitted	Variance predicted	residual	R^2	mc	mc^2
katz	5.360514	3.444245	1.91627	0.6425213	0.8015742	0.6425213
iadl	35.518	23.51539	12.00261	0.6620696	0.8136766	0.6620696
ads	6.967271	5.071871	1.8954	0.7279566	0.8532037	0.7279566
ill	0.9930406	0.4297986	0.563242	0.4328107	0.6578835	0.4328107
slow	1.82771	0.4611745	1.366536	0.2523236	0.5023182	0.2523236
overall		0.9355354				

拟合值代表每一个内生变量的拟合方差，预测值代表每一个内生变量的方差被预测的部分，而残差则代表残差方差。R^2 系数代表每一个指标变量方差被解释的比例，mc 代表多元相关系数，mc^2 是其平方值。这三个系数都代表被解释变量与线性方程

预测值之间的相关度。在递归模型中,三个指数是一样的。但在非递归模型(nonrecursive models)中只能使用 mc^2 指标,而不能使用 R^2 或 mc 指标(二者可能为负)。

在因子模型中,一个指标一般只用于测量一个潜变量,但有时也可以同时作为两个潜变量的测量指标,有时也可以将一个潜变量的指标误差项与另一个潜变量的指标误差项设为相关(不限于同一个潜变量的指标误差项之间),用双箭头将两个误差项连接起来。这是因为两个测量误差也有可能由于一些原因相互联系。例如,采用相同测量方法所产生的测量误差,包括相同的测量量纲,都属于某个总体测量工具的一部分,或使用同一方法在不同时间多次进行测量的结果,如在时点 1 测量 1 次,在时点 2 测量第 2 次……

二、多因子测量模型

假设一个健康的四因子模型如下图所示:

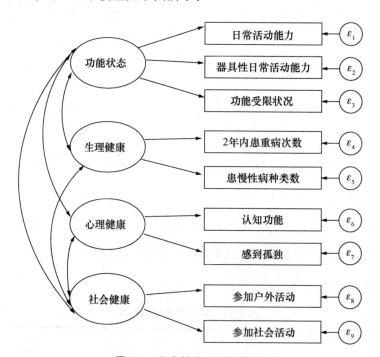

图 5-4 老人健康四因子模型

资料来源:笔者根据 CLHLS 2014 年数据自制。

该四因子模型的命令程序为:

```
sem (Function→katz iadl ads)    ///
    (Physical→ill slow)         ///
    (Mental→mmse lone)          ///
    (Social→social outdoor)
```

表 5-20 四因子模型估计结果

Measurement	coef.	OIM Std. Err.	z	$P>z$	[95% Conf. Interval]	
Function						
katz	1	(constrained)				
_cons	17.28744	0.0078904	2190.94	0.000	17.27198	17.30291
iadl	3.744832	0.0218503	171.39	0.000	3.702006	3.787657
_cons4	18.9738	0.0241003	787.29	0.000	18.9266	19.02107
ads	1.42334	0.0085243	166.97	0.000	1.406633	1.440048
_cons	16.19625	0.0102953	1573.16	0.000	16.17608	16.21643
Physical						
ill	1	(constrained)				
_cons	0.2734507	0.0032996	82.87	0.000	0.2669836	0.2799178
slow	2.376368	0.0863497	27.52	0.000	2.207125	2.54561
_cons	1.115332	0.0056668	196.82	0.000	1.104225	1.126439
Mental						
lone	1	(constrained)				
_cons	3.949656	0.00428829	21.06	0.000	3.941251	3.95806
mmse	22.36299	0.5456778	40.98	0.000	21.29348	23.43249
_cons	22.81403	0.0271957	838.88	0.000	22.76073	22.86733
Social						
social	1	(constrained)				
_cons	1.30668	0.003678	355.27	0.000	1.299472	1.313889
outdoor	4.793399	0.1008128	47.55	0.000	4.59581	4.990989
_cons	3.306263	0.0076482	432.29	0.000	3.291272	3.321253
var(e.katz)	1.707429	0.0124613			1.68318	1.732029
var(e.iadl)	7.857421	0.0943191			7.674717	8.044475
var(e.ads)	2.350786	0.0193717			2.313123	2.389062
var(e.ill)	0.4729848	0.0054102			0.4624989	0.4837084
var(e.slow)	1.054484	0.0267321			1.00337	1.108201
var(e.lone)	0.9619076	0.0058958			0.9504211	0.973533
var(e.mmse)	15.60316	0.5421893			14.57587	16.70285
var(e.social)	0.6759799	0.0043164			0.6675726	0.6844931
var(e.outdoor)	1.643901	0.0341849			1.578247	1.712287
var(Function)	1.719351	0.0192383			1.682055	1.757474
var(Physical)	0.1262648	0.005105			0.1166453	0.1366775
var(Mental)	0.0502007	0.0021773			0.0461096	0.0546548
var(Social)	0.0685784	0.0023595			0.0641063	0.0733625
cov(Function, Physical)	−0.1080533	0.0043941	−24.59	0.000	−0.1166656	−0.0994411
cov(Function, Mental)	0.2443888	0.0062005	39.41	0.000	0.232236	0.2565415
cov(Function, Social)	0.2460998	0.0053251	46.21	0.000	0.2356628	0.2565368
cov(Physical, Mental)	−0.0012247	0.0006225	−1.97	0.049	−0.0024447	−4.57e−06
cov(Physical, Social)	−0.0019718	0.0008159	−2.42	0.016	−0.0035708	−0.0003727
cov(Mental, Social)	0.037043	0.00124852	9.67	0.000	0.0345959	0.03949

注:LR test of model vs. saturated:chi2(21)=3275.24,Prob>chi2=0.0000。

三、高阶因子模型

高阶因子模型是一阶因子被其他更高阶因子所解释的模型，例如，二阶、三阶等。一般而言，3个因子的二阶因子模型和一阶因子模型是等价的，两者并无区别，4个及以上的因子才可以使用高阶因子模型，并且二阶因子对一阶因子的路径系数要高，这样才能支持二阶因子存在的必要性。更重要的是，设不设二阶因子必须基于理论的指引。

例如，健康的完整测量就需要一个高阶因子模型。按照世界卫生组织的定义，健康包括生理健康、躯体功能、心理健康、社会健康等多个维度，其高阶因子模型如图5-5所示。

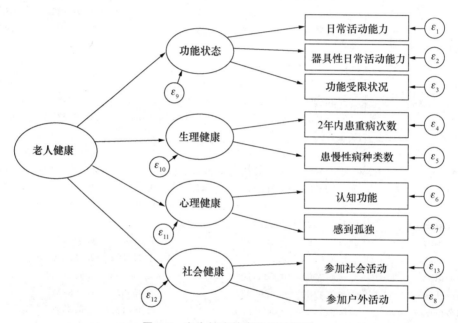

图5-5 老人健康的高阶因子模型
资料来源：笔者根据CLHLS 2014年数据自制。

该高阶因子模型的估计命令如下：

```
sem (Function→katz iadl ads)      ///
    (Physical→ill slow)            ///
    (Mental→mmse lone)             ///
    (Social→social outdoor)        ///
    (Health→Function@1 Physical Mental Social), var(Health@1)
```

在估计时，sem命令会对一阶因子Function、Physical、Mental、Social实施正态化约束，其第一个指标变量的因子载荷会被设定为1，但我们也需要对二阶因子实施正态化约束，将Health的第一个潜变量指标Function的路径系数设定为1，并将

Health 的方差设为 1。一般的结构方程模型固定方差、固定载荷系数只需二选一，但高阶因子模型必须同时施加两种约束，否则该二阶因子模型会无法收敛。估计结果如表 5-21 所示。

表 5-21 高阶因子模型估计结果

模型	coef.	OIM Std. Err.	z	$P>z$	[95% Conf. Interval]	
Health						
Function	1	(constrained)				
Physical	−0.0679883	0.0152994	−4.44	0.000	−0.0979746	−0.0380019
Mental	1703242	0.0144731	11.77	0.000	0.1419574	0.1986911
Social	0.1948742	0.0134931	4.44	0.000	0.1684283	0.2213201
Measurement						
Function						
katz	1	(constrained)				
_cons	17.31001	0.0245973	703.74	0.000	17.2618	17.35822
iadl	4.705558	0.076849	61.23	0.000	4.554936	4.856179
_cons	19.40376	0.0754574	257.15	0.000	19.25586	19.55165
ads	1.443734	0.0266069	54.26	0.000	1.391586	1.495883
_cons	16.32324	0.0311679	523.72	0.000	16.26215	16.38432
Physical						
ill	1	(constrained)				
_cons	0.3978144	0.0142262	27.96	0.000	0.3699315	0.4256973
slow	0.8227662	0.2968387	2.77	0.006	0.240973	1.404559
_cons	1.184816	0.018916	62.64	0.000	1.147741	1.221891
Mental						
mmse	24.19972	2.032079	11.91	0.000	20.21692	28.18252
_cons	23.52301	0.0845592	278.18	0.000	23.35727	23.68874
lone	1	(constrained)				
_cons	3.944785	0.0130395	302.53	0.000	3.919228	3.970342
Social						
social	1	(constrained)				
_cons	1.330138	0.01244361	06.89	0.000	1.305749	1.354527
outdoor	4.537793	0.3148582	14.41	0.000	3.920682	5.154904
_cons	3.243098	0.0251777	128.81	0.000	3.193751	3.292446
var（e.Function）	0.1896177	0.0302017			0.1387721	0.2590928
var（e.Physical）	0.5528525	0.2012138			0.2709005	1.128259
var（e.Mental）	0.006238	0.0027236			0.0026509	0.0146791
var（e.Social）	0.0419885	0.0051345			0.0330402	0.0533603
var（Health）	1	(constrained)				
cov（e.katz，e.ads）	0.6581795	0.0415932	15.82	0.000	0.5766583	0.7397006

注：LR test of model vs. saturated：chi2（23）=252.14，Prob > chi2=0.0000。

表 5-21 中,第一个一阶因子 Funciton 的载荷系数被固定为 1,其他三个一阶因子的载荷系数都在 0.1‰水平下显著,并且各个一阶因子对其测量指标的载荷系数都是显著的,这说明整个二阶因子测量模型是可以接受的。我们也可以进一步使用命令报告该模型的拟合指标和进一步修正的 MI 指标,以便对模型进一步修正,从而获得拟合效果更佳的最终模型。

第6章

结构方程模型：连续型潜变量

本章将正式介绍处理连续型潜变量的结构方程模型。结构方程模型是一个非常灵活、包容性极强的数据分析框架。它由两部分组成：CFA 构造的测量模型和路径分析搭建的结构模型。第 5 章介绍的验证性因子分析提供了使用多个指标构造潜变量的测量技术，而结构方程模型则描述了潜变量之间在理论上的因果联系或相关关系。由于使用潜变量，隔离了测量误差，可以获得更好的参数估计结果和更强的解释及预测能力。

6.1 MIMIC 模型

在结构方程模型中，潜变量之间的相关关系将变为因果关系，路径的双箭头将变为有指向的单箭头。

在实际研究工作中，我们一般不会对外生变量优先采用测量更准确的潜变量，而对内生变量使用显变量。毕竟研究者更看重被解释变量的测量质量，内生变量才是我们重点考察的对象。因此，如果能对内生变量采用多指标测量的潜变量，即使外生解释变量仍是显变量，也能取得更好的研究效果（相比被解释变量为显变量的回归模型）。外生变量为显变量（原因），内生变量为潜变量，是一类特殊的结构方程模型——多指标多因素（multiple indicators and multiple causes，MIMIC）模型。它使用一组外生显变量来预测一个或几个内生潜变量，但与回归模型一样，仍假设外生显变量没有测量误差。可见，MIMIC 模型是一种介于回归模型与结构方程模型之间的模型。其中，一个内生潜变量的 MIMIC 模型方程为：

$$\eta = \alpha + \Gamma X + \zeta \tag{6-1}$$

一个内生潜变量的 MIMIC 模型案例如图 6-1 所示：

模型的左边是结构模型部分——一组外生显变量（8 项公共服务）来解释内生潜变量"获得感"。右边是测量模型部分，由 4 个反映型指标变量来定义或测量内生潜变量（因子）。每个测量指标都有一个测量误差。获得感还有一个预测误差 ε_1。

（数据来源：CGSS 2013 年数据。）

该模型可以使用 sem 或 gsem 命令进行估计：

```
sem (Obtain←education medicine housing labor security service cul-
    ture basics) (Obtain→ adequacy equity convenience coverage)
```

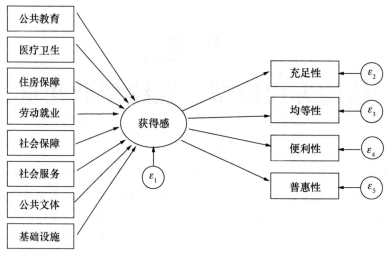

图 6-1　"获得感" MIMIC 模型

资料来源：阳义南. 民生公共服务的国民"获得感"：测量与解析 [J]. 公共行政评论，2018，(5)。

```
estat store mimic1      //把结果保存下来，后面做模型比较用
```

估计结果为：

Structural equation model　　　Number of obs = 5350
Estimation method　　= ml
Log likelihood　　　　= -191640.68
(1) [adequacy] Obtain = 1

表 6-1　MIMIC 模型估计结果

Structural	coef.	OIM Std. Err.	z	$P>z$	[95% Conf. Interval]	
Obtain ←						
education	0.0021132	0.0007273	2.91	0.004	0.0006877	0.0035388
medicine	0.0049814	0.0007868	6.33	0.000	0.0034394	0.0065234
housing	0.002272	0.0006817	3.33	0.001	0.0009358	0.0036082
labor	0.0007305	0.000792	0.92	0.356	-0.0008219	0.0022829
security	0.0052271	0.0008367	6.25	0.000	-0.0035872	0.0068669
service	0.0028069	0.0007351	3.82	0.000	0.0013662	0.0042476
culture	0.0039556	0.0007947	4.98	0.000	0.0023981	0.0055132
basics	0.007345	0.0007606	9.66	0.000	0.0058543	0.0088358
Measurement：Obtain						
adequacy ←	1 (constrained)					
_cons	1.133896	0.052419	21.63	0.000	1.031156	1.236635
equity ←	0.8902651	0.0198456	44.86	0.000	0.8513683	0.9291618
_cons	1.067411	0.0495929	21.52	0.000	0.9702105	1.164611
convenience ←	1.066083	0.0215896	49.38	0.000	1.023768	1.108398
_cons	1.055487	0.0545147	19.36	0.000	0.9486405	1.162334

(续表)

Structural	coef.	OIM Std. Err.	z	P>z	[95% Conf. Interval]	
coverage ←	0.9611529	0.0211552	45.43	0.000	0.9196895	1.002616
_cons	1.107017	0.0514982	21.50	0.000	1.006083	1.207952
var（e.adequacy）	0.3310773	0.0088332			0.3142093	0.3488508
var（e.equity）	0.4167134	0.0097071			0.3981157	0.4361799
var（e.convenience）	0.3479269	0.0094956			0.3298049	0.3670447
var（e.coverage）	0.3866825	0.0095435			0.3684228	0.4058471
var（e.obtain）	0.2818634	0.0100096			0.2629121	0.3021808

注：LR test of model vs. saturated：chi2（26）=210.38，Prob > chi2=0.0000。

表 6-1 最下方的估计结果中，与饱和模型相比的 χ^2 是显著的，说明这个模型拟合得还不够好。这种情况下，我们可以检查残差矩阵，命令如下：

estat residuals, normalized

如果要报告标准化残差，可以使用 standardized 代替 normalized。

表 6-2 MIMIC 模型估计的正态化残差矩阵

Mean residuals

	adequacy	equity	conveni~e	coverage	education	medicine	housing	labor	security	service	culture	basics
raw	-0.000	0.000	0.000	0.000	0.000	0.000	0.000	0.000	0.000	0.000	0.000	0.000
normalized	-0.000	0.000	0.000	0.000	0.000	0.000	0.000	0.000	0.000	0.000	0.000	0.000

Covariance residuals

	adequacy	equity	conveni~e	coverage	education	medicine	housing	labor	security	service	culture	basics
adequacy	-0.000											
equity	0.022	0.000										
convenience	0.000	-0.023	0.000									
coverage	-0.030	0.010	0.023	0.000								
education	0.299	-0.150	-0.079	-0.137	0.000							
medicine	0.134	0.122	-0.210	-0.009	0.000	0.000						
housing	-0.030	0.042	-0.146	0.181	0.000	0.000	0.000					
labor	0.079	-0.111	-0.063	0.076	0.000	0.000	0.000	0.000				
security	0.117	-0.444	-0.100	0.362	0.000	0.000	0.000	0.000	0.000			
service	0.264	-0.615	0.024	0.178	0.000	0.000	0.000	0.000	0.000	0.000		
culture	0.353	-0.220	-0.030	-0.203	0.000	0.000	0.000	0.000	0.000	0.000	0.000	
basics	0.479	-0.285	-0.050	-0.276	0.000	0.000	0.000	0.000	0.000	0.000	0.000	0.000

Normalized covariance residuals

	adequacy	equity	conveni~e	coverage	education	medicine	housing	labor	security	service	culture	basics
adequacy	-0.000											
equity	1.946	0.000										
convenience	0.018	-1.884	0.000									
coverage	-2.560	0.907	1.840	0.000								
education	1.562	-0.791	-0.393	-0.709	0.000							
medicine	0.698	0.645	-1.043	-0.045	0.000	0.000						
housing	-0.149	0.207	-0.680	0.874	0.000	0.000	0.000					
labor	0.408	-0.575	-0.308	0.388	0.000	0.000	0.000	0.000				
security	0.561	-2.155	-0.457	1.722	0.000	0.000	0.000	0.000	0.000			
service	1.215	-2.867	0.106	0.814	0.000	0.000	0.000	0.000	0.000	0.000		
culture	1.770	-1.118	-0.142	-1.007	0.000	0.000	0.000	0.000	0.000	0.000	0.000	
basics	2.345	-1.415	-0.231	-1.337	0.000	0.000	0.000	0.000	0.000	0.000	0.000	0.000

正态化残差和标准差残差按相同的方式调整残差。① 正态化残差也是有效的，只是不按标准正态分布，而标准化残差是按标准正态分布。当正态残差和标准残差都能计算出来时，正态残差会比标准残差的数值小。正态残差显示，adequacy 和 coverage、service 和 equity、basics 和 adequacy、security 和 equity 的协方差都比较大。鉴于此，我们可以修改原模型。例如，添加路径，也可以加入协方差，然后用似然比检验 lrtest，看两个模型的似然值是否有显著差异（也可以使用 wald test 或 test 命令只检验这两条路径的共同显著性）。新模型及其估计命令如下：

```
sem (Obtain←education medicine housing labor security service culture basics) (Obtain→ adequacy equity convenience coverage),
    cov (e.adequacy * e.coverage)
estat store mimic2
```

前面已将第一个模型的估计结果存储起来，在此可以对两个存储的模型差异显著性进行似然比检验：

```
lrtest mimic1 .     或     lrtest mimic1 mimic2
```

"."代表最新估计的那个模型的结果。检验结果如下：

Likelihood-ratio test   LR chi2 (1) = 101.78
(Assumption: m1 nested in m2)   Prob > chi2 = 0.00

似然比检验结果显示两个模型之间有显著差异，而第二个模型相比饱和模型的 χ^2 值不显著。这说明新加入的协方差是有意义的。

我们也可以报告整个模型的拟合指数。估计命令为：

estat gof, stats (all)

表 6-3　模型拟合指标

Fit statistic	Value	Description
Likelihood ratio		
chi2_ms (25)	108.605	model vs. saturated
p > chi2	0.000	
chi2_bs (38)	8728.053	baseline vs. saturated
p > chi2	0.000	
Population error		
RMSEA	0.025	Root mean squared error of approximation

---

① 正态化变换与标准化变换不同。正态化变换一般是对数变换、平方转换或其他正态化处理办法，使非正态分布数据趋于正态分布；而标准化变换只是将变量值转换为均值为 0、标准差为 1 的 z 值，但数据分布形态在标准化之后保持不变，非正态分布变换后仍是非正态分布。

(续表)

Fit statistic	Value	Description
90% CI, lower bound	0.020	
upper bound	0.030	
pclose	1.000	Probability RMSEA <= 0.05
Information criteria		
AIC	383221.585	Akaike's information criterion
BIC	383359.867	Bayesian information criterion
Baseline comparison		
CFI	0.990	Comparative fit index
TLI	0.985	Tucker-Lewis index
Size of residuals		
SRMR	0.009	Standardized root mean squared residual
CD	0.319	Coefficient of determination

也可以报告模型中每一个内生变量的拟合程度，命令如下：

estat eqgof

表 6-4　内生变量的方差解释比

depvars	fitted	predicted	residual	R^2	mc	mc2
adequacy	0.752875	0.4682354	0.2846395	0.6219299	0.7886253	0.6219299
equity	0.7510184	0.3235321	0.4274863	0.4307911	0.6563468	0.4307911
convenience	0.8273142	0.4519201	0.3753941	0.5462496	0.739087	0.5462496
coverage	0.7763455	0.4376913	0.3386542	0.5637842	0.7508557	0.5637842
Obtain	0.4682354	0.1492454	0.31899	0.3187401	0.5645707	0.3187401
overall		0.3187401				

表 6-4 中，MIMIC 模型内生结果潜变量的 R^2 系数等于 0.3187401，意味着该潜变量的方差（变化）中有 68% 还没有被解释，这可能是由于存在随机或系统误差，或存在没有被纳入模型的其他变量。

MIMIC 模型的内生变量也可以是几个潜变量（见图 6-2），而不限于一个。方程如下：

$$\eta = B\eta + \Gamma X + \zeta \tag{6-2}$$

相比回归模型，MIMIC 模型使用的是内生潜变量，对研究对象的考察会更全面，且能减少测量误差。需要指出的是，MIMIC 模型必须具有理论上的合理性，且使用的反映型指标之间至少要中度相关。

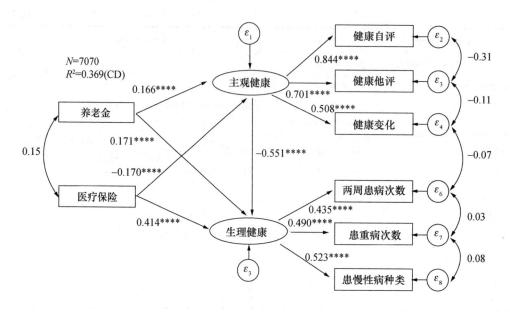

图 6-2　两个内生潜变量的 MIMIC 模型

注：估计系数为标准化系数，估计方法为 MLMV；**** 表示在 0.1% 水平下显著。

资料来源：阳义南、肖建华."以医促养"还是"以养促养"：养老金与医疗保险的健康绩效比较[J]. 保险研究, 2019, (6)。

6.2　标准结构方程模型

当所有的内生潜变量都使用连续型指标测量时，就可以使用标准结构方程模型（广义结构方程模型也可以估计）。但社会科学研究的数据中往往连续型变量较少，尤其是调查数据。经验的做法是，如果变量的取值超过 5 种，采用极大似然估计也可以得到精确的估计结果，故而也可以当作连续型变量。(Johnson & Creech, 1983; Xie, 1989) 另有研究认为 3 种以上取值也可以当作连续型变量（侯杰泰、温忠麟和成子娟，2004），这是因为在大样本情况下，ML 是一种非常稳健的参数估计方法。一般而言，结构方程模型的建模步骤主要包括：

第一，模型设计，即基于相关理论和已有研究文献，利用一组显变量构建不同的潜变量，进而假设潜变量之间关系以产生不同的结构模型。但结构方程模型并不会告诉你哪个模型是最优的，而只是在研究者设计好模型之后对其参数进行估计。因此，理论、逻辑、现实等客观约束对模型构建起着决定性作用，并指导研究者对模型的取舍。

第二，模型识别，即识别样本数据包含的方差—协方差矩阵 S 与理论模型内含的总体方差—协方差矩阵 Σ 之间，能否获得唯一的一组参数估计值，也就是模型中的测量系数（因子载荷）、测量误差、结构系数、预测误差等参数是否有解。为此，会固定或约束一些参数，剩余的参数则是待估的自由参数。模型有解的必要条件是自由参数的个数小于独特值的个数。两者的差为自由度，自由度必须大于等于0。大于0为过度识别，有多组解；等于0为恰足识别，有唯一解。除了满足阶条件，有解还要满足充分条件——秩条件。这在第3.1节已有较为详细的介绍，在此不再赘述。

第三，模型估计。模型估计总体上是通过对方差—协方差（或相关系数）矩阵的分解来实现的，看这些系数是否显著、方向和大小是否符合预期，等等。如果模型设计不恰当，原始的样本方差—协方差矩阵将不能被完整复制。

案例1 一个常被作为SEM案例的是Wheaton *et al*.（1977）构建的疏离感模型，如图6-3所示。虽然每一个潜变量最好要有3—4个指标，但下图中的潜变量都只有两个指标。anomia、powerlessness是潜变量alienation的反映型指标变量。反映型指标意味着潜变量的水平越高，指标变量的水平也越高，即潜变量是解释变量，而指标变量是内生变量。在路径图中，箭头由潜变量指向各个作为测量指标的显变量。在SEM中，每一个显变量都有一个测量误差，这表明该显变量的一部分值不是在测量该潜变量，而是在测量其他潜变量，它是未纳入模型的其他变量的函数，从而使模型产生随机或系统的误差。

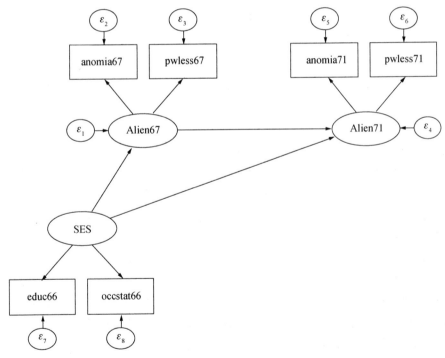

图6-3 标准结构方程模型

资料来源：StataCorp（2017a）。

连接两个潜变量的是路径及其对应的结构系数，这是基于已有研究和相关理论搭建的潜变量之间的关系。每一个内生潜变量都有一个预测误差，代表内生潜变量没有被解释潜变量所预测到的那部分。解释潜变量、结构系数、内生潜变量、预测误差构成了一个一个回归方程。

此外，虽然图 6-3 中没有标识出来，但误差项①也可能是相关的，这是因为可能存在某个共同的因素在影响它们。例如，同一个方法、同一个测量工具在不同时间测量产生的方差（存在一个共同方法因子），等等。

（数据来源：http://www.stata-press.com/data/r15/sem_sm2）

图 6-3 的结构方程模型估计命令如下：

```
sem (anomia67 pwless67 ←Alien67)       /// 测量模型
    (anomia71 pwless71 ←Alien71)       /// 测量模型
    (SES→educ66 occstat66)             /// 测量模型
    (Alien67 ←SES)                     /// 结构模型
    (Alien71 ←Alien67 SES)             // 结构模型
```

案例 2 选用结构方程模型解析照护费用与医疗费用支出对老人健康的影响。模型表示如下：

$$\eta = B\eta + \Gamma\xi + \zeta \tag{6-3}$$

$$\begin{bmatrix} \eta_1 \\ \eta_2 \end{bmatrix} = \begin{bmatrix} 0 & 0 \\ \beta_{21} & 0 \end{bmatrix} \begin{bmatrix} \eta_1 \\ \eta_2 \end{bmatrix} + \begin{bmatrix} \gamma_{11} & \gamma_{12} \\ \gamma_{21} & \gamma_{22} \\ \gamma_{31} & \gamma_{32} \end{bmatrix} \begin{bmatrix} \xi_1 \\ \xi_2 \\ \xi_3 \end{bmatrix} + \begin{bmatrix} \zeta_1 \\ \zeta_2 \end{bmatrix} \tag{6-4}$$

式（6-3）和式（6-4）中，η 是两个内生潜变量：η_1 是主观健康，η_2 是生理健康。ξ 是三个外生解释潜变量：ξ_1 是照护支出，ξ_2 是医疗支出，ξ_3 是身体功能（作为控制变量）。B 代表两个被解释潜变量 η_1、η_2 之间关系的结构系数，Γ 代表内生潜变量与解释潜变量之间关系的结构系数，ζ 为结构模型的预测误差（扰动项）。

其中，使用 4 个显变量来测量 η_1：y_1 为被调查老人的自评健康水平，y_2 为访问员对被调查老人健康的主观评价，y_3 为老人的生活满意度，y_4 为一年内的健康状况改变；使用 3 个显变量来测量 η_2：y_5 是两周患病率，y_6 是患慢性病种类，y_7 是患重病次数。使用两个显变量来测量 ξ_1：x_1 为照护直接费用，x_2 为照护时间成本；使用 2 个显变量来测量 ξ_2：x_3 为门诊费用支出，x_4 为住院费用支出。使用 4 个显变量来测量 ξ_3：x_5 为代表日常活动能力的 katz 指标，x_6 为代表器具性日常活动能力指标 IADL，x_7 为功能受限指标 ADS，x_8 为认知功能指标 MMSE。将解释潜变量 ξ_3 作为控制变量，即在控制老人基本身体状况差异的影响之后，检验用于照护支出费用与用于医疗支出费用对老年主观健康、生理健康等被解释变量的边际贡献。使用的数据为 CLHLS 2011 年数据。最后得到的结构方程模型如图 6-4 所示。

---

① 用 δ 标识外生潜变量的指标误差项，ε 标识内生潜变量的指标误差项，ζ 标识内生潜变量的误差项（预测误差，扰动项）。

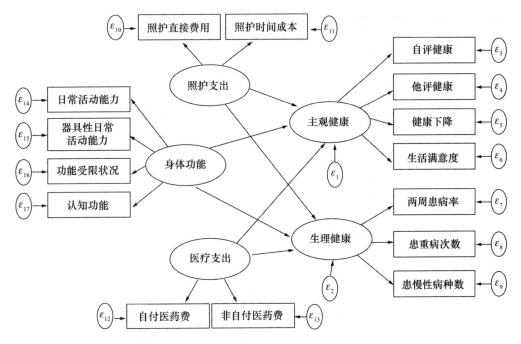

图 6-4　照护、医疗与老年人健康结构方程模型

资料来源：阳义南：照护还是医疗：老年人健康支出的产出效率比较［J］. 统计研究，2016，（7）。

（数据来源：CLHLS 2011 年数据）

我们可以使用 ML 估计图 6-4 模型。命令如下：

    sem (Health→ b12 h3 change b11)   ///
        (Illness→ g130 g131 slow)   ///
        (LTC→lne63 lne67)   ///
        (Medical→lnf651a1 lnf651a2)   ///
        (Status→katz iadl ads mmse)   ///
        (Health ←LTC Medical Status)   ///
        (Illness ←LTC Medical Status)

表 6-5　模型估计结果

估计方法	ML
Health	
LTC	0.2216（1.42）
Medical	−0.4172****（−3.30）
Status	0.2195****（7.03）

(续表)

估计方法	ML
Illness	
LTC	−0.1313* (−1.81)
Medical	0.2729**** (3.73)
Status	−0.0342*** (−2.75)
Health	
b12	1.0000 (.)
_cons	2.9528**** (43.67)
h3	0.5000**** (7.05)
_cons	2.5708**** (51.98)
change	−0.2527**** (−6.39)
_cons	0.6038**** (17.97)
b11	0.5841**** (8.31)
_cons	3.6321**** (63.02)
Illness	
g130	1.0000 (.)
_cons	0.3585**** (10.88)
g131	3.1213**** (4.65)
_cons	0.9811**** (12.71)
slow	3.4900**** (3.86)
_cons	2.0755**** (15.89)
LTC	
lne63	1.0000 (.)
_cons	5.2461**** (65.21)
lne67	0.9555**** (3.38)
_cons	4.0806**** (35.50)
Medical	
lnf651a1	1.0000 (.)
_cons	7.3376**** (90.82)
lnf651a2	1.2799**** (7.51)
_cons	8.1506**** (91.29)
Status	
katz	1.0000 (.)
_cons	14.1321**** (69.20)
iadl	1.5081**** (9.74)
_cons	12.3302**** (35.30)
ads	1.0286**** (10.50)
_cons	14.0660**** (65.12)
mmse	1.7757**** (7.23)
_cons	18.1368**** (33.58)

(续表)

估计方法	ML
cov（LTC，Medical）	0.3388**** (3.76)
cov（LTC，Status）	−0.2565 (−1.26)
cov（Medical，Status）	0.0969 (0.56)
N	212.0000
ll	−5372.7773

注：LR test of model vs. saturated：chi2（81）=135.19，Prob>chi2=0.0002，t statistics in parentheses；**** 表示在0.1%水平下显著，*** 表示在1%水平下显著，** 表示在5%水平下显著，* 表示在1%水平下显著。

χ^2 显著说明该模型拟合结果还不太理想，再看一下模型能否得到样本数据的验证和支持。如果拟合度不高，则要对模型进行修改。拟合指标包括 χ^2、RMSEA、GFI、AGFI、NCP 等。

estat gof, stats (all)

表 6-6 模型拟合指标

Fit statistic	Value	Description
Likelihood ratio		
chi2_ms(81)	135.192	model vs. saturated
p > chi2	0.000	
chi2_bs(105)	878.716	baseline vs. saturated
p > chi2	0.000	
Population error		
RMSEA	0.056	Root mean squared error of approximation
90% CI, lower bound	0.039	
upper bound	0.072	
pclose	0.259	Probability RMSEA <= 0.05
Information criteria		
AIC	10853.555	Akaike's information criterion
BIC	11034.810	Bayesian information criterion
Baseline comparison		
CFI	0.930	Comparative fit index
TLI	0.909	Tucker-Lewis index
Size of residuals		
SRMR	0.063	Standardized root mean squared residual
CD	0.988	Coefficient of determination

我们也可以报告上述模型的修正指数：

estat mindices

表 6-7　修正指数

	MI	df	$P>$MI	EPC	Standard EPC
Structural					
Health ←					
b12	4.381	1	0.04	1.037114	1.169279
h3	21.928	1	0.00	−0.8625565	−0.7112437
g130	10.277	1	0.00	−0.4497874	−0.2469854
Illness ←					
g130	4.170	1	0.04	−0.1813842	−0.3621228
g131	3.841	1	0.05	0.149651	0.7003803
mmse	6.251	1	0.01	0.0074174	0.242803
Measurement					
b12 ←					
h3	9.744	1	0.00	−0.4872747	−0.35638
change	8.971	1	0.00	−0.4527285	−0.2248944
b11	6.362	1	0.01	0.3398324	0.289642
ads	6.725	1	0.01	−0.055438	−0.1770838
mmse	5.760	1	0.02	−0.0165413	−0.1320952
Status	8.856	1	0.00	−0.1214354	−0.2930815
h3 ←					
b12	0.744	1	0.00	−0.7727633	−1.056591
katz	14.761	1	0.00	0.0636743	0.2629109
iadl	4.253	1	0.04	0.0190887	0.1348046
ads	12.429	1	0.00	0.054603	0.2384781
mmse	7.874	1	0.01	0.015815	0.1726815
Status	7.874	1	0.00	0.1103489	0.3641427
change ←					
b12	7.874	1	0.00	−0.4171284	−0.839709
g130	7.075	1	0.01	0.1740358	0.1706358
b11 ←					
b12	6.362	1	0.01	0.7297297	0.8561802
g131	6.362	1	0.01	0.1170521	0.1568024
slow	4.118	1	0.04	0.0524263	0.1188107
lne67	4.450	1	0.03	0.0608139	0.1212819
lnf651a2	8.840	1	0.00	0.1142474	0.1769689
Illness	12.656	1	0.00	1.02015	0.2920002
Medical	10.557	1	0.00	0.2353985	0.2252469
g130 ←					
b12	8.252	1	0.00	−0.1030084	−0.2114949

(续表)

	MI	df	$P>$MI	EPC	Standard EPC
h3	4.796	1	0.03	−0.0982069	−0.1474718
change	12.223	1	0.00	0.2237027	0.22816
Health	9.414	1	0.00	−0.1423237	−0.259187
g131 ←					
slow	4.171	1	0.04	0.1168087	0.1976096
slow ←					
g131	4.171	1	0.04	0.4851364	0.2867683
katz ←					
h3	3.863	1	0.05	0.4470746	0.1082768
g130	4.360	1	0.04	−0.656453	−0.1058747
lne67	6.542	1	0.01	−0.229931	−0.1294207
LTC	5.875	1	0.02	−0.5851573	−0.1631981
Medical	3.855	1	0.05	−0.4343982	−0.1173157
mmse ←					
g130	12.527	1	0.00	3.524727	0.2149719
g131	5.218	1	0.02	0.9799966	0.140113
lnf651a2	9.056	1	0.00	1.10316	0.1823767
Illness	11.961	1	0.00	8.69452	0.2656105
Medical	10.700	1	0.00	2.215783	0.2262887
cov（e.b12，e.h3）	9.744	1	0.00	−0.1597878	−0.6136353
cov（e.b12，e.change）	8.971	1	0.00	−0.0862515	−0.434564
cov（e.b12，e.b11）	6.362	1	0.01	0.1508894	0.4979815
cov（e.b12，e.Health）	4.380	1	0.04	0.2144479	0.703036
cov（e.h3，e.Health）	21.928	1	0.00	−0.2828508	−0.7363374
cov（e.change，e.g130）	7.163	1	0.01	0.0359878	0.1986452
cov（e.b11，e.Illness）	4.377	1	0.04	0.0277784	0.2976768
cov（e.g130，e.katz）	4.377	1	0.04	−0.1351477	−0.1821919
cov（e.g130，e.mmse）	6.887	1	0.01	0.5447181	0.197806
cov（e.g130，e.Health）	9.953	1	0.00	−0.0809685	−0.2908091
cov（e.g130，e.Illness）	4.171	1	0.04	−0.0312482	−0.5375859
cov（e.g131，e.slow）	4.171	1	0.04	0.3403996	0.2380505
cov（e.lne67，e.katz）	4.023	1	0.04	−0.4635512	−0.1759494
cov（e.mmse，e.Illness）	6.251	1	0.01	0.3265077	0.3514057

我们可以对原模型作进一步修改，包括删除不显著的路径（根据 t 检验结果）、添加其他路径（选择 MI 或 EPC 最大的，至少要大于 3.84）、观察残差矩阵或标准化残差矩阵（大于 1.96 或 2.58 的残差），等等。加入协方差是考虑到这些误差项受到一些其他尚未观测到的变量的共同影响，但却没有包含在模型之中。尽管我们没有观测

到这些变量,但通过将其误差项设为相关,就等同于承认其影响,也相当于认可模型中两个变量之间的关系可能存在一定的虚假成分。

```
sem (Health→ b12 h3 change b11)        ///
    (Illness→ g130 g131 slow)           ///
    (LTC→lne63 lne67)                   ///
    (Medical→lnf651a1 lnf651a2)         ///
    (Status→katz iadl ads mmse)         ///
    (Health ←LTC Medical Status)        ///
    (Illness ←LTC Medical Status),      ///
    vce (robust) cov (e.b12 * e.change) cov (e.b12 * e.b11) cov
(e.b12 * e.g130) cov (e.change * e.g130) cov (e.g131 * e.slow) cov (e.
iadl * e.mmse) cov (e.katz * e.ads)
    est store m1
```

同时,考虑到损失了过多的缺失值,可以使用保留缺失值极大似然估计法。MLMV 估计命令如下:

```
sem (Health→ b12 h3 change b11)        ///
    (Illness→ g130 g131 slow)           ///
    (LTC→lne63 lne67)                   ///
    (Medical→lnf651a1 lnf651a2)         ///
    (Status→katz iadl ads mmse)         ///
    (Health ←LTC Medical Status)        ///
    (Illness ←LTC Medical Status),      ///
    method (mlmv) vce (robust) cov (e.b12 * e.change) cov (e.b12
* e.b11) cov (e.b12 * e.g130) cov (e.change * e.g130) cov (e.g131 * e
.slow) cov (e.iadl * e.mmse) cov (e.katz * e.ads)
    est store m2
    * = 将结果自动写入 word 文档
    local m "m1 m2"
    esttab `m' using test1.rtf, replace mtitle (`m') b (%16.3f) ///
    stats (N ll) ar2 compress nogaps star ( * 0.1 ** 0.05 *** 0.01)
```

结果输出也可以使用如下更简洁的命令:[①]

```
    estout m1 m2 using test1.rtf
```

---

① 该命令需要安装 ssc install estout。

表 6-8 修改后估计结果

估计方法	ML	MLMV
Health		
LTC	0.136 (1.21)	1.294*** (4.17)**
Medical	−0.331*** (−3.18)	−0.473*** (−6.09)
Status	0.196*** (5.98)	0.301*** (8.82)
Illness		
LTC	−0.140* (−1.83)	−0.438*** (−6.00)
Medical	0.285*** (3.99)	0.245*** (9.95)
Status	−0.035*** (−2.80)	−0.062*** (−6.95)
b12	1.000 (.)	1.000 (.)
_cons	2.953*** (44.09)	3.325*** (338.26)
h3	0.817*** (7.19)	1.170*** (31.21)
_cons	2.571*** (51.98)	2.999*** (427.11)
change	−0.203*** (−3.72)	−0.334*** (−28.97)
_cons	0.604*** (18.05)	0.432*** (82.15)
b11	0.599*** (6.61)	0.497*** (24.76)
_cons	3.632*** (63.02)	3.694*** (420.71)
Illness		
g130	1.000 (.)	1.000 (.)
_cons	0.358*** (10.98)	0.204*** (49.75)
g131	2.810*** (4.51)	2.107*** (14.81)
_cons	0.981*** (12.71)	0.350*** (32.24)
slow	2.950*** (3.17)	4.036*** (14.81)
_cons	2.075*** (15.89)	1.205*** (82.56)
LTC		
lne63	1.000 (.)	1.000 (.)
_cons	5.246*** (65.21)	4.883*** (132.43)
lne67	0.930*** (3.31)	1.762*** (11.78)
_cons	4.081*** (35.50)	3.470*** (97.87)
Medical		
lnf651a1	1.000 (.)	1.000 (.)
_cons	7.338*** (90.82)	6.495*** (394.56)
lnf651a2	1.278*** (7.43)	0.918*** (18.77)
_cons	8.151*** (91.29)	7.630*** (214.62)
Status		
katz	1.000 (.)	1.000 (.)
_cons	14.132*** (69.20)	16.792*** (622.28)
iadl	1.410*** (7.60)	2.429*** (50.47)

(续表)

估计方法	ML	MLMV
_cons	12.330*** (35.30)	18.320*** (295.18)
ads	1.030*** (10.70)	1.108*** (70.42)
_cons	14.066*** (65.12)	15.888*** (553.86)
mmse	1.689*** (6.21)	2.880*** (47.56)
_cons	18.137*** (33.58)	21.233*** (241.54)
var(e.Health)	0.181*** (3.35)	0.050*** (3.26)
var(e.Illness)	0.012 (0.98)	0.002 (1.05)
var(LTC)	0.713*** (2.90)	0.220*** (5.55)
var(Medical)	0.648*** (4.76)	1.058*** (15.29)
var(Status)	5.990*** (5.67)	4.465*** (26.15)
cov(e.b12, e.change)	−0.109*** (−4.06)	−0.095*** (−22.70)
cov(e.b12, e.b11)	0.185*** (3.88)	0.225*** (30.08)
cov(e.b12, e.g130)	−0.050** (−2.18)	−0.044*** (−11.95)
cov(e.change, e.g130)	0.047*** (3.16)	0.029*** (13.44)
cov(e.g131, e.slow)	0.294* (1.88)	0.152*** (5.28)
cov(e.katz, e.ads)	−0.366 (−0.57)	0.410*** (6.27)
cov(e.iadl, e.mmse)	1.525 (0.69)	3.366*** (7.42)
cov(LTC, Medical)	0.341*** (3.78)	0.358*** (10.17)
cov(LTC, Status)	−0.267 (−1.28)	−0.568*** (−12.35)
cov(Medical, Status)	0.080 (0.45)	−0.274*** (−7.21)
N	212	9765
ll	−5352.170	−192744.660

注：t statistics in parentheses，* 表示 $p<0.1$，** 表示 $p<0.05$，*** 表示 $p<0.01$。

估计各个内生变量的拟合度命令如下：

estat eqgof

表 6-9 内生变量方差解释度

depvars	fitted	predicted	residual	R^2	mc	mc2
observed						
b12	0.9510766	0.4396101	0.5114665	0.4622236	0.6798703	0.4622236
h3	0.5185787	0.2932064	0.2253723	0.5654039	0.7519334	0.5654039
change	0.2372811	0.0181013	0.2191798	0.0762864	0.2762	0.0762864
b11	0.7042542	0.1578133	0.5464409	0.2240857	0.4733769	0.2240857
g130	0.2258628	0.0545613	0.1713015	0.2415685	0.4914962	0.2415685
g131	1.263795	0.4309136	0.8328813	0.340968	0.5839247	0.340968
slow	3.616946	0.4747188	3.142227	0.1312485	0.3622824	0.1312485
lne63	1.372285	0.7128483	0.6594362	0.519461	0.7207364	0.519461
lne67	2.801021	0.6162483	2.184773	0.2200085	0.4690506	0.2200085
lnf651a1	1.383972	0.6475369	0.7364354	0.4678829	0.6840196	0.4678829

（续表）

depvars	fitted	predicted	residual	R^2	mc	mc2
lnf651a2	1.689781	1.057231	0.6325501	0.6256615	0.7909877	0.6256615
katz	8.841047	5.989667	2.85138	0.6774839	0.8230941	0.6774839
iadl	25.86267	11.90483	13.95784	0.4603095	0.6784611	0.4603095
ads	9.891865	6.352304	3.539561	0.6421745	0.8013579	0.6421745
mmse	61.82563	17.08016	44.74547	0.2762634	0.5256077	0.2762634
latent						
Health	0.4396101	0.2589658	0.1806443	0.5890806	0.7675159	0.5890806
Illness	0.0545613	0.0425542	0.0120072	0.7799328	0.8831381	0.7799328
overall				0.9927511		

最后，将再次报告模型的拟合指标，命令如下：

estat gof, stats (all)

表 6-10　修正后的模型拟合指标

Fit statistic	Value	Description
Likelihood ratio		
chi2_ms (74)	93.977	model vs. saturated
p > chi2	0.058	
chi2_bs (105)	878.716	baseline vs. saturated
p > chi2	0.000	
Population error		
RMSEA	0.036	Root mean squared error of approximation
90% CI, lower bound	0.000	
upper bound	0.056	
pclose	0.868	Probability RMSEA <= 0.05
Information criteria		
AIC	10826.339	Akaike's information criterion
BIC	11031.091	Bayesian information criterion
Baseline comparison		
CFI	0.974	Comparative fit index
TLI	0.963	Tucker-Lewis index
Size of residuals		
SRMR	0.051	Standardized root mean squared residual
CD	0.993	Coefficient of determination

此外，如果研究者担心指标变量违背多元正态分布假设，可以报告 satorra-bentler 标准误。命令如下：

sem (Health→ b12 h3 change b11)　　　///

　　　　(Illness→g130 g131 slow)　　　///
　　　　(LTC→lne63 lne67)　　　///
　　　　(Medical→lnf651a1 lnf651a2)　　　///
　　　　(Status→katz iadl ads mmse)　　　///
　　　　(Health←LTC Medical Status)　　　///
　　　　(Illness←LTC Medical Status),　　　///
　　　cov（e.b12＊e.change）cov（e.b12＊e.b11）cov（e.b12＊e.g130）cov（e.change＊e.g130）　　　///
　　　cov（e.g131＊e.slow）cov（e.iadl＊e.mmse）cov（e.katz＊e.ads）vce(sbentler)

针对非正态分布，还可以使用 bootstrap 自助法来调校标准误，命令如下：

　　　sem (Health→b12 h3 change b11)　　　///
　　　　(Illness→g130 g131 slow)　　　///
　　　　(LTC→lne63 lne67)　　　///
　　　　(Medical→lnf651a1 lnf651a2)　　　///
　　　　(Status→katz iadl ads mmse)　　　///
　　　　(Health←LTC Medical Status)　　　///
　　　　(Illness←LTC Medical Status),　　　///
　　　cov（e.b12＊e.change）cov（e.b12＊e.b11）cov（e.b12＊e.g130）cov（e.change＊e.g130）cov（e.g131＊e.slow）cov（e.iadl＊e.mmse）cov（e.katz＊e.ads）　　　///
　　　method (mlmv) vce (bootstrap, reps (1000) seed (111))

如果担心奇异值的影响，也可以使用 vce (jackknife) 调校，命令如下：

　　　sem (Health→b12 h3 change b11)　　　///
　　　　(Illness→g130 g131 slow)　　　///
　　　　(LTC→lne63 lne67)　　　///
　　　　(Medical→lnf651a1 lnf651a2)　　　///
　　　　(Status→katz iadl ads mmse)　　　///
　　　　(Health←LTC Medical Status)　　　///
　　　　(Illness←LTC Medical Status),　　　///
　　　cov(e.b12＊e.change)cov(e.b12＊e.b11)cov(e.b12＊e.g130)cov(e.change＊e.g130)cov(e.g131＊e.slow)cov(e.iadl＊e.mmse)cov(e.katz＊e.ads)　　　///
　　　method (mlmv) vce (jackknife)

最后可以对使用不同估计方法、标准误的模型结果进行比较，得到最合适的结构方程模型（参数估计值一般是无偏的，需要比较的是标准误的大小）。

二、报告潜变量的预测值

SEM 可以使用 predict 命令来获得预期值，包括显变量的预测值以及所有潜变量的预测值。内生显变量的预测值是其期望值（expected values）；模型中的潜变量则是预测值（prediceted scores），也叫预期因子值，是基于显变量值计算出来的（指标变量）期望值。

（1）predict newvar, xb（odepvarname）：为某一个指定的内生显变量 odepvarname 的预测值新建一个变量（newvar）。

（2）predict stub *, xb：为模型中所有内生显变量的预测值都新建一个变量，命名为 stub1, stub2……这些预测值都是基于外生显变量的值得到的 xb 的期望值（加权均值）。

（3）predict newvar, latent（Lname）：为某一个指定的潜变量（包括内生潜变量、外生潜变量）Lname（自己命名）的预测值新建一个变量（newvar）。

（4）predict stub *, latent：为模型中的所有潜变量的预测值都新建一个变量，命名为 stub1, stub2……

（5）predict newvar, xblatent（Lname）：为某一个内生潜变量 Lname（自己命名）的预测值新建一个变量（newvar）。

（6）predict stub *, xblatent：为模型中所有的内生潜变量的预测值都新建一个变量，命名为 stub1, stub2……

后两个命令在计算潜变量值时新加前缀 xb，区别在于由命令 latent（）得到的因子值之后将被 Lname 按照线性方程进行预测。

6.3 合成型结构方程模型

目前，绝大部分 SEM 使用的都是反映型指标（reflective indicators）或结果指标（effect indicators）——由潜变量引起显变量的反应。这种测量潜变量的模型又称为反映型测量模型（reflective measurement model）。因果影响的发生方向是由潜变量引起对应的指标变量，而不是相反。各个指标都在反映潜变量的影响，故而认为显变量指标是反映型指标。由于每一个指标变量都在反映潜变量，故这些指标变量之间至少应是中度相关的。同一个潜变量的各个指标变量之间更加相关，而与其他潜变量的指标变量之间则没有那么高的相关度。如果使用探索性因子分析（EFA），这组指标对该因子的因子载荷系数都会比较高，且只会测量出唯一的一个潜变量。

有些潜变量的因果关系可能恰好相反，即由显变量引起潜变量，这种类型的潜变量称为合成型或组合型潜变量（formative construct or composite latent variable），使用的指标称为原因指标（cause indicators），而使用合成型潜变量的模型称为合成型测量模型（formative measurement model）。

合成型潜变量在社会科学中很常见，是多个测量指标的加权组合，由这些指标共同决定潜变量水平，在统计上对应使用主成分分析构造的指数。（Acock，2013；王孟成，2014）一个指数被当作由一组项目（items）的回答结果组合而来。为改进指数的质量，应选用一组足够分散且相互独立的指标（项目），彼此的相关度很低。每一个项目单独提供有用可加的信息，而不会提供冗余重叠的信息，从而预测潜变量的结果。如果使用探索性因子分析将产生多个因子，而不是一个。

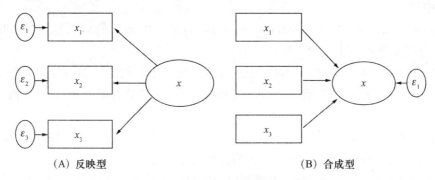

图 6-5　反映型与合成型测量指标

有时，对一些潜变量的测量既可以使用反映型指标，也可以采用合成型指标。如果有多个高度相关的指标变量，则属于使用反映型指标构造潜变量（因子）。例如，如果压力（潜变量）大，就会在一些指标上取得相应的较大值。这些指标之间也是高度相关的（因为都受潜变量影响）。相反，如果有一系列导致压力的事件（配偶死亡、失业、成绩差……），则可以用于构造反映压力大小的指数（压力指数），这些事件不会是高度相关的，即配偶死亡、失业、成绩差等事件不太可能同时发生，此时得到的就是合成型指标。有时，合成型指标之间也会中度或高度相关，但这并不是合成型指标的必要条件。

面对这些能用的指标，如何识别它们是反映型指标还是合成型指标？区别的关键还是要看在理论或实际意义上，究竟是谁引起谁。如果潜变量是因，指标是果，则属于反映型，是由潜变量的水平变化导致的；而如果显变量是因，潜变量是果，则可以从这些起因中测量出结果的水平，就是合成型指标。也可以理解为，反映型指标和潜变量之间是本体与映象（影子）的关系，不可分割或替换；而合成型指标与潜变量之间是总体与部分的关系，可以分拆或替换。

案例 1　读者可能会认为图 6-3 中潜变量 SES（社会经济地位）的测量模型有些说不通，觉得它的箭头方向很可能反了，因为 SES 很可能是由 educ66（教育）和 occstat66（职业地位）这两个指标构成的合成变量（composite variable），这种担忧或疑惑是有道理的。实际上，SES 可以使用反映型指标，但使用合成型指标也说得通，这种情形在很多潜变量的测量中都是存在的。

为求解合成型结构方程模型，我们必须对模型作一些修改，将系数更大的 educ66 作为基准指标，载荷系数设定为等于 1（@1）；合成潜变量（SES66）的误差项 ε_7 设定为 0，这意味着所使用的两个指标能完美地合成潜变量。或者说除了教育和职业地位之外，没有其他指标能构成社会经济地位（SES66）。不难看出，合成型指标构造潜变量的方法实质上就是本书第 5 章介绍的主成分分析。主成分分析就是假设各个指标是没有独特误差的，主成分可以解释指标的全部变化方差。虽然这一点不太合理（收入就可以合成社会经济地位），但这样做可以使模型更易于求解。另外还增加了系数相等约束，将 Alien67→pwless67 和 Alien71→pwless71 二者的系数设为相等（@a1）。新的合成型结构方程模型估计命令如下：

```
sem (Alien67→anomia67 pwless67@a1)        ///
    (Alien71→anomia71 pwless71@a1)        ///
    (SES66 ←educ66@1 occstat66)            ///
    (Alien67 ←SES66)     ///
    (Alien71 ←Alien67 SES66), var (e.SES66@0)   ///
      cov (e.anomia67 * e.anomia71) cov (e.pwless67 * e.pwless71)
```

案例 2 采用结构方程模型从整体上检验社会保险、预期风险对被访劳动者"安全感"的总体影响效应。被解释潜变量是安全感 η。基本医疗保险 x_1、基本养老保险 x_2、失业保险 x_3、工伤保险 x_4 共同合成一个潜变量社会保险 ξ_1。失业风险 x_5、犯罪侵害风险 x_6、传染病风险 x_7、药品食品风险 x_8、恐怖袭击风险 x_9 往往独立发生，共同合成一个潜变量预期风险 ξ_2。即内生变量安全感是反映型潜变量，社会保险、预期风险则是合成型潜变量。该模型是一个合成型的结构方程模型，如图 6-6 所示。

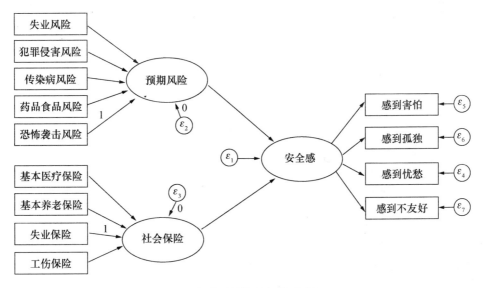

图 6-6 合成型结构方程模型路径图

资料来源：阳义南，贾洪波，展凯．社会保险对劳动年龄人口"安全感"的影响研究［J］．中国人口科学，2020，(2)．

(数据来源：CLDS 2016 年数据)

该合成型结构方程模型的估计命令为：

sem (sad fear lonely friend ←Safety)　　　///
　　(medical_yes pension_yes harm job@1→Security)　　///
　　(risk_crime risk_job risk_ill risk_food risk_te@1→Risk)　///
　　(Security Risk→Safety)，var (e.Security@0) var (e.Risk@0) vce (robust)

估计结果如下：

表 6-11　合成型结构方程模型估计结果

变量	ML
Safety	
Security	0.068*** (2.99)
Risk	−0.049** (−2.26)
Security	
job	1.000 (.)
medical_yes	0.174 (0.75)
pension_yes	0.112 (0.74)
harm	0.601 (1.21)
Risk	
risk_te	1.000 (.)
risk_crime	0.591 (1.01)
risk_job	0.868** (2.18)
risk_ill	0.634 (1.48)
risk_food	0.124 (0.81)
Safety	
sad	1.000 (.)
_cons	3.811*** (176.65)
fear	0.809*** (43.63)
_cons	3.907*** (225.21)
_cons	3.890*** (175.03)
friend	0.871*** (43.58)
_cons	3.913*** (210.94)
var (e.sad)	0.198*** (30.92)
var (e.fear)	0.141*** (30.91)
var (e.lonely)	0.135*** (23.34)
var (e.friend)	0.110*** (26.59)
var (e.Safety)	0.202*** (28.76)
var (e.Security)	0.000 (.)
var (e.Risk)	0.000 (.)
N	12891.000
ll	−89680.370

针对模型中观测值缺失，可以使用 MLMV。命令如下：

sem（sad fear lonely friend ←Safety） ///
　　（medical_yes pension_yes harm job@1→Security） ///
　　（risk_crime risk_job risk_ill risk_food risk_en@1 risk_te→Risk） ///
　　（Security Risk→Safety），var（e.Security@0）var（e.Risk@0） ///
　　method（mlmv）vce（robust）

如果担心测量指标非正态分布的影响，可以使用 bootstrap 来调校参数估计值的标准误。命令如下：

sem（sad fear lonely friend ←Safety） ///
　　（medical_yes pension_yes harm job@1→Security） ///
　　（risk_crime risk_job risk_ill risk_food risk_te@1→Risk） ///
　　（Security Risk→Safety），var（e.Security@0）var（e.Risk@0） ///
　　vce（bootstrap，reps（1000）seed（111））

从上文可知，箭头的方向对理解潜变量的含义非常关键。总的来说，相比反映型结构方程模型，当使用合成型潜变量时，由于很难评估原因（合成型）指标的效度等问题，Howell et al.（2007）指出，"合成型测量模型并不是与反映型测量模型具有同等吸引力的替代物；当已使用了合成指标时，研究者也需尽量在潜变量中使用一些反映型指标"。很多时候，使用既有反映型指标又有合成型指标的混合测量模型也不失为一种补救办法。

6.4　广义测量模型与广义结构方程模型

一、广义测量模型

在过去，验证性因子分析要求测量指标必须全部是连续型指标，这极大地限制了验证性因子模型的应用。发展到现在，定类、定序等非连续型显变量都可作为潜变量的测量指标。这种广义测量模型又称为潜特质分析（LTA），对应的研究这类潜变量结构关系的就是广义结构方程模型，测量方法仍是因子分析，测量出来的仍是连续型潜变量，但必须选用 gsem 命令，不能再用 sem 命令。广义结构方程模型不能再使用标准结构方程模型的 Pearson 相关系数矩阵及相应的方差—协方差矩阵，而选用 polychoric 矩阵（有序分类变量之间的相关系数）、polyserial 矩阵（连续变量与有序分类变量之间的相关系数）、渐近（线性）方差—协方差矩阵（非正态的连续型变量和/或有序变量）、增广矩阵（方差—协方差＋均值）等。此时，也不能再使用假设服从多元正态分布的 χ^2 指标，而要使用 Satorra-Bentler 有序 χ^2 等稳健指标来评估模型的拟合度。

（一）虚拟变量做测量指标

图 6-7 中潜变量 X 的测量指标 x_1、x_2、x_3、x_4 都不是连续型显变量，而是取值 0/1、服从二项分布的虚拟变量。由于测量指标为二项选择结果变量，要选择 logit 或 probit 的连接函数。

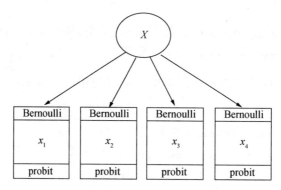

图 6-7 二值变量做指标变量的测量模型
资料来源：StataCorp（2017a）。

图 6-7 出现了一些新的变化：包纳显变量的矩形上方和下方出现了"Bernouli"和"probit"，意味着指标变量服从贝努利分布，连接函数为 probit 函数（logit 函数也可以）。另外，4 个指标变量都不再有图 5-3 那样的误差项 $e.x_1$、$e.x_2$、$e.x_3$、$e.x_4$（只有服从正态分布的连续型内生变量才有对应的误差项①）。用数学表达式则可以写为：

$$g\{E(x \mid X)\} = x\beta \tag{6-5}$$

当连接函数为 probit 函数时，$g\{E(y \mid X)\} = \Phi^{-1}\{E(y \mid X)\}$。$\Phi(\cdot)$ 为累积正态分布（cumulative normal distribution）函数，即正态分布的分布函数。该测量模型用命令可以写为：

gsem (x1 x2 x3 x4←X, family (bernoulli) link (probit))

如果所有指标变量都是二项分布，也可以写成：

gsem (x1 x2 x3 x4←X), probit

或 gsem (x1←X) (x2←X) (x3←X) (x4←X), probit

（二）定序型分类变量做测量指标

诸如取值为 1、2、3、4、5 的 ologit 和 oprobit 分布也可以作为测量模型的指标变量。它们只需要一个方程就可以表示 k 个有序的结果［mlogit 需要（$k-1$）个方程来代表 k 个无序的结果］。假设一个测量模型有 y_1-y_4 四个 Likert 五等分有序结果，这四个有序变量可以测度出一个连续型的潜变量 SciAtt（对科学的态度）。

---

① 正态分布数据取对数，虽然有误差项，但误差项不能相关（无协方差）；缩尾（censored）的正态分布数据也有误差项，但误差项也不能相关。

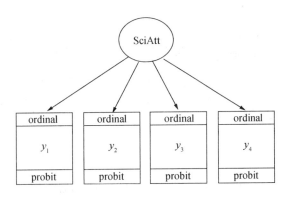

图 6-8 oprobit 做指标变量的测量模型

资料来源：StataCorp（2017a）。

它用 c_1, c_2, $\cdots$, c_{k-1} 共 ($k-1$) 个截断点将 $N(0,1)$ 分布切割为 k 类不同的有序结果。每一个样本观测值的取值为 $s = X\beta + \varepsilon$，其中，$\varepsilon \sim N(0,1)$。根据该取值与截点的对比获得每一个样本观测值取值为 $1, 2, \cdots, k$ 的概率。

$$\Pr(x = i \mid X) = \Pr(c_i - 1 < X\beta + \varepsilon \leqslant c_i)$$

其中，$c_0 = -\infty$，$c_k = +\infty$。c_1, c_2, $\cdots$, c_{k-1} 和 β 是模型要估计的参数。通过上述 4 个取值 Likert 1－5 等分测量的 oprobit 变量，可以测量出一个连续型的潜变量 SciAtt，并获得分类结果变量的预测值。

如果指标变量是 ologit，此时变化的仅仅是连接函数由累积正态分布函数变为 logit 函数（两个函数非常接近）。测量模型命令语句如下：

gsem（y1 y2 y3 y4 ←SciAtt），ologit

对所有其他广义测量模型，如 logit、poisson、ologit、oprobit 等，上述介绍的书写规则同样适用。这些通用的规则包括：没有误差项 $e.x$，在矩形的上方标注分布函数、下方标注连接函数。只有一类函数非常特殊，不适用上述规则，即多项无序分布函数（mlogit）。当多项无序变量作为潜变量的指标变量时，在路径图中，应使用 ($k-1$) 个方框来包纳该多项无序变量的不同取值。我们将在后文详述。

（三）连续型、非连续型混合测量指标

测量模型的指标变量并不需要全部来自同一类分布及连接函数。测量指标可以一部分是二项分布，一部分是连续型变量。此时，仍需要使用 gsem 命令进行估计，如下图所示：

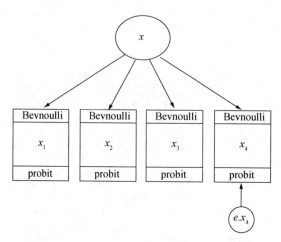

图 6-9 连续型与非连续型混合指标的测量模型
资料来源：StataCorp（2017a）。

在图 6-9 中，x_1、x_2、x_3 都是二项 probit 分布，x_4 是连续型正态分布。此时，x_4 又有了所配属的误差项 $e.x_4$。

该测量模型的估计命令如下：

gsem（x1 x2 x3←X, family (bernoulli) link (probit)) ///
　　（s4 ←X, family (gaussian) link (identity))

或：gsem（x1 x2 x3←X, probit) (s4←X, regress)
　　gsem（x1 x2 x3←X, probit) (s4←X)
　　gsem（x1 x2 x3 ←X, probit) (s4←X)

二、广义结构方程模型

当使用广义测量模型测量出所需的潜变量之后，就可以研究这些潜变量之间的关系路径，如相关关系、因果关系，等等。

（一）广义双因子模型

StataCorp（2017a）的一个包含数学态度、数学能力两个因子的双因子模型如图 6-10 所示。

初步预测这两个潜变量的相关系数应为正。att_1、att_2 等指标属于 Likert1－5 有序分类变量（排序本身有意义）。估计命令如下：

gsem（MathAb→q1－q8，logit) ///
　　（MathAtt→att1－att5，ologit)

上述命令中，MathAtt 和 MathAb 的协方差并不需要写出来，这是因为在命令程序中，外生潜变量被默认为是相关的（也可以根据需要对其进行不同设置）。但在路径图中，必须将这些潜变量用专门的路径曲线连接起来（否则就会被当作不相关）。

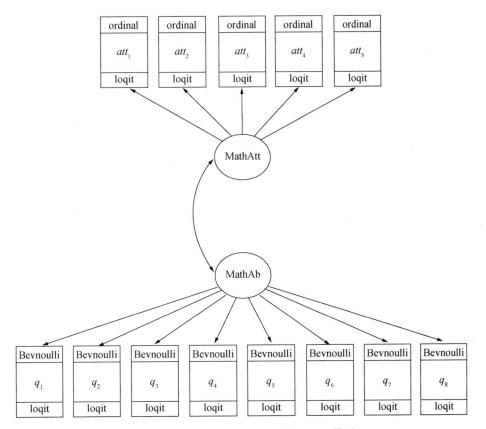

图 6-10 数学态度与数学能力的双因子模型

资料来源：StataCorp (2017a)。

(二) 广义 MIMIC 模型

与前文 6.1 节介绍的 MIMIC 模型相比，广义 MIMIC 模型中潜变量的指标变量变为非连续型变量，如有序分类变量，如图 6-11 所示。

（数据来源：CGSS 2012 年数据）

该模型的估计命令为：

```
gsem (SH→sp_election sp_neibor ss_neibor ss_crisis st_most st_neibor, ologit)   ///
     (SH←gender age edu edu2 lnincome income2 identity media_internate happiness status medical pension marry denote service), vce(robust)
Fitting fixed-effects model:
Iteration 0: log likelihood = -33184.963
Iteration 1: log likelihood = -33184.963
Refining starting values:
Grid node 0: log likelihood = -33250.852
```

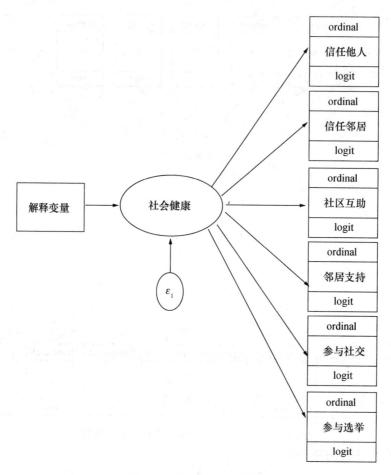

图 6-11　广义 MIMIC 模型

资料来源：阳义南. 国民社会健康测度及其影响因素研究［J］. 中国卫生政策研究，2018，(1)。

```
Fitting full model：
Iteration 0：log pseudolikelihood = -33250.852 (not concave)
Iteration 1：log pseudolikelihood = -32639.652 (not concave)
Iteration 2：log pseudolikelihood = -32027.965 (not concave)
Iteration 3：log pseudolikelihood = -31964.936 (not concave)
Iteration 4：log pseudolikelihood = -31948.189 (not concave)
Iteration 5：log pseudolikelihood = -31933.906 (not concave)
Iteration 6：log pseudolikelihood = -31919.912 (not concave)
Iteration 7：log pseudolikelihood = -31915.323 (not concave)
Iteration 8：log pseudolikelihood = -31912.813 (not concave)
Iteration 9：log pseudolikelihood = -31910.021 (not concave)
Iteration 10：log pseudolikelihood = -31907.760 (not concave)
```

Iteration 11: log pseudolikelihood = -31905.743 (not concave)
Iteration 12: log pseudolikelihood = -31904.087 (not concave)
Iteration 13: log pseudolikelihood = -31902.599 (not concave)
Iteration 14: log pseudolikelihood = -31901.289 (not concave)
Iteration 15: log pseudolikelihood = -31900.102 (not concave)
Iteration 16: log pseudolikelihood = -31899.027 (not concave)
Iteration 17: log pseudolikelihood = -31898.053 (not concave)
Iteration 18: log pseudolikelihood = -31897.164 (not concave)
Iteration 19: log pseudolikelihood = -31896.352 (not concave)
Iteration 20: log pseudolikelihood = -31895.608
Iteration 21: log pseudolikelihood = -31894.242 (not concave)
Iteration 22: log pseudolikelihood = -31891.991 (not concave)
Iteration 23: log pseudolikelihood = -31890.638 (not concave)
Iteration 24: log pseudolikelihood = -31890.029
Iteration 25: log pseudolikelihood = -31883.336 (not concave)
Iteration 26: log pseudolikelihood = -31881.563 (not concave)
Iteration 27: log pseudolikelihood = -31881.176
Iteration 28: log pseudolikelihood = -31881.124 (not concave)
Iteration 29: log pseudolikelihood = -31876.370 (not concave)
Iteration 30: log pseudolikelihood = -31875.958
Iteration 31: log pseudolikelihood = -31874.725 (not concave)
Iteration 32: log pseudolikelihood = -31874.569
Iteration 33: log pseudolikelihood = -31872.092 (not concave)
Iteration 34: log pseudolikelihood = -31870.568 (not concave)
Iteration 35: log pseudolikelihood = -31870.404
Iteration 36: log pseudolikelihood = -31869.573 (not concave)
Iteration 37: log pseudolikelihood = -31868.883
Iteration 38: log pseudolikelihood = -31868.433
Iteration 39: log pseudolikelihood = -31868.248
Iteration 40: log pseudolikelihood = -31868.16
Iteration 41: log pseudolikelihood = -31868.096
Iteration 42: log pseudolikelihood = -31868.051
Iteration 43: log pseudolikelihood = -31868.047
Iteration 44: log pseudolikelihood = -31868.047
Generalized structural equation model Number of obs = 4452
Log pseudolikelihood = -31868.047

表 6-12 广义 MIMIC 模型估计结果

SH：社会健康	coef.	Robust Std. Err.	z	P>z	[95% Conf. Interval]	
sp_election ←	1 (constrained)					
sp_neibor ←	1.329307	0.1098646	12.10	0.000	1.113976	1.544638
ss_neibor ←	1.680797	0.1443983	11.64	0.000	1.397782	1.963813
ss_crisis ←	0.9451963	0.0861229	10.97	0.000	0.7763986	1.113994
st_most ←	0.7112699	0.0705611	10.08	0.000	0.5729726	0.8495672
st_neibor ←	1.496418	0.1279371	11.70	0.000	1.245665	1.74717
SH ←						
gender	0.0670604	0.0295942	2.27	0.023	0.0090568	0.1250639
age	0.0037461	0.0013387	2.80	0.005	0.0011223	0.00637
edu	0.0806148	0.0364684	2.21	0.027	0.0091381	0.1520915
edu2	−0.0114493	0.0042994	−2.66	0.008	−0.0198759	−0.0030226
lnincome	0.6270686	0.1451367	4.32	0.000	0.3426058	0.9115314
income2	−0.0407878	0.0082537	−4.94	0.000	−0.0569648	−0.0246108
identity	−0.4283246	0.0449033	−9.54	0.000	−0.5163333	−0.3403158
media_internate	−0.0927638	0.0148734	−6.24	0.000	−0.1219152	−0.0636124
happiness	0.1636818	0.0208721	7.84	0.000	0.1227732	0.2045903
status	0.0468052	0.0096828	4.83	0.000	0.0278273	0.0657831
medical	0.2049413	0.0579436	3.54	0.000	0.0913738	0.3185087
pension	0.0114737	0.0323159	0.36	0.723	−0.0518643	0.0748116
marry	0.2307816	0.0419511	5.50	0.000	0.1485589	0.3130043
denote	0.0705198	0.0325834	2.16	0.030	0.0066574	0.1343821
service	0.3453256	0.06057	5.70	0.000	0.2266106	0.4640407
sp_election						
/cut1	−0.1911875	0.6656691	−0.29	0.774	−1.495875	1.1135
/cut2	3.379745	0.6738075	5.02	0.000	2.059107	4.700384
sp_neibor						
/cut1	2.880343	0.880752	3.27	0.001	1.154101	4.606585
/cut2	4.028617	0.8853115	4.55	0.000	2.293438	5.763795
/cut3	4.948928	0.8895858	5.56	0.000	3.205372	6.692484
/cut4	6.090808	0.893571	6.82	0.000	4.339441	7.842175
ss_neibor						
/cut1	3.607772	1.104435	3.27	0.001	1.44312	5.772424
/cut2	5.533223	1.112548	4.97	0.000	3.35267	7.713776
/cut3	6.686785	1.118265	5.98	0.000	4.495026	8.878544
/cut4	7.392097	1.122244	6.59	0.000	5.19254	9.591654

(续表)

SH：社会健康	coef.	Robust Std. Err.	z	P>z	[95% Conf. Interval]	
sp_election ←	1 (constrained)					
ss_crisis						
/cut1	−0.1129596	0.6176892	−0.18	0.855	−1.323608	1.097689
/cut2	0.8959412	0.6157567	1.46	0.146	−0.3109197	2.102802
/cut3	2.230511	0.6159622	3.62	0.000	1.023247	3.437775
/cut4	4.087259	0.6198295	6.59	0.000	2.872415	5.302102
st_most						
/cut1	−0.7893723	0.4768368	−1.66	0.098	−1.723955	0.1452107
/cut2	1.033857	0.4743502	2.18	0.029	0.1041476	1.963566
/cut3	1.775489	0.4755466	3.73	0.000	0.8434351	2.707544
/cut4	4.798347	0.483778	9.92	0.000	3.850159	5.746534
st_neibor						
/cut1	−0.5587878	0.9856111	−0.57	0.571	−2.49055	1.372974
/cut2	2.770841	0.9648382	2.87	0.004	0.8797929	4.661889
/cut3	6.870986	0.9786231	7.02	0.000	4.95292	8.789052
var（e.SH）	0.4119435	0.0493971			0.3256627	0.5210835

MIMIC 模型是一个应用很广的定量模型。尤其是当我们难以找齐指标变量来同时测量外生变量、内生变量时，优先确保内生结果变量使用潜变量也不失为一种良策。但要确保所使用的 MIMIC 模型是基于充足的理论依据、实用有意义的，所选用的反映型指标变量必须是中度相关的。

（三）广义结构方程模型

当所有潜变量都是基于广义测量模型测量出来的，在检验这些潜变量之间的因果关系时，对应的就是广义结构方程模型。例如，图 6-10 的相关关系变为因果关系之后，研究数学态度对数学能力的影响。命令变为：

gsem（MathAb → q1 - q8, logit）（MathAtt → att1 - att5, ologit）（MathAtt →MathAb）

案例 3 检验社会保险、商业保险对股票投资的影响，并通过投资人时间偏好的中介作用。共有 4 个潜变量，分别为股票投资（Stock_invest）、时间偏好（Time_prefer）、社会保险（Social_insu）、商业保险（Commer_insu）。其中，股票投资是内生结果潜变量，社会保险、商业保险是外生潜变量，时间偏好是中介潜变量。模型矩阵表达式如下：

$$\eta = B\eta + \Gamma\xi + \zeta \tag{6-8}$$

$$\begin{bmatrix} \eta_1 \\ \eta_2 \end{bmatrix} = \begin{bmatrix} 0 & 0 \\ \beta_{21} & 0 \end{bmatrix} \begin{bmatrix} \eta_1 \\ \eta_2 \end{bmatrix} + \begin{bmatrix} \gamma_{11} & \gamma_{12} \\ \gamma_{21} & \gamma_{22} \end{bmatrix} \begin{bmatrix} \xi_1 \\ \xi_2 \end{bmatrix} + \begin{bmatrix} \zeta_1 \\ \zeta_2 \end{bmatrix} \tag{6-9}$$

式（6-8）中，η 是内生潜变量股票投资。三个解释潜变量中，ξ_1 是时间偏好（中介变量），ξ_2 是社会保险，ξ_3 是商业保险。Γ 代表内生潜变量与解释潜变量之间关系的结构系数，ζ 为预测误差（扰动项）。使用是否投资股票 y_1、投资股票市值 y_2、股票投资比重 y_3 这 3 个指标测量股票投资；使用消费倾向 x_1、时间偏好率 x_2 这 2 个指标测量时间偏好，使用社会养老保险 x_3、社会医疗保险 x_4 这 2 个指标测量社会保险；使用是否购买商业保险 x_5、商业保险购买金额 x_6 这 2 个指标测量商业保险。笔者选择 2011 年中国家庭金融调查（CHFS）数据。CHFS 采用随机抽样方法，在全国 25 个省抽取 80 个县（区）收集有关家庭金融微观信息。考虑到年龄对股民可投资资金、投资能力等因素的影响，剔除年龄小于 16 岁以及大于 75 岁的样本，最终获得 23618 个样本观测值。

表 6-13 测量指标描述性统计

Variable	Obs	Mean	Std. Dev.	Min	Max
pension	12296	0.5470072	0.4978057	0	1
medicalinsu	12336	0.8948606	0.3067454	0	1
commer_insu	14913	0.1021927	0.3029117	0	1
com_amount	23486	0.0349325	0.5173661	0	40
stock	23598	0.0817018	0.2739157	0	1
stockvalue	23618	0.6022178	6.014223	0	300
stockratio	4490	0.2597368	0.4197109	0	1
consume_will	23421	3.344861	1.023122	1	5
prefer_rate	23323	0.6987094	0.4588285	0	1

从表 6-13 可知，测量指标中有 6 个是 0/1 型的虚拟变量，有 1 个是 1—5 的分类有序变量（可作为连续型变量处理），有 2 个是连续型变量，故而应使用广义结构方程模型，如图 6-12 所示。

（数据来源：CHFS 2011 年数据）

该模型的估计命令为：

```
gsem (Socialinsu→ medicalinsu pension, logit)     ///
     (Commercial→ commer_insu, logit)              ///
     (Commercial→ com_amount)                      ///
     (Time_prefer→consume_will)                    ///
     (Time_prefer→prefer_rate, logit)              ///
     (Stockinvest→stockvalue)                      ///
     (Stockinvest→stock stockratio, logit)         ///
     (Socialinsu Commercial→ Time_prefer)          ///
     (Socialinsu Commercial Time_prefer→ Stockinvest), vce (robust)
```

事实上，在大样本情况下，即使一些测量指标并不是连续型的，也不必使用广义

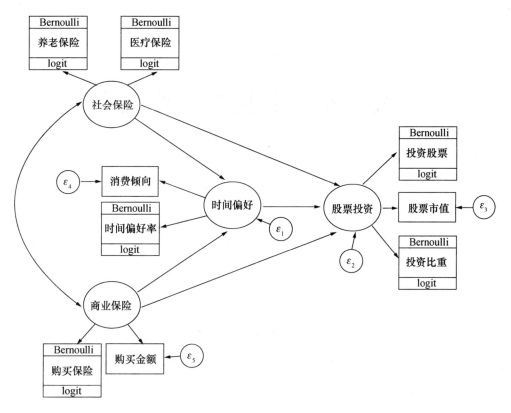

图 6-12　广义结构方程模型

资料来源：Yang Yinan & Wang Qian. Insurance Inclusion, Time Preference and the Stock Investment of Chinese Households [J]. *Singapore Economic Review*, 2018, 63 (1): 27-44. 此处略有修改。

结构方程模型估计。正如前文指出的，在大样本情况下，使用 SEM 的极大似然参数估计方法，得到的估计结果依然是无偏的，并可以采用一些针对非正态的调校办法。由于 SEM 拥有很多 GSEM 所不具有的特殊功能，如报告拟合指标、修正指数等，故而图 6-12 的模型使用 SEM 估计更为研究者所青睐。

第 7 章

广义结构方程模型：分类型

第 4、5、6 章介绍了处理内生变量为连续型显变量或潜变量的回归模型、路径模型、因子模型、结构方程模型。从本章开始，我们将介绍分类型内生结果变量模型，包括分类型显变量模型和潜变量模型。分类型变量就是用少数几个数字代表不同类别属性的变量。不同于连续型变量研究取值的变化差异，分类型变量主要研究的是对象的分类以及每一类的频数、概率。当研究两个分类变量的关系时使用列联表和卡方检验，当超过 2 个以上变量时就要用到对数线性模型，又称为广义线性回归模型。

7.1 列联表分析

分类型变量（定类、定序）的各类别用符号或文字来测量，但在估计时会用数字代码赋值。可以使用分类或顺序尺度，例如，"你吸烟吗？1. 是；2. 否""你赞成还是反对这一改革方案？1. 赞成；2. 反对"，等等；或者使用更常见的 likert 五等分量表，取值 1、2、3、4、5。

研究中，对 1 个分类型变量，统计分析工具一般使用频数分布表、条形图、饼图、环形图、累积频数或频率等统计图、统计表，并使用众数、中位数、分位数、异众比率、四分位差等特征值反映其数据特征。例如，一家调查公司调查得到的消费者购买的饮料类型的条形图如下：

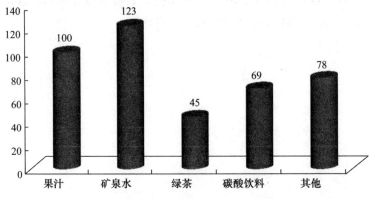

图 7-1 消费者购买的饮料类型条形图

当有 2 个及以上变量交叉分类时，描述、分析时通常使用列联表（contingency

table）或交叉表（cross table）。

列联表是一个针对分类型变量的相关分析工具，表中列出了行变量和列变量所有可能的组合。行变量的类别用 r 表示，r_i 表示第 i 个类别；列变量的类别用 c 表示，c_j 表示第 j 个类别；每种组合的观测频数用 f_{ij} 表示。一个 r 行 c 列的列联表称为 $r \times c$ 列联表。

表 7-1 列联表

变量		A 事件：列（c_j）			边际频数
		$j=1$	$j=2$	…	合计
B 事件：行（r_i）	$i=1$	f_{11}	f_{12}	…	R_1
	$i=2$	f_{21}	f_{22}	…	R_2
	…	…	…	…	…
边际频数	合计	C_1	C_2	…	n

列联表涉及三个重要的概率分布：联合概率、边际概率和条件概率。联合概率是两个事件同时发生的概率，记作 $P(A \cap B)$，列联表中每一个单元格的频数和频率都表示 2 个事件同时发生的情况。行或列的边际概率是行或列的联合概率之和，记为 $P(A)$ 或 $P(B)$。条件概率则是指基于事件 A 发生，B 事件发生的概率，记作 $P(B|A)$ 或 $P(A|B)$。其中，$P(B|A) = P(A \cap B)/P(A)$，$P(A|B) = P(A \cap B)/P(B)$。

假定行变量与列变量是独立的，则 $P(AB) = P(A) \times P(B)$。一个实际频数 f_{ij} 的期望频数 e_{ij} 是总频数 n 乘以该实际频数 f_{ij} 落入第 i 行和第 j 列的概率，即

$$e_{ij} = n \times \left(\frac{r_i}{n}\right) \times \left(\frac{c_j}{n}\right) = \frac{r_i c_j}{n} \tag{7-1}$$

可使用列联表的 χ^2 检验来检验列联表中的行变量与列变量之间是否独立（两个分类变量）。计算检验的统计量如下：

$$\chi^2 = \sum_{i=1}^{r} \sum_{j=1}^{c} \frac{(f_{ij} - e_{ij})^2}{e_{ij}} \tag{7-2}$$

我们可以根据 χ^2 检验结果来判断这两个分类变量之间是否存在显著相关关系，还可以进一步使用 Φ 相关系数、c 系数、V 相关系数等衡量两者之间具体的相关程度。

使用 Stata 可以很方便地检验两个分类型变量之间的相关系数：

  tabulate x1 x2, chi2（exact/taub/v/cchi2） //括号内为可选项

将后缀命令 Chi2 更换为括号内的 exact. taub. v. cchi2，就可以报告不同的系数，或直接使用命令（不报告 fisher's exact test）：

  tabulate x1 x2, all

如果要报告 fisher's exact test 结果，可以使用命令：

  tabulate x1 x2, all exact

7.2 广义线性回归模型

列联表只是探讨一个分类型变量与另一个分类型变量相关关系的统计分析方法，但我们更感兴趣的是该分类型变量取值不同的原因，它取各个不同类型值的决定因素是什么？尤其是对多个影响因素的探讨。这就要用到广义线性回归模型（generalized linear model，GLM）。在操作上，将频数转换为概率，取对数后成为连续型变量，再把各个因素当作一个变异影响源，利用广义线性模型将各影响源的影响形式通过不同的模型进行分析，这又称为对数线性模型。

第 4 章的线性回归模型要求被解释变量满足正态分布和同方差等假设，从而限制了该模型的应用场景。广义线性模型不再要求因变量满足正态分布和同方差假设，而是可以服从 0/1 分布、二项式分布、多项式分布、泊松分布、负二项分布等。在线性回归中，y 被直接表示为 x_i 的线性组合，但在广义线性模型中，因变量与自变量的线性组合之间还依赖于一个联结函数（link function），即自变量的线性组合需要经过一个联结函数的转换才能得到因变量的估计值。（王卫东，2010）公式如下：

$$E(Y) = F[g(x)] = \sum \beta_i x_i \tag{7-3}$$

式（7-3）中的 $g(x)$ 就是联结函数。不同的分布具有不同的联结函数，如 logit、probit、ologit、mlogit，等等。这也是为什么一般线性回归模型可被视为广义线性回归模型的一些特例的原因，因为一般线性函数的联结函数实际上就是一个单位函数（identity function）。

内生结果变量为非连续型显变量时，广义线性回归包括 logit（probit）回归、ologit（oprobit）回归、mlogit 回归、poisson 回归、负二项回归等。

一、logit 回归模型

logit 回归模型是广义线性回归模型的一种，其响应（结果）变量有 0 和 1 两个取值。这一类模型包括 logit 模型、probit 模型。路径图如下所示：

图 7-2 广义线性回归模型中，包纳 y 的方框上部强调了该因变量属于贝努利分布之一。这是因为 y 的取值是 0、1。下面则显示其联结函数为 logit 函数。当然，也可以选择 probit 函数，它是标准正态分布的分布函数（不是密度函数）。

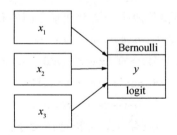

图 7-2 logit 模型路径图

因变量取 1 的概率 $p(y=1)$ 就是要研究的对象。但当 $p \to 0$ 或 $p \to 1$ 时，p 值的微小变化用普通的方法难以发现并处理。此时，在不处理参数 p 的情况下，处理 p 的一个严格单调函数 $Q=Q(p)$ 就会方便得多。令

$$Q(p) = \ln \frac{p}{1-p} \tag{7-4}$$

将 p 换成 Q 的过程称为 logit 变换。当 p 从 $0 \to 1$ 时，Q 的值从 $-\infty \to +\infty$。这就可以用线性函数来表示 y 和一组 x 之间的线性相加关系（对自变量没有要求，连续或非连续都可以）。公式为：

$$\ln \frac{p}{1-p} = \beta_0 + \beta_1 x_1 + \beta_2 x_2 + \cdots + \beta_k x_k \tag{7-5}$$

广义结构方程模型的估计命令如下：

gsem（y←x1 x2 x3, logit）

估计方法为极大似然估计法，函数拟合求解的具体算法为迭代法。拟合好坏通过似然比值 $-2LL$ 衡量，实际上这是 -2 倍的对数似然函数值。一个好的模型应该有较小的 $-2LL$。如果完全拟合，则似然比值应该为 1，而此时 $-2LL$ 为 0。logit 对参数的检验不是普通线性回归的 t 检验，而是采用 z 统计量（一般的非线性回归使用 wald 统计量[①]）。

当模型参数拟合出来之后，将样本中每个个体的解释变量的观测值代入拟合得到的方程，就可以预测该事件发生或不发生的概率。如果预测概率大于 0.5，则预测发生；反之，则不发生。也可以比较事件发生与不发生的概率比，即优势比率，公式为：

$$\frac{p}{1-p} = e^{\beta_0 + \beta_1 x_1 + \beta_2 x_2 + \cdots + \beta_k x_k} \tag{7-6}$$

如果要报告指数化系数或相对危险度（odds ratio），则可以使用命令：

estat eform

如果相对危险度指标 OR=1，表明该因素没有起到优势的作用；OR>1，说明该因素是一个危险因素（发生相对不发生的概率呈增大态势）；OR<1，说明该因素是保护因素（不发生相对发生的概率呈扩张态势）。

二、无序多项选择模型

如果结果变量有多个选择，但彼此之间是无序的（排序没有实质意义，但必须穷尽每一种取值），结果如 1, 2, ⋯, k。在 Stata 的路径图中可以使用因子变量符号，并且可以画出三种不同的路径图，如图 7-3 所示。

---

① Wald = (B/S.E.)^2。

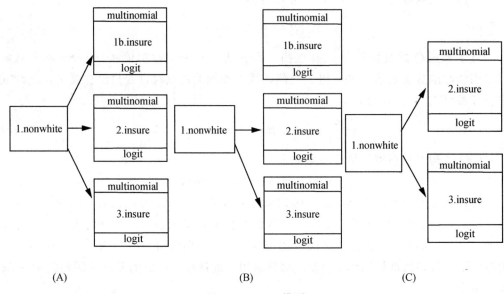

图 7-3 mlogit 模型

资料来源：StataCorp（2017a）。

路径图中，所有解释变量都指向被解释变量的每一个取值结果，如图 7-3（A）所示。图 7-3（B）中，y 的取值共有 3 个，但只使用了 2 个矩形。当 mlogit 有 k 个不同取值时，路径图中应使用 $(k-1)$ 个矩形，被省略的那个取值作为基准组。对其他取值的估计结果则是相比该基准组的离差。研究者可以选择任一取值作为基准组，但为了便于解释结果，最好选择频数最多的那个结果作为基准对照组。这个选择正是 mlogit 命令默认的（如果没有事先指定）。也可以通过省略一个矩形的办法来设定基准组，如图 7-3（C）所示；也可以在矩形内标识 "1b.y"，b 代表基准类别。

这三个结果的概率加起来等于 1，因此，一个结果的概率增加将导致另一个结果的概率减少。在 mlogit 模型中，回归系数是某个结果的概率除以基准组概率（商）之后再取对数，或称之为相对风险比率的对数。

（数据来源：http://www.stata-press.com/data/r15/gsem_sysdsn1）

与图 7-3 对应，也可以使用三种不同的命令程序：

gsem (1b.insure) (2.insure 3.insure ←i.nonwhite), mlogit

gsem (1b.insure 2.insure 3.insure ←i.nonwhite), mlogit

gsem (2.insure 3.insure ←i.nonwhite), mlogit

或 gsem (i.insure ←i.nonwhite), mlogit

表 7-2 mlogit 模型 gsem 估计结果

	coef.	Std. Err.	z	P>z	[95% Conf. Interval]	
1. insure	(base outcome)					
2. insure						
1. nonwhite	0.6608212	0.2157321	3.06	0.002	0.2379942	1.083648
_cons	−0.1879149	0.0937644	−2.00	0.045	−0.3716896	−0.0041401
3. insure						
1. nonwhite	0.3779586	0.407589	0.93	0.354	−0.4209011	1.176818
_cons	−1.941934	0.1782185	−10.90	0.000	−2.291236	−1.592632

对有三个结果的 mlogit，每一种结果的概率（第一种结果是基准组）如下：

$$\Pr(y=1) = 1/D$$
$$\Pr(y=2) = \exp(X_2\beta_2)/D \tag{7-7}$$
$$\Pr(y=3) = \exp(X_3\beta_3)/D$$

其中，$D=1+\exp(X_2\beta_2)+\exp(X_3\beta_3)$。对白种人（1. nonwhite=0）而言，$X_2\beta_2=-0.1879$，$X_3\beta_3=-0.1.9419$，$D=1.9721$。因此，三个结果的概率分别为 0.5071、0.4202、0.0727，概率之和等于 1。此外，也可以照此算出非白种人（1. nonwhite=1）各取三种结果的概率。上述结果说明非白种人更易于是 insure=2 或 insure=3，而白人更易于是 insure=1。

图 7-3 的 mlogit 模型也可以使用 mlogit 命令进行估计，但相比 mlogit 估计命令，gsem 命令的功能更强大，并且还可以扩展到潜变量（测量模型）或多层模型。

三、有序回归模型

有序回归模型的内生结果变量为 2 个或 3 个以上的分类有序数值，如 1，2，…，k。这类模型包括 ologit 模型、oprobit 模型，等等。Stata 的路径图如下：

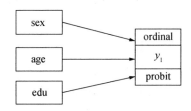

图 7-4 oprobit 模型

资料来源：StataCorp (2017a)。

估计命令（也可以使用 ologit、oprobit 命令估计）如下：

$$\text{gsem (y1} \leftarrow \text{sex age edu), oprobit}$$

（数据来源：http://www.stata-press.com/data/r15/gsem_issp93）

估计结果如下：

```
Iteration 0: log likelihood = -1275.1653
```

Iteration 1: log likelihood = -1260.7578
Iteration 2: log likelihood = -1260.7564
Iteration 3: log likelihood = -1260.7564
Generalized structural equation model Number of obs = 871
Log likelihood = -1260.7564

表 7-3 oprobit 模型 gsem 估计结果

	y_1	coef.	Std. err	z	P>z	[95% Conf. Interval]	
	sex	-0.2447335	0.0717463	-3.41	0.001	-0.3853536	-0.1041133
	age	-0.0404068	0.0225605	-1.79	0.073	-0.0846245	0.003811
	edu	0.085773	0.0284495	3.01	0.003	0.030013	0.1415329
/y_1	cut1	-1.129636	0.1445995			-1.413045	-0.8462256
	cut2	0.0027564	0.1402913			-0.2722096	0.2777223
	cut3	0.6429198	0.141041			0.3664846	0.9193551
	cut4	1.612984	0.1515727			1.315907	1.910061

经过 4 次迭代，拟合函数得到收敛。估计结果显示，性别、教育对环境治理态度（y_1）的影响都在 1% 水平下显著，性别影响为负，教育影响为正，而年龄影响为负，且只在 10% 水平下显著。4 个截断点值分别为 -1.130、0.003、0.643、1.613。由于 oprobit 函数是标准正态分布函数，故而 y_1 样本点取值 1—5 的概率（可以查标准正态分布表）为：

Pr (response 1) = normal (-1.13) = 0.0646
Pr (response 2) = normal (0.003) - normal (-1.13) = 0.4354
Pr (response 3) = normal (0.643) - normal (0.003) = 0.2389
Pr (response 4) = normal (1.613) - normal (0.643) = 0.2074
Pr (response 5) = 1 - normal (1.613) = 0.0537

四、计数模型

计数模型的内生结果变量为事件发生的次数或事物的数目。这类模型包括泊松回归、二项回归、负二项回归等。其中，泊松回归的均值和方差是相等的，都等于某事件的发生率，并且要求各观测值之间独立。负二项回归则是为了处理过度离散的问题（方差比均值大），方差与均值可以不相等，观测值也可以不独立。在很多情况下，负二项回归优于泊松回归。

例如，一个泊松回归模型的估计命令如下（也可以使用 poisson 命令估计）：

gsem (pt1←age smoke ht, poisson)

上述命令中，实际上是假设每个事件发生的概率是相等的（风险暴露的时间相等）。如果每个事件的风险暴露时间不同，则估计命令应改为：

gsem (y←x1 x2 x3, poisson exposure (etime))

变量 etime 是数据中记录每个观测值风险暴露时间的变量。

五、报告指数化结果

在使用广义结构方程模型时，有时需要报告估计结果的指数化系数。这些指数化系数具有特定的含义和价值，如表 7-4 所示。

表 7-4 广义回归模型指数化系数的含义

模型	分布函数	联结函数	指数化系数的含义
logit	Bernoulli	logit	odds ratio
ologit	ordinal	logit	odds ratio
mlogit	multinomial	logit	relative-risk ratio
poisson	Poisson	log	incidence-rate ratio
nbreg	nbreg	log	incidence-rate ratio

资料来源：StataCorp（2017a）。

gsem 命令会报告系数估计结果，但不会报告指数化的系数估计结果，要获得这些指数化系数，可以使用命令 estat eform。

7.3 广义中介模型

第 4 章是连续型变量作为中介变量，其实，非连续型变量也可以作为中介变量。如图 7-5 所示，中介变量就是取值 0 或 1 的变量。在估计时，y_1 使用的是它的观测值（observed value），而不是预测值（expected value），并且对所有广义结果变量（非正态分布、单位联结函数）都使用观测值。

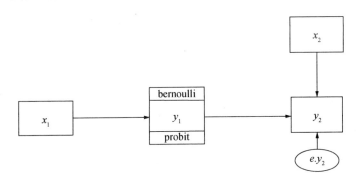

图 7-5 广义线性中介模型

资料来源：StataCorp（2017a）。

估计命令如下：

gsem（y1←x1, probit）（y2←y1 x2）

多项无序变量（mlogit）做中介变量比较特殊，它有（1—k）个结果，需要估计（k—1）个方程。它做中介变量的模型如下所示：

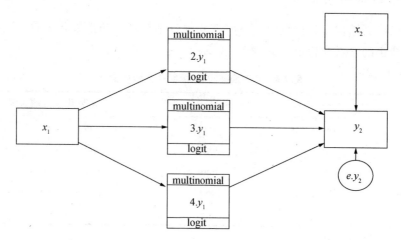

图 7-6　多项无序变量做中介变量

资料来源：StataCorp（2017a）。

估计命令如下：

　　gsem（2. y1 3. y1 4. y1←x1, mlogit）（y2←2. y1 3. y1 4. y1 x2）

如果是有序多项变量（ologit，oprobit），则只需要估计一个方程。在路径图上有两种不同的画法，如下图所示：

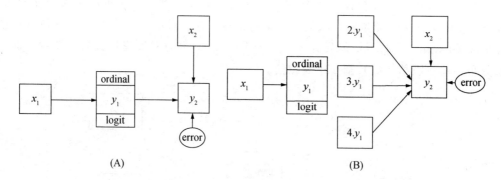

图 7-7　有序分类变量做中介变量

资料来源：StataCorp（2017a）。

在 7-7（A）图中，只会估计出一个系数 β_1。y_1 的 4 个不同取值结果的回归系数分别为：$\beta_0+1\beta_1$、$\beta_0+2\beta_1$、$\beta_0+3\beta_1$、$\beta_0+4\beta_1$。而在 7-7（B）图中，会估计出三个系数，y_1 的 4 个不同取值的回归系数分别为 β_0、$\beta_0+\beta_1$、$\beta_0+\beta_2$、$\beta_0+\beta_3$。

路径模型也可以混搭各种广义线性模型。例如，一个泊松回归模型与一个 logit 回归模型，而泊松响应变量是 logit 方程的解释变量。估计命令如下：

　　gsem（low ←ptl age smoke ht lwt i. race ui, logit）　///
　　　（ptl←age smoke ht）

一些研究者希望得到指数化系数，包括相对风险比（odds ratios）、发生率比（incidence-rate ratio）。相对风险比是指数化的对数系数（exponentiated logit coefficients），而发生率比则是指数化的泊松回归系数（exponentiated Poisson regression coefficients）。估计命令如下：

estat eform low ptl

模型中每一个方程都是以其被解释变量的变量名命名的，如果不写出两个方程的被解释变量名（low ptl），则只会报告第一个方程的指数化系数。

7.4 分类型潜变量模型

潜类别分析（latent class analysis，LCA）模型出现于 20 世纪 60 年代末、70 年代初，是一种真正研究样本异质性的统计分析工具。它结合了结构方程模型与对数线性模型的思想，是通过分类型潜变量，即潜类别解释外生的显变量之间的关联，使这种关联通过潜类别变量估计，进而实现局部独立性的统计分析方法。（王孟成，2014）当测量指标是连续型变量时，称为潜剖面分析（latent profile analysis，LPA）；当测量指标是分类型变量时，称为潜类别分析；而使用分类有序显变量作为测量指标的又称为有序潜类别模型。（Dayton，2017）

它假设各个显变量各种反应（取值）的概率分布可由少数互斥的潜类别变量解释，每种类别都对各个显变量的反应选择有特定的倾向。（邱皓政，2008）LCM 则根据个体在测量指标上的反映模型即不同的联合概率进行参数估计。逻辑就是根据个体在测量指标上的反应模式将其分类。（王孟成、毕向阳，2018）LCA 使得我们可以识别、解析这些不同的群组，了解谁应该被归入哪一类，这一类和其他类有什么本质的区别。该分类型潜变量呈多项式分布。假设含有 T 种类别，这些潜类别代表了总体数据的异质性，各类别之间完全互斥且独立，每种类别对各个测量指标的反应（取值）存在特定的倾向，相应地，指标变量各种反应的概率分布可由这些互斥的潜类别来解释。故而每一个观测数据仅可能被归属于某一种类别。（邱皓政，2008；Collins and Lanza，2010；王孟成，2014）

潜类别模型弥补了因子分析仅能处理连续型潜变量的不足，为类别数据提供了一种强有力的分析工具；提高了对类别数据的分析质量和研究范围，使研究者能够透过概率更加深入地了解分类型变量背后的潜在影响因素。（邱皓政，2008）目前，Stata 软件已经将潜剖面分析、潜类别分析等都纳入 gsem 命令的子命令模块。

一、潜类别分析

假设一个潜类别模型的分类型潜变量为 C，它可以分为两类，并使用三个取值为 0 或 1 的指标变量 x_1、x_2、x_3 作为测量指标。这个潜类别变量 C 会对 x_1、x_2、x_3 产生影响。潜类别模型的每一个类别都有不同的参数，并可以估计出被访观测值归属于某一类别的概率。

使用 logit 回归，式（7-8）为 x_1、x_2、x_3 在第一类估计一个截距（因为没有解释变量，故只需要估计截距项），式（7-9）为其在第二类估计一个截距。

$$\Pr(x_1 = 1 \mid C = 1) = \frac{\exp(\alpha_{11})}{1 + \exp(\alpha_{11})}$$

$$\Pr(x_2 = 1 \mid C = 1) = \frac{\exp(\alpha_{21})}{1 + \exp(\alpha_{21})}$$

$$\Pr(x_3 = 1 \mid C = 1) = \frac{\exp(\alpha_{31})}{1 + \exp(\alpha_{31})} \tag{7-8}$$

$$\Pr(x_1 = 1 \mid C = 2) = \frac{\exp(\alpha_{12})}{1 + \exp(\alpha_{12})}$$

$$\Pr(x_2 = 1 \mid C = 2) = \frac{\exp(\alpha_{22})}{1 + \exp(\alpha_{22})}$$

$$\Pr(x_3 = 1 \mid C = 2) = \frac{\exp(\alpha_{32})}{1 + \exp(\alpha_{32})} \tag{7-9}$$

C 实际上包含两个异质性的不同组别。除了截距，我们还可以使用 mlogit 估计出它属于某一类的概率。公式如下：

$$\Pr(C = 1) = \frac{e^{\gamma_1}}{e^{\gamma_1} + e^{\gamma_2}}$$

$$\Pr(C = 2) = \frac{e^{\gamma_2}}{e^{\gamma_1} + e^{\gamma_2}} \tag{7-10}$$

γ_1、γ_2 是前面估计出来的截距值。其中，第一类会被当作基准组，故而 $\gamma_1 = 0$。由于路径图上无法呈现这些复杂的结果，目前潜类别分析、潜剖面分析都不能使用 sembuilder，而只能使用命令程序来处理分类型潜变量模型。

LCM 模型的拟合函数如下：

$$p(y_{ij}) = \sum_{t=1}^{T} p(c_i = t) p(y_{ij} \mid c_i = t) \tag{7-11}$$

式（7-11）代表了个体在各个测量指标上的反应模式的联合概率。其中，y_{ij} 是第 i 个人在第 j 个指标变量上的取值，$j=1,2,3,\cdots,9$。$p(c_i=t)$（$t=1,2,3\cdots\cdots$）是某一类别组 t 所占总体的比例，也称为潜类别概率。$p(y_{ij} \mid c_i=t)$ 表示归属于第 t 个潜类别的被访者在第 j 个指标不同取值上的条件概率。

LCM 模型中，有两个重要参数要估计：潜类别概率和条件概率。潜类别概率类似于因子分析中的方差解释比。条件概率就是指潜类别组内的个体在测量指标上的作答概率，类似于因子载荷。潜类别概率之和、条件概率之和都是 1，这是 LCA 模型的基本限制条件。实际上，潜类别主要做两个方面的工作：计算个体属于某一类的概率，解析各类别与指标变量之间的关系。

式（7-11）的模型参数（潜类别概率、条件概率等）估计出来之后，把个体在各个指标变量的作答结果代入贝叶斯后验概率公式（7-12），计算出个体分属于不同类别（$t=1, 2, 3\cdots\cdots$）的概率。它在哪一类别的概率最大（>0.5），就将其归入对应的类别（健康、中等、不健康）。$f(.)$ 是观测频数。

$$p(c_i = t \mid y_{ij}) = \frac{p(c_i = t)f(y_{ij} \mid c_i = t)}{f(y_{ij})} \tag{7-12}$$

这里判断的统计原理是贝叶斯判别。它的思想是：假定对研究对象已有一定的认识，常用先验概率分布来描述这种认识，然后取得一个样本，用样本修正已有的认识（先验概率分布），得到后验概率分布，各种统计推断都通过后验概率分布进行。甄别个体所属类别之后，继而加总得到样本中属于不同类别的比例。

命令如下：

gsem (x1 x2 x3 ←), logit lclass (C 2)

（C 2）意指分类型潜变量 C 有两个类别，也可以写为：

gsem (1: x1 x2 x3 ← _cons)(2: x1 x2 x3 ← _cons), logit lclass (C 2)

如果 x3 是分类有序变量，则命令程序可以写为：

(x1 x2 ←, logit)(x3←, ologit), lclass (C 2)

我们可以使用同一组指标变量来测量不同的潜类别变量，如 C、D。命令如下：

(x1 x2 x3 ← _cons), logit lclass (C 2) lclass (D 3)

LCM 模型的参数估计仍采用极大似然估计，迭代过程中的算法一般采用最大期望算法（EM）或牛顿—拉夫森算法（NR）。其中，以 EM 居多。

一个潜类别模型案例中，被解释变量"退休"在样本观测值个体中具有不同的异质性，表现为正常退休、提前退休、延迟退休这三种有本质差异的类型。由于"退休"不能直接测量，属于分类型潜变量，我们使用两个指标变量 delay_type（取值 1、2、3）、delay_yes（趋势 1—5）来测量该分类型潜变量。

表 7-5 给出了被解释潜变量的两个指标变量退休类型（delay_type）与退休意愿（delay_yes）的列联表。从列的退休意愿来看，选取 1—5（非常不赞同、较不赞同、无所谓、较赞同、非常赞同）的分别为 1991、1466、1405、970 和 280 人，其边际概率分别为 32.58%、23.99%、22.99%、15.87% 和 4.58%，较赞同和非常赞同延迟退休的二项合计有 20.45%。从行的边际概率来看，在退休类型中，取值为 1（提前退休）的有 2793 人，占 45.7%，取值为 2（正常退休）的有 2729 人，占 44.65%，而取值为 3（延迟退休）的有 590 人，占 9.65%。两个指标反映延迟退休的占比分别为 20.45% 和 9.65%，都要高于网络调查的结果，但两者并不相等。这说明当研究者使用不同的测量指标作为延迟退休的代理变量时，会存在测量误差（有时误差很大）。这就是使用多个指标（显变量）测量潜变量（限于问卷变量，本模型使用 2 个），再使用潜变量进行研究的原因。因为使用潜变量可以减少测量误差，并从更多不同的侧面（维度）反映被研究对象的内涵和全貌。

表 7-5 退休类型与延迟意愿的列联表

退休类型 delay_type		退休意愿 delay_yes					
		1	2	3	4	5	合计
1	频数（人）	1238	754	451	271	79	2793
	行概率（%）	44.33	27.00	16.15	9.70	2.83	45.70
	列概率（%）	62.18	51.43	32.10	27.94	28.21	
	单元格概率（%）	20.26	12.34	7.38	4.43	1.29	45.70
2	频数（人）	703	646	767	513	100	2729
	行概率（%）	25.76	23.67	28.11	18.80	3.66	44.65
	列概率（%）	35.31	44.07	54.59	52.89	35.71	
	单元格概率（%）	11.50	10.57	12.55	8.39	1.64	44.65
3	频数（人）	50	66	187	186	101	590
	行概率（%）	8.47	11.19	31.69	31.53	17.12	9.65
	列概率（%）	2.51	4.50	13.31	19.18	36.07	
	单元格概率（%）	0.82	1.08	3.06	3.04	1.65	9.65
合计		1991	1466	1405	970	280	6112
列边际概率（%）		32.58	23.99	22.99	15.87	4.58	100.00

注：Pearson χ^2（8）=819.814，Pr=0.000；likelihood-ratio χ^2（8）=776.213，Pr=0.000，Cramér's V=0.259；gamma=0.412；ASE=0.015；Kendall's tau-b=0.285，ASE=0.011。

表 7-5 还对两个指标的相关性进行了检验。Pearson χ^2 和似然比 χ^2 都在 0.1% 水平下显著，故而无法拒绝两个指标变量相互独立的原假设。这说明退休类型（delay_type）和退休意愿（delay_yes）之间是显著正相关的。这种关联性能否被某一个内在的潜类别变量所解释，使得在经过该潜变量的估计之后能够实现其局部独立性，就是潜类别分析。（邱皓政，2008）潜类别分析使得我们可以挖掘相关指标变量背后共同的本质属性，在这里就是难以直接观察的被访者的潜在退休偏好。

LCM 的估计结果主要是两种参数：潜类别概率和条件概率。（邱皓政，2008）使用 Stata 15.0 对本书中 LCM 模型进行估计之后得到的条件概率和潜类别概率如表 7-6 所示。

表 7-6 潜类别模型参数估计结果：条件概率与潜类别概率（N=6112）

显变量	数值	潜变量	
		$t=1$	$t=2$
A（$\pi_{it}^{\bar{A}X}$）	$i=1$	0.641	0.198
	$i=2$	0.358	0.571
	$i=3$	0.001	0.232
B（$\pi_{jt}^{\bar{B}X}$）	$j=1$	0.505	0.073
	$j=2$	0.316	0.133
	$j=3$	0.123	0.381
	$j=4$	0.049	0.313
	$j=5$	0.007	0.101
π_t^X		0.585	0.415

资料来源：阳义南. 参保职工真的都反对延迟退休吗？——来自潜类别模型的经验证据. 保险研究，2018，(11)。

表 7-6 报告了各个指标的条件概率。条件概率指的是在 LCM 的潜类别中，随机抽取一人，在显变量上作答的概率。此处共有 A、B 两个提问（delay_type、delay_yes），在潜变量 X（退休行为）的 2 组分类下，对应的条件概率分别为 $\pi_{it}^{\overline{AX}}$、$\pi_{jt}^{\overline{BX}}$。这些条件概率类似于因子分析的因子载荷系数，用于说明各潜类别与显变量题目之间的关系。较大的条件概率值表示潜变量对该显变量的影响较强。

在 X 的 $t=1$ 这一类（非延迟退休者）中，A 条件概率最高的是 $i=1$，其次为 $i=2$，分别对应提前退休、正常退休，两项合计达 99.9%；而 B 条件概率最高的是 $j=1$ 和 $j=2$，分别对应"非常不赞同、较不赞同"，两项合计达 82.1%。而在 X 的 $t=2$ 这一类（延迟退休者）中，A 条件概率最高的是 $i=2$，对应正常退休，占 57.1%，其次为 $i=3$，对应延迟退休，占 23.2%；而 B 条件概率最高的是 $j=3$，对应"无所谓"，占 38.1%，而 $j=4$ 和 $j=5$ 分别对应"较赞同""非常赞同"，分别占 31.3%、10.1%，合计为 41.4%。从这些条件概率可以看出，"非延迟退休"显然是被访者最主要的选择，而"延迟退休"在 $t=1$ 这一类的 A 只有 0.1%（$i=3$）和 B 的 5.6%（$j=4$ 和 $j=5$），而在 $t=2$ 这一类的 A 只有 23.2%（$i=3$）和 B 的 41.4%（$j=4$ 和 $j=5$）。我们也可以将这些条件概率值转换为表 7-6 中单元格的联合概率①，得到在所有回答 A 的被访者中，选择 $i=3$ 的共占 9.66%，而在所有回答 B 的被访者中，选择 $j=4$ 和 $j=5$ 的共占 20.5%。

表 7-6 还报告了两个潜类别的概率。它代表各个潜类别的相对大小，规模越大的潜类别代表在潜变量中具有越重要的地位，类似于因素分析中的方差解释百分比。（邱皓政，2008）表 7-6 中，$t=1$ 占 58.5%，$t=2$ 占 41.5%，代表各自解释 2 个指标变异量（方差）的比重。$t=1$ 这一类解释了超过 1 半的方差，$t=2$ 的解释力也超过了 40%。这说明采用分类型潜变量是有必要的，不能像传统回归分析那样假设被访者属于同质群体。

图 7-8 将表 7-6 的条件概率用折线图的方式进行展示，可以看出两类群体在各个指标回答结果上的差异是比较分明的，不能混为一体。图 7-9 为两类潜类别的正态概率图。传统的回归分析假定样本观测值具有同质性（homogeneity），即同方差假设，认为被访者个体在指标变量上的反应类型具有一致性。但潜类别分析认为观测值之间具有异质性（heterogeneity）。一般使用潜类别间隔反映潜类别间的差异大小。（Collins & Lanza，2010；王孟成和毕向阳，2018）从图 7-9 可知，非延迟退休者的 $u_1=0.415$，而延迟退休者的 $u_2=0.585$，两者之间的区别较为明显。这说明采用基于异质性群体假设的潜类别模型是合理的，可以提高类别变量的分析质量和价值，能更好地揭示退休现象本身的关系，挖掘退休潜类别背后隐藏的实证意义。（邱皓政，2008；张岩波，2009；王孟成，2014）

---

① 计算公式为 $P(A \cap B) = P(A|B) \times P(B) = P(B|A) \times P(A)$。

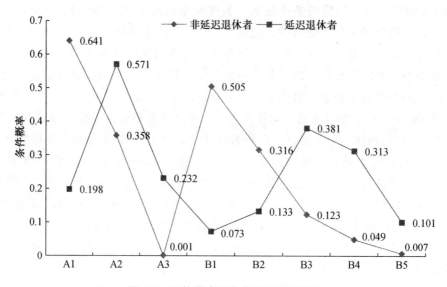

图 7-8 退休潜类别的条件概率折线图

资料来源：阳义南. 参保职工真的都反对延迟退休吗？——来自潜类别模型的经验证据. 保险研究，2018，(11)。

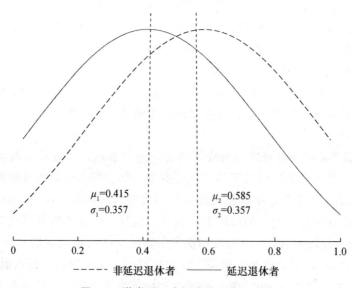

图 7-9 潜类别正态概率的间隔示意图

潜类别模型估计出来之后，下一步的工作就是将所有观测值个体归入适当的潜类别之中，从而说明观测值的后验类别属性，即识别出非延迟退休者、延迟退休者。根据之前模型的极大似然迭代估计结果，算出每一个单元格的后验概率，看被访者在哪一组的后验概率最高，从而确定他或她的归类，直至完成所有观测值的分类。（邱皓政，2008；王孟成、毕向阳，2018）结果如表 7-7 所示。

表 7-7　被访者在 2 个测量指标上的作答后验概率与分类结果（$N=6112$）

指标组合	分类（归属）概率		分类结果		频数频率	
	Class1	Class2	Class1	Class2	频数（人）	频率（%）
（A1，B1）	0.969	0.031	1		1238	20.26
（A1，B2）	0.916	0.084	1		754	12.34
（A1，B3）	0.597	0.403	1		451	7.38
（A1，B4）	0.420	0.580		2	271	4.43
（A1，B5）	0.234	0.766		2	79	1.29
（A2，B1）	0.860	0.140	1		703	11.50
（A2，B2）	0.678	0.322	1		646	10.57
（A2，B3）	0.223	0.777		2	767	12.55
（A2，B4）	0.123	0.877		2	513	8.39
（A2，B5）	0.056	0.944		2	100	1.64
（A3，B1）	0.032	0.968		2	50	0.82
（A3，B2）	0.011	0.989		2	66	1.08
（A3，B3）	0.002	0.998		2	187	3.06
（A3，B4）	0.001	0.9993		2	186	3.04
（A3，B5）	0.0003	0.9997		2	101	1.65

注：A1—A3 表示 delay_type 的提前退休、正常退休和延迟退休；B1—B5 表示 delay-yes 的非常不赞同、较不赞同、无所谓、较赞同、非常赞同。

具体而言，如果某一类的后验概率大于 0.5，就将该观测值归入某类别（Stata-Corp，2017a）。本书的指标变量 A 共有 3 个选项，指标 B 共有 5 个选项，故两者的组合一共有 15 种。表 7-7 中，被访者回答结果是（A1，B1），属于第 1 类的后验概率为 0.969，属于第 2 类的后验概率为 0.031，故而回答结果是这个组合的被访者会被归入第 1 类，即非延迟退休者，共有 1238 人，占全部观测值的 20.26%。以此类推，最后被归入第 1 类非延迟退休者的组合有（A1，B1）（A1，B2）（A1，B3）（A2，B1）（A2，B2）。也就是说，凡是被访者对两个问题的作答结果属于这 5 类的都会被归入非延迟退休者，共有 3792 人，占全部观测值的 62.04%。而回答结果属于（A1，B4）（A1，B5）（A2，B3）（A2，B4）（A2，B5）（A3，B1）（A3，B2）（A3，B3）（A3，B4）（A3，B5）这 10 种的则被归入第 2 类，即延迟退休者，共有 2320 人，占 37.95%。也就是说，根据后验概率，被访者属于非延迟退休者（提前或正常）的共占 62.05%。可见，赞成或选择延迟退休的比例要远高于人民网、《中国青年报》等媒体的网络调查结果，甚至高于搜狐网的问卷调查结果（同意占 24.65%）。这说明网络调查的结果是严重有偏的。延迟退休年龄的改革并非"千夫所指"，有超过 1/3 的被调查者是潜在的延迟退休者。在劳动者中，高学历者受教育时间长、进入劳动力市场时间短，推迟退休的意愿相应比较强烈，过早退休会浪费高质量的人力资源。另外，职务较高、收入较高、家庭经济负担较重等职工也有很大一部分是潜在的延迟退休者。

图 7-10 的气泡图进一步展示了基于潜类别模型的观测值的作答指标组合及各自的频数。频数的大小由气泡的面积来反映。当被访者在第一个问题（退休类型，delay_type）选择 1 时，如果他在第二个问题（退休意愿，delay_yes）上选 1、2、3，则被归入第 1 类非延迟退休者；当被访者在第一个问题选择 2 时，如果他在第二个问题上选择 1、2，则也被归入非延迟退休者。而剩下的其他 10 种作答组合，则被归入第 2 类，即延迟退休者。由此可知，潜类别模型在遵从样本观测值异质性这个客观事实的基础上，为判断观测值的分类提供了一种有效的预先识别机制，即选择合适的测量指标。根据观测值个体基于这些测量指标的作答结果的组合，在 LCM 估计出参数结果之后利用贝叶斯后验概率公式确定每一个体的潜类别属性。（王孟成、毕向阳，2018）

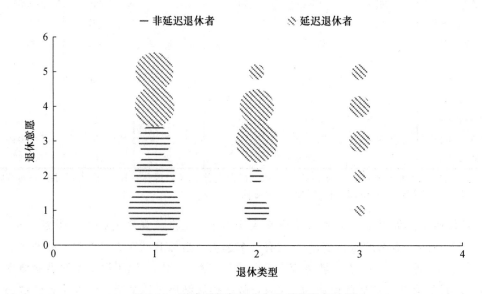

图 7-10　潜类别指标组合与作答频数气泡图

资料来源：阳义南. 参保职工真的都反对延迟退休吗？——来自潜类别模型的经验证据. 保险研究，2018，(11)。

二、潜剖面模型

测量指标除了可用分类型变量之外，还可以使用连续型变量，此时称为潜剖面分析或潜聚类分析（latent cluster nalysis）。

不同于潜类别分析对不同指标进行 logit、ologit 等非线性回归，潜剖面分析会对各个连续型测量指标进行线性回归，计算出它们在不同类别的不同截距。当没有解释变量时，截距等价于指标变量在每一类的预测均值。（StataCorp，2017a）

对第 1 组，有：

$$\begin{aligned} x_1 &= \alpha_{11} + e.x_1 \\ x_2 &= \alpha_{21} + e.x_2 \\ x_3 &= \alpha_{31} + e.x_3 \end{aligned} \tag{7-13}$$

第 7 章 广义结构方程模型：分类型

对第 2 组有：

$$x_1 = a_{12} + e.x_1$$
$$x_2 = a_{22} + e.x_2 \qquad (7\text{-}14)$$
$$x_3 = a_{32} + e.x_3$$

再使用 mlogit 回归计算归于每一类的概率（潜类别概率）。公式如下：

$$\Pr(C = 1) = \frac{e^{\gamma_1}}{e^{\gamma_1} + e^{\gamma_2}}$$
$$\Pr(C = 1) = \frac{e^{\gamma_2}}{e^{\gamma_1} + e^{\gamma_2}} \qquad (7\text{-}15)$$

我们可以根据图 5-4 所列的 9 个健康指标（katz、iadl、ads、slow、ill、mmse、lone、social、outdoor）的信息对老人健康状况进行潜分类，如表 7-8 所示。

表 7-8　9 个健康指标的描述性统计分析结果

variable	N	mean	sd	min	max
katz	6803	16.87	2.600	6	18
iadl	7005	18.57	6.100	8	24
ads	6679	15.91	2.810	6	18
slow	7184	1.130	1.370	0	20
ill	6644	0.380	0.980	0	24
mmse	6617	21.91	8.160	1	30
lone	6380	3.930	0.950	1	5
social	7029	1.290	0.860	1	5
outdoor	7043	3.080	1.850	1	5

假设分为 3 类，命令如下：

```
gsem (katz iadl ads mmse ill slow lone social outdoor ←,), lclass
(C 3)
    Iteration 0: (class) log likelihood = -5754.5312
    Iteration 1: (class) log likelihood = -5754.5312
    Fitting outcome model:
    Iteration 0: (outcome) log likelihood = -88576.583
    Iteration 1: (outcome) log likelihood = -88576.583
    Refining starting values:
    Iteration 0: (EM) log likelihood = -93591.615
    Iteration 1: (EM) log likelihood = -93299.504
    Iteration 2: (EM) log likelihood = -93199.402
    Iteration 3: (EM) log likelihood = -93139.546
    Iteration 4: (EM) log likelihood = -93095.063
    Iteration 5: (EM) log likelihood = -93058.352
```

Iteration 6: (EM) log likelihood = -93022.57
Iteration 7: (EM) log likelihood = -92981.327
Iteration 8: (EM) log likelihood = -92929.119
Iteration 9: (EM) log likelihood = -92861.251
Iteration 10: (EM) log likelihood = -92773.398
Iteration 11: (EM) log likelihood = -92660.109
Iteration 12: (EM) log likelihood = -92509.864
Iteration 13: (EM) log likelihood = -92288.49
Iteration 14: (EM) log likelihood = -91888.727
Iteration 15: (EM) log likelihood = -91071.83
Iteration 16: (EM) log likelihood = -90116.525
Iteration 17: (EM) log likelihood = -89608.14
Iteration 18: (EM) log likelihood = -89185.704
Iteration 19: (EM) log likelihood = -88960.754
Iteration 20: (EM) log likelihood = -88890.601
Note: EM algorithm reached maximum iterations.
Fitting full model:
Iteration 0: log likelihood = -88624.46 (not concave)
Iteration 1: log likelihood = -88147.98
Iteration 2: log likelihood = -87766.078
Iteration 3: log likelihood = -87612.691
Iteration 4: log likelihood = -87607.421
Iteration 5: log likelihood = -87607.397
Iteration 6: log likelihood = -87607.397
Generalized structural equation model Number of obs = 5238
Log likelihood = -87607.397

(1) [/] var (e.katz) #1bn.C - [/] var (e.katz) #3.C = 0
(2) [/] var (e.katz) #2.C - [/] var (e.katz) #3.C = 0
(3) [/] var (e.iadl) #1bn.C - [/] var (e.iadl) #3.C = 0
(4) [/] var (e.iadl) #2.C - [/] var (e.iadl) #3.C = 0
(5) [/] var (e.ads) #1bn.C - [/] var (e.ads) #3.C = 0
(6) [/] var (e.ads) #2.C - [/] var (e.ads) #3.C = 0
(7) [/] var (e.mmse) #1bn.C - [/] var (e.mmse) #3.C = 0
(8) [/] var (e.mmse) #2.C - [/] var (e.mmse) #3.C = 0
(9) [/] var (e.ill) #1bn.C - [/] var (e.ill) #3.C = 0
(10) [/] var (e.ill) #2.C - [/] var (e.ill) #3.C = 0
(11) [/] var (e.slow) #1bn.C - [/] var (e.slow) #3.C = 0

(12) [/] var(e.slow)#2.C - [/] var(e.slow)#3.C = 0
(13) [/] var(e.lone)#1bn.C - [/] var(e.lone)#3.C = 0
(14) [/] var(e.lone)#2.C - [/] var(e.lone)#3.C = 0
(15) [/] var(e.social)#1bn.C - [/] var(e.social)#3.C = 0
(16) [/] var(e.social)#2.C - [/] var(e.social)#3.C = 0
(17) [/] var(e.outdoor)#1bn.C - [/] var(e.outdoor)#3.C = 0
(18) [/] var(e.outdoor)#2.C - [/] var(e.outdoor)#3.C = 0

表 7-9　老人健康的潜剖面估计结果

	coef.	Std. Err.	z	P>z	[95% Conf. Interval]	
1. C	(base outcome)					
2. C						
_cons	1.548831	0.0565144	27.41	0.000	1.438064	1.659597
3. C						
_cons	2.053929	0.0543535	37.79	0.000	1.947398	2.16046
Class1						
katz						
_cons	11.48495	0.0478969	239.78	0.000	11.39107	11.57883
iadl						
_cons	8.624613	0.2244861	38.42	0.000	8.184628	9.064598
ads						
_cons	11.54798	0.0943488	122.40	0.000	11.36306	11.7329
mmse						
_cons	15.2973	0.2870367	53.29	0.000	14.73472	15.85988
ill						
_cons	0.6949812	0.0521053	13.34	0.000	0.5928567	0.7971057
slow						
_cons	1.45903	0.0697169	20.93	0.000	1.322387	1.595673
lone						
_cons	3.688949	0.0476306	77.45	0.000	3.595594	3.782303
social						
_cons	1.080018	0.0446794	24.17	0.000	0.992448	1.167588
outdoor						
_cons	1.227411	0.0262889	46.69	0.000	1.175886	1.278937

(续表)

	coef.	Std. Err.	z	P>z	[95% Conf. Interval]	
var (e.katz)	0.7077423	0.0145273			0.6798345	0.7367957
var (e.iadl)	19.4352	0.3831399			18.69858	20.20084
var (e.ads)	3.338216	0.0664559			3.210473	3.471042
var (e.mmse)	31.2983	0.6141022			30.11754	32.52537
var (e.ill)	1.045131	0.0204233			1.005859	1.085936
var (e.slow)	1.856516	0.03628			1.786753	1.929003
var (e.lone)	0.8727548	0.0170576			0.8399547	0.9068358
var (e.social)	0.7739206	0.0151294			0.7448284	0.8041491
var (e.outdoor)	0.2583272	0.0051897			0.2483533	0.2687017
Class2						
katz						
_cons	17.66605		878.86	0.000	17.62665	17.70545
iadl						
_cons	18.15047	0.1045087	173.67	0.000	17.94564	18.3553
ads						
_cons	16.1988	0.0433839	373.38	0.000	16.11377	16.28383
mmse						
_cons	22.61447	0.1321352	171.15	0.000	22.35549	22.87345
ill						
_cons	0.3644556	0.0239956	15.19	0.000	0.3174252	0.4114861
slow						
_cons	1.103307	0.032076	34.40	0.000	1.040439	1.166174
lone						
_cons	3.831143	0.0219918	174.21	0.000	3.78804	3.874246
social						
_cons	1.111703	0.0206583	53.81	0.000	1.071213	1.152192
outdoor						
_cons	1.184272	0.013081	90.53	0.000	1.158634	1.20991
var (e.katz)	0.7077423	0.0145273			0.6798345	0.7367957
var (e.iadl)	19.4352	0.3831399			18.69858	20.20084
var (e.ads)	3.338216	0.0664559			3.210473	3.471042
var (e.mmse)	31.2983	0.6141022			30.11754	32.52537
var (e.ill)	1.045131	0.0204233			1.005859	1.085936
var (e.slow)	1.856516	0.03628			1.786753	1.929003
var (e.lone)	0.8727548	0.0170576			0.8399547	0.9068358
var (e.social)	0.7739206	0.0151294			0.7448284	0.8041491
var (e.outdoor)	0.2583272	0.0051897			0.2483533	0.2687017

（续表）

	coef.	Std. Err.	z	P>z	[95% Conf. Interval]	
Class3						
katz						
_cons	17.84712	0.0153481	1162.82	0.000	17.81704	17.8772
iadl						
_cons	21.57569	0.0805857	267.74	0.000	21.41775	21.73364
ads						
_cons	17.02153	0.0333243	510.78	0.000	16.95622	17.08685
mmse						
_cons	25.15629	0.1020581	246.49	0.000	24.95626	25.35632
ill						
_cons	0.3782679	0.0186136	20.32	0.000	0.341786	0.4147498
slow						
_cons	1.191876	0.0248413	47.98	0.000	1.143188	1.240564
lone						
_cons	4.047892	0.017048	237.44	0.000	4.014479	4.081306
social						
_cons	1.49493	0.0160363	93.22	0.000	1.463499	1.52636
outdoor						
_cons	4.749797	0.0097663	486.35	0.000	4.730655	4.768938
var（e.katz）	0.7077423	0.0145273			0.6798345	0.7367957
var（e.iadl）	19.4352	0.3831399			18.69858	20.20084
var（e.ads）	3.338216	0.0664559			3.210473	3.471042
var（e.mmse）	31.2983	0.6141022			30.11754	32.52537
var（e.ill）	1.045131	0.0204233			1.005859	1.085936
var（e.slow）	1.856516	0.03628			1.786753	1.929003
var（e.lone）	0.8727548	0.0170576			0.8399547	0.9068358
var（e.social）	0.7739206	0.0151294			0.7448284	0.8041491
var（e.outdoor）	0.2583272	0.0051897			0.2483533	0.2687017

拟合出来后，可以根据需要得到一些拟合指标信息。命令如下：

estat lcgof   //报告拟合指标

表7-10 潜剖面模型拟合指标

Fit statistic	Value	Description	
Information criteria			
AIC	175290.793	Akaike's information	criterion
BIC	175540.213	Bayesian information	criterion

estat lcprob   // 报告潜类别的预期边际概率

表 7-11 边际概率

C	Margin	Delta-method Std. Err.	[95% Conf. Interval]	
1	0.0740497	0.0036492	0.0672076	0.0815275
2	0.3484752	0.0066806	0.3354984	0.3616807
3	0.5774751	0.0069052	0.5638862	0.5909477

```
estat lcmean    //报告每一个潜类别中每一个指标上的预测边际均值
```

表 7-12 拟合的边际均值

	Margin	Delta-method Std. Err.	z	P>z	[95% Conf. Interval]	
1						
katz	11.48495	0.0478969	239.78	0.000	11.39107	11.57883
iadl	8.624613	0.2244861	38.42	0.000	8.184628	9.064598
ads	11.54798	0.0943488	122.40	0.000	11.36306	11.7329
mmse	15.2973	0.2870367	53.29	0.000	14.73472	15.85988
ill	0.6949812	0.0521053	13.34	0.000	0.5928567	0.7971057
slow	1.45903	0.0697169	20.93	0.000	1.322387	1.595673
lone	3.688949	0.0476306	77.45	0.000	3.595594	3.782303
social	1.080018	0.0446794	24.17	0.000	0.992448	1.167588
outdoor	1.227411	0.0262889	46.69	0.000	1.175886	1.278937
2						
katz	17.66605	0.0201011	878.86	0.000	17.62665	17.70545
iadl	18.15047	0.1045087	173.67	0.000	17.94564	18.3553
ads	16.1988	0.0433839	373.38	0.000	16.11377	16.28383
mmse	22.61447	0.1321352	171.15	0.000	22.35549	22.87345
ill	0.3644556	0.0239956	15.19	0.000	0.3174252	0.4114861
slow	1.103307	0.032076	34.40	0.000	1.040439	1.166174
lone	3.831143	0.0219918	174.21	0.000	3.78804	3.874246
social	1.111703	0.0206583	53.81	0.000	1.071213	1.152192
outdoor	1.184272	0.013081	90.53	0.000	1.158634	1.20991
3						
katz	17.84712	0.0153481	1162.82	0.000	17.81704	17.8772
iadl	21.57569	0.0805857	267.74	0.000	21.41775	21.73364
ads	17.02153	0.0333243	510.78	0.000	16.95622	17.08685
mmse	25.15629	0.1020581	246.49	0.000	24.95626	25.35632
ill	0.3782679	0.0186136	20.32	0.000	0.341786	0.4147498
slow	1.191876	0.0248413	47.98	0.000	1.143188	1.240564
lone	4.047892	0.017048	237.44	0.000	4.014479	4.081306
social	1.49493	0.0160363	93.22	0.000	1.463499	1.52636
outdoor	4.749797	0.0097663	486.35	0.000	4.730655	4.768938

可以根据拟合得到的方程,预测每个个体属于每一类的概率。命令为:

```
predict classpost* , classposteriorpr
```

计算出个体在每一类的概率之后,他在哪一类的概率最大,就将其归入哪一类。命令如下:

```
gen expclass = .
replace expclass = 1 if classpost1 > classpost2 & classpost1 > classpost3
replace expclass = 2 if classpost1 < classpost2 & classpost2 > classpost3
replace expclass = 3 if classpost1 < classpost3 & classpost2 < classpost3
tab expclass
```

假设分别对 CLHLS 2002、2005、2008、2011、2014 五期数据进行潜剖面分析,归类完毕之后,用表格报告最终结果。

表 7-13 潜剖面模型的归类结果(五期数据)

年份	2002	2005	2008	2011	2014
健康(%)	66.42	69.39	69.96	70.96	72.36
中等(%)	25.75	23.89	23.97	21.88	20.58
不健康(%)	7.82	6.72	6.08	7.16	7.06

此外,当研究者无法确定应分为几类时,我们也可以通过模型比较挑选最优类别数模型。命令如下:

```
gsem (katz iadl ads mmse ill slow lone social outdoor ←,), lclass(C 2)
est store model2
gsem (katz iadl ads mmse ill slow lone social outdoor ←,), lclass(C 3)
est store model3
gsem (katz iadl ads mmse ill slow lone social outdoor ←,), lclass(C 4)
est store model4
gsem (katz iadl ads mmse ill slow lone social outdoor ←,), lclass(C 5)
est store model5
est stats model2 model3 model4 model5
```

表 7-14 筛选不同类别数的指标结果

Model	Obs	ll(null)	ll(model)	df	AIC	BIC
model2	5,238	.	−87607.4	38	175290.8	175540.2
model3	5,238	.	−87607.4	38	175290.8	175540.2
model4	5,238	.	−84791.32	48	169678.6	169993.7
model5	5,238	.	−83268.08	58	166652.2	167032.9

大部分实证研究都使用 BIC 作为模型适配度比较的指标,一般将 BIC 最小的模型

作为最佳选择。这样看来，归入第 5 类的模型更为合适。之后，再计算出个体归入每一类的不同概率。命令如下：

predict classpost *, classposteriorpr

计算出个体在每一类的概率之后，他在哪一类的概率最大，就将其归入哪一类。命令如前文的三个类型一样，此处不再赘述。

三、潜类别结构方程模型

前面介绍的潜类别分析、潜剖面分析都是测量模型，只能实现潜变量分类。我们可以进一步在模型中加入解释（协）变量，解释观测值为什么会成为这一类（而不是另一类），或反之。现加入解释变量 z，变为：

$$\Pr(C=1) = \frac{e^{\gamma_1 + z\beta_1}}{e^{\gamma_1 + z\beta_1} + e^{\gamma_2 + z\beta_2}}$$

$$\Pr(C=1) = \frac{e^{\gamma_2 + z\beta_2}}{e^{\gamma_1 + z\beta_1} + e^{\gamma_2 + z\beta_2}} \tag{7-16}$$

其中，$\gamma_1 = 0$，$\beta_1 = 0$，且 $C=1$ 是基准组。

该模型的命令程序为：

gsem (x1 x2 x3 ← _cons, logit)(C ← z), lclass(C 2)

我们也可以给不同的类型加入不同的解释变量（很显然，不同组的归因应会有所差异）。命令如下：

(x1 x2 x3 ← _cons, logit) (1.C ← z1 z2 z3) (2.C ← z1 z2)   ///
(3.C ← z1 z2 z3), lclass(C 3)

或为多个潜类别变量加入解释变量。命令如下：

(x1 x2 x3 ← _cons, logit)(C ← z), lclass(C 2) lclass(D 3)

需要指出的是，按照默认，分类型变量不能与其他变量共同变化（因为类别是互斥的），故而潜类别模型不能使用 cov() 命令设置协方差。要设置潜变量的相关性，可以为某一个（类）兼备多种属性的观测值（组）设置一个独立的截距项或独自的解释变量。命令如下：

(x1 x2 x3 ← _cons, logit)(1.C#3.D ← z), lclass(C 2) lclass(D 3)

这意味着分类型变量不会和任何其他变量共变，但其他变量可以在该分类潜变量的不同类别之间发生变化（有差异）。

这里使用显变量作为协变量（解释变量）。如果协变量使用潜变量（有连续型），则变为潜类别结构方程模型或混合结构方程模型（MSEM）。潜类别模型也可以进行多组比较，可以扩展到多个潜类别变量以及多层潜类别分析。此外，分类型潜变量也可用作为调节变量、中介变量。感兴趣的读者可以参考邱皓政（2008）、王孟成和毕向阳（2018）等。

第 8 章

结构方程模型：多组比较

当样本观测值个体不满足同方差假设，可能存在明显的组间差异时，可以使用分组回归或 SEM 多组比较来解析这种异质性。SEM 和 GSEM 具有非常便捷的多组比较功能（不是传统的分组比较），还可以将一些参数设为在组间相等，一些参数设为在组间不等，并且可以检验参数的组间差异显著性。但这种分类或分组是依据外部变量的划分，而不是基于该变量自身内在属性的区分。

8.1 多组比较模型

一、结构方程模型的多组比较分析

很多时候，我们需要对研究对象进行多组比较。传统的操作办法有：第一，基于一个分类变量作分组回归，然后观察不同组（类）间的系数差异。但分组之后，得到的是两个不同的子样本。两个样本的样本量、数据缺失值、似然函数值等都会不同，使得估计出来的结果并不具有完全可比性。由于缺乏一个共同的可比基准，也不是在同一个模型中进行比较，分组回归再比较的做法缺乏合理性。第二，使用分类变量估计交互效应。这种通过生成交互项来代表一个分类变量对另一个解释变量调节效应的做法，估计系数只是反映了解释变量在不同组间影响效应的差异，而不是研究观测值个体本身的差异。

结构方程模型可以将某分类变量当作一个分组指示器，并使用多组比较（multiple-group comparison）分析功能处理。该多组比较分析基于同一个模型估计多个组（cohorts）或多个样本（samples）数据，检验所设定的理论模型在组间是否存在显著差异，或对已施加特定约束的参数估计值的差异进行检验。在操作上，会将其中一组设为基准组（对应参数设为 0），再检验特定组（组与组之间）之间的差异，类似一元变量的 t 检验或多元向量的 T^2 检验。

多组比较模型的估计命令如下：

```
(X1→...)(X2→...)    /// part 1：解释潜变量的测量模型
(Y1→...)(Y2→...)    /// part 2：被解释潜变量的测量模型
(...),               /// part 3：结构模型
group(agegrp)
```

其中，agegrp 是数据中存在的年龄组变量，用于按年龄分组。需要指出的是，分类变量只是用于标识样本分属于不同的组（类），并不是据此将数据劈（切）为几组（类）再分开进行估计，继而使用 sem, group () 命令选项，将某两组的参数设为相等，而将剩余组的参数设为不相等（不受限）。以往对样本数据进行估计（不分组），这实际上相当于假设各组间的对应参数都是相等的。

相比传统方法，SEM 多组比较分析具有如下功能及优点：第一，分组回归是分别拟合不同的回归模型。由于分组的样本量不同、缺失值不同，分组回归很可能导致比较的是苹果和橘子，产生偏误。[①] 而 SEM 是在同一个模型中对所有变量关系进行建模，所有参数值都是基于同一个模型同时被估计出来的，真正是在比较苹果与苹果。（Iacobucci, 2012）同时拟合的方程会得到更一致的估计结果。不论理论上还是经验上，相比分组回归模型，拟合一个多组 SEM 模型能得到更有效、更精确的估计结果；第二，可以检验（评估）整个模型在总体上的组间差异状况；第三，不限于均值差异的比较检验，还可以检验各组在均值、方差、结构系数等多个方面的差异显著性。

二、多组比较的操作命令

在 SEM 中使用 group 命令时，整个测量模型部分（part1 和 part2）被默认为在组间是相等的，只会估计出每一组的测量误差方差；而结构模型部分（part3）则被默认为在各组间是不相等的，从而分别估计出两组各自的结构系数。如果模型没有测量部分（没有使用潜变量、回归或路径模型），则默认会将每一组的结构参数都估计出来。此外，研究者还可以根据自己研究的需要，使用 ginvariant 命令将一些参数设定为在不同组间相等。命令如下：

```
(Y1→...) (Y2→...)      /// part 3：被解释潜变量的测量模型
(...)                  /// part 2：结构模型
(X1→...) (X2→...),     /// part 1：解释潜变量的测量模型
group (agegrp) ginvariant (classes)
```

括号内的"classes"可以设置为相等的类别如表 8-1 所示。

表 8-1 多组比较模型的设置类型及命令语句

设置的参数类型	命令符号
结构模型系数	scoef
结构模型截距	scons
测量模型系数	mcoef
测量模型截距	mcons

---

① 很多统计拟合指标的计算与 n 有关。

(续表)

设置的参数类型	命令符号
结构模型的误差协方差	serrvar
测量误差的协方差	merrvar
结构模型误差与测量模型误差的协方差	smerrcov
外生变量的均值	meanex
外生变量的协方差	covex
所有系数都设为相同	all
所有系数都设为不相同	none

资料来源：StataCorp（2017a）。

表 8-1 中，如果不进行特别设定，则默认相等的是测量模型的 mcoef、mcons 这两类参数。如果还想进一步将测量模型中各组的误差方差也设为相等（默认为不相等），则可以使用如下命令：

  (Y1→...) (Y2→...) /// part 3：被解释潜变量的测量模型
  (...) ///
  (...) /// part 2：结构模型
  (...) ///
  (X1→...) (X2→...), /// part 1：解释潜变量的测量模型
  group (agegrp) ginvariant (mcoef mcons merrvar)

除了将测量模型的误差方差设为相等，还可以将结构模型的路径系数设为相等（默认为不相等）。命令如下：

  (Y1→...) (Y2→...) /// part 3：被解释潜变量的测量模型
  (...) ///
  (Y1←Y2@b) /// part 2：结构模型
  (...) ///
  (X1→...) (X2→...), /// part 1：解释潜变量的测量模型
  group (agegrp) @b

这意味着将两组的路径系数设为相等，否则这两组就会是不相等的。如果想要将两组的均值、方差、协方差都设为相等，可以使用如下命令：

  (X1→...) (X2→...), /// part 1：解释潜变量的测量模型
  (Y1→...) (Y2→...) /// part 3：被解释潜变量的测量模型
  (...) ///
  (Y1←Y2) /// part 2：结构模型
  (...) ///
  group (agegrp) means (X1@M) var (e.Y1@V) cov (e.Y1 * e.Y2@C)

在有多组的情况下（≥2），还可以将其中某两组的参数设为相等，而令剩余的其他组各自变化（不相等），命令如下：

...（Y1←Y2）（1：Y1←Y2@b）（2：Y1←Y2@b）...，group（agegrp）

同样地，也可以对均值、方差、协方差采取类似的设定办法。如下所示：

..., group（agegrp）means（1：X1@b）means（2：X1@b）

..., group（agegrp）var（1：e.Y1@V）var（2：e.Y2@V）

..., group（agegrp）cov（e.Y1*e.Y2）cov（1：e.Y1*e.Y2@C）cov（2：e.Y1*e.Y2@C）

GSEM 也可以使用多组比较，但能被设定的参数类型、默认的约束有些不同，如表 8-2 所示。

表 8-2　GSEM 多组比较模型的设置类型及命令语句

设置的参数类型	命令符号
截距与截断点（cutpoints）	cons
固定系数	coef
潜变量系数	loading
误差协方差	errvar
尺度系数（scaling parameters）	scale
外生变量的均值	means
外生潜变量协方差	covex
所有系数都设为相同	all
所有系数都设为不相同	none

资料来源：StataCorp（2017a）。

例如，Stata 软件中一个广义测量模型的多组比较命令如下：

gsem（nveg@1 nfruit ngrain ncandy ←H），poisson
group（female）ginvariant（none）mean（H@0）

一个广义路径模型的多组比较命令如下：

gsem（y1 ←y2 x1, poisson）（y2 ←x1 x2），group（subset）ginvariant（cons）

多组比较的一个重要应用就是使用多个样本（或一个大样本切为几个子样本）对初始模型进行稳健性检验。即对同一个模型使用多个样本，看由各个样本得到的参数估计值之间是否存在显著差异。结构方程模型的优势在于，可以对多个样本进行同步估计，而不像分组回归那样对每个样本分开估计（还需要进一步计算 t 值或 z 值检验组间回归系数差异的显著性）。估计结果出来之后，还可以使用 estat ginvariant 对是否应该添加约束（constraints added）作 Wald 检验，也可以对是否应该放松约束（constraints relaxed）进行比值检验（score tests）。如果 χ^2 检验结果不显著，说明由两个样本得到的参数估计值之间并没有显著差异。换句话说，所设计的理论模型在拟合两个样本上是等价的,或称模型是稳健的。这也是本书将 SEM 的组间比较功能称为"多组比较"而没有称为"分组比较"的原因所在。

8.2 路径模型多组比较

路径模型多组分析(multiple-group analysis of path model)主要关注在各组间,哪些路径是有显著区别的,哪些路径又可以当作相等的? 这种多组路径分析可以应用于很广泛的领域,因为总有一类人具有与其他人不同的结构关系。一些解释变量对一组人而言具有比其他组人更重要或更不重要的影响。观察下面图 8-1 所示的模型:

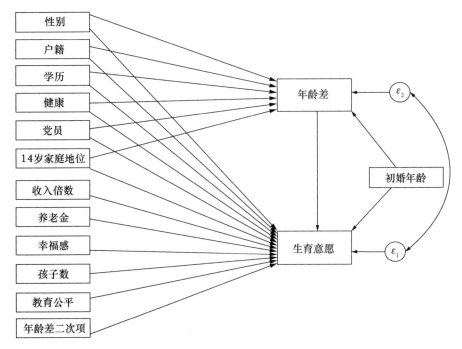

图 8-1 多组路径比较模型

资料来源:阳义南. 初婚年龄延迟、婚龄差与生育意愿 [J]. 南方人口,2020,(3)。

为检验组间差异,使用分组变量——婚配类型(marry_type)。变量 marry_type 取 1 代表男大女小的婚配模式,取 0 则代表女大男小的婚配模式。由于路径模型没有测量部分(没有使用潜变量),默认会将每一组的结构参数都估计出来。即结构模型的路径系数及误差方差都不同。

(数据来源:CGSS 2013 年数据)

```
sem (birth3 ←age_m age_gap age_gap2 gender identity edu_da in-
come3 health happiness children party pension edu_fair status_
14)   ///
    if marry = = 3 & year_marry≥ = 1970, group (marry_type) vce
```

(robust)

由于是组间比较，故使用非标准化解。两组都被同时估计出来，并且在各组间并没有施加任何相等约束。从结果看，很多解释变量在两组间都具有不同的路径系数。$\chi^2(0)=0.00$，代表模型的自由度为0（即没有自由度），说明模型是恰足识别的，有唯一解。

表8-3 多组路径模型检验结果

Structural	coef.	Robust Std. Err.	z	$P>\|z\|$	[95% Conf. Interval]	
birth3 ←						
age_m						
0	−0.015192	0.008933	−1.70	0.089	−0.0327007	0.002316
1	−0.006432	0.0032159	−2.00	0.046	−0.0127348	−0.0001285
age_gap						
0	−0.11797	0.0400951	−2.94	0.003	−0.1965551	−0.039385
1	0.014600	0.0042357	3.45	0.001	0.0062983	0.0229018
age_gap20						
0	−0.013471	0.0043392	−3.10	0.002	−0.0219758	−0.0049665
1	−0.000295	0.000197	−1.5	0.135	−0.0006824	0.0000916
gender						
0	0.0133015	0.0515835	0.26	0.797	−0.0878003	0.1144033
1	0.0488472	0.0198407	2.46	0.014	0.0099601	0.0877343
Identity0						
0	−0.096608	0.0579518	−1.67	0.096	−0.2101909	0.016976
1	0.084306	0.0210374	4.01	0.000	0.0430741	0.1255392
edu_da						
0	0.4747123	0.1888137	2.51	0.012	0.1046442	0.8447803
1	0.0659205	0.0381941	1.73	−0.0089	0.1407795	
income3						
0	−0.030786	0.0264935	−1.16	0.245	−0.0827125	0.02114
1	0.0177863	0.0055201	3.22	0.001	0.006967	0.0286055
health						
0	0.01537	0.0230684	0.67	0.505	−0.0298432	0.0605832
1	−0.024098	0.0095026	−2.54	0.011	−0.042723	−0.0054736
happiness						
0	0.0751568	0.0348441	2.16	0.031	0.0068637	0.14345
1	0.0206941	0.0126755	1.63	0.10	−0.004	0.0455376
children						
0	0.3583141	0.0370035	9.68	0.000	0.2857886	0.4308397
1	0.3640359	0.0170274	21.38	0.000	0.3306627	0.3974091

	Structural	coef.	Robust Std. Err.	z	P>|z|	[95% Conf. Interval]
party						
0	0.0155315	0.1002727	0.15	0.877	−0.1809993	0.2120624
1	0.0768489	0.0291224	2.64	0.008	0.0197702	0.1339277
pension						
0	−0.054386	0.0558683	−0.97	0.330	−0.1638855	0.0551141
1	0.0578988	0.0201873	2.87	0.004	0.0183323	0.0974653
edu_fair						
0	−0.07795	0.0730328	−1.07	0.286	−0.2210964	0.0651867
1	0.0508032	0.0224523	2.26	0.024	0.0067975	0.0948088
status_14						
0	0.0275531	0.0175809	1.57	0.117	−0.0069049	0.0620111
1	−0.00986	0.0055823	−1.77	0.077	−0.0208056	0.0010766
_cons						
0	1.316931	0.3275385	4.02	0.000	0.6749673	1.958895
1	1.33369	0.10842	12.30	0.000	1.121192	1.546191
var(e.birth3)						
0	0.5422544	0.0686552		0.4231	0.6945	
1	0.4176117	0.0158278		0.38771	0.4498	

因为自由度为 0，无法进一步报告拟合指标。CFI=1，SRMR=0，RMESA=0。但这并不代表模型拟合得完美，只是因为自由度为 0，没法进一步检验。我们也可以报告模型各组的拟合度指标。命令如下：

estat ggof

表 8-4 各组的拟合指标

marry_type	N	SRMR	CD
0	904	0.000	0.155
1	5409	0.000	0.201

上述估计结果显示，参数在不同组间有所不同。究竟哪些系数在组间会显著不同？① 命令如下：

estat ginvariant

---

① 多组比较要注意各组的观测值数量。如果两组的数量差异很大，结果会偏向较大规模的一组，而偏离较小规模的一组。这使得约束各组系数相等的结果会有很大问题，也较难解释这些结果。样本量大时即使系数很小也可能会显著（统计效力强），而样本量小则可能不显著（统计效力弱）。

表 8-5 各组参数差异的显著性检验结果

birth3 ←	Wald chi2	Test df	p>chi2	Score chi2	Test df	p>chi2
age_m	0.851	1	0.3561	.	.	.
age_gap	10.812	1	0.0010	.	.	.
age_gap2	9.201	1	0.0024	.	.	.
gender	0.414	1	0.5201	.	.	.
identity	8.611	1	0.0033	.	.	.
edu_da	4.503	1	0.0338	.	.	.
income3	3.221	1	0.0727	.	.	.
health	2.503	1	0.1137	.	.	.
happiness	2.158	1	0.1419	.	.	.
children	0.020	1	0.8883	.	.	.
party	0.345	1	0.5570	.	.	.
pension	3.573	1	0.0587	.	.	.
edu_fair	2.840	1	0.0920	.	.	.
status_14	4.115	1	0.0425	.	.	.
_cons	0.002	1	0.9613	.	.	.
var(e.birth3)	3.130	1	0.0769	.	.	.

结果显示,age_gap、age_gap2、identity、edu_da、status_14 在各组间的系数显著不同（5%标准）。为此,我们可以将这些系数设为各组间的自由参数,而限定其他参数在各组间是相等的。

  sem (0: birth3 ←age_m@a2 age_gap age_gap2 gender@a1 identity edu_da income3 health@b1 happiness@c1 children@d1 party@a3 pension edu_fair status_14) ///
    (1: birth3 ←age_m@a2 age_gap age_gap2 gender@a1 identity edu_da income3 health@b1 happiness@c1 children@d1 party@a3 pension edu_fair status_14) if marry==3 & year_marry>=1970, group(marry_type) vce(robust)

表 8-6 限定部分参数相等后的估计结果

Structural	coef.	Robust Std. Err.	z	P>z	[95% Conf. Interval]	
birth3 ←						
age_m						
[*]	−0.0071253	0.002963	−2.40	0.016	−0.0129327	−0.0013179
age_gap						
0	−0.1149316	0.0412814	−2.78	0.005	−0.1958417	−0.0340214
1	0.0150372	0.0042066	3.57	0.000	0.0067925	0.0232819

(续表)

	Structural	coef.	Robust Std. Err.	z	$P>z$	[95% Conf. Interval]
age_gap2						
0	−0.0141764	0.0046211	−3.07	0.002	−0.0232335	−0.0051193
1	−0.0003014	0.0001977	−1.52	0.127	−0.0006889	0.0000861
gender						
[*]	0.0478554	0.0181325	2.64	0.008	0.0123164	0.0833944
identity						
0	−0.0751048	0.0561094	−1.34	0.181	−0.1850772	0.0348677
1	0.0824116	0.0207706	3.97	0.000	0.041702	0.1231213
edu_da						
0	0.4664642	0.1988996	2.35	0.019	0.0766282	0.8563002
1	0.0668721	0.0381156	1.75	0.079	−0.007833	0.1415772
income3						
0	−0.0282048	0.0254755	−1.11	0.268	−0.0781358	0.0217263
1	0.0176667	0.0055189	3.20	0.001	0.0068499	0.0284835
health						
[*]	−0.0197397	0.0088328	−2.23	0.025	−0.0370517	−0.0024277
happiness						
[*]	0.0265065	0.0119347	2.22	0.026	0.003115	0.049898
children						
[*]	0.3637775	0.0155937	23.33	0.000	0.3332143	0.3943406
party						
[*]	0.0708264	0.0280866	2.52	0.012	0.0157776	0.1258752
pension						
0	−0.0465398	0.0549443	−0.85	0.397	−0.1542286	0.0611491
1	0.0580366	0.0201708	2.88	0.004	0.0185027	0.0975706
edu_fair						
0	−0.061743	0.0730924	−0.84	0.398	−0.2050014	0.0815154
1	0.049384	0.0224367	2.20	0.028	0.0054088	0.0933592
status_14						
0	0.0320388	0.0176458	1.82	0.069	−0.0025463	0.0666239
1	−0.0104535	0.005561	−1.88	0.060	−0.0213529	0.000446
_cons						
0	1.377289	0.1521288	9.05	0.000	1.079122	1.675456
1	1.31616	0.1023847	12.86	0.000	1.11549	1.51683
var(e.birth3)						
0	0.5463521	0.0688918			0.4267182	0.6995264
1	0.4176694	0.0158334			0.3877613	0.4498844

相比之前的模型，新模型将 4 组路径系数设为在组间相等。有了新的自由度之后，就可以检验新模型的拟合指标。

表 8-7 限定约束后的模型拟合指标

Fit Statistic	Value	Description
Likelihood ratio		
chi2_ms(6)	7.555	model vs. saturated
p>chi2	0.273	
chi2_bs(28)	1364.149	baseline vs. saturated
p>chi2	0.000	
Population error		
RMSEA	0.009	root mean squared error of approximation
90% CI, lower bound	0.000	
upper bound	0.026	
Information criteria		
AIC	260720.372	Akaike's information criterion
BIC	260895.881	Bayesian information criterion
Baseline comparison		
CFI	0.999	comparative fit index
TLI	0.995	Tucker-Lewis index
Size of residuals		
SRMR	0.005	standardized root mean squared residual
CD	0.192	coefficient of determination

然而，拟合结果显示，新模型的拟合度也很理想。$\chi^2(6)=7.555$，$p=0.273$，RMSEA$=0.009$，CFI$=0.999$，SRMR$=0.005$。各组拟合命令为：

estat eqgof

表 8-8 限定约束后的各组拟合指标

depvars	Variance			R^2	mc	mc^2
	fitted	predicted	residual			
observed						
birth3	0.6439134	0.0975613	0.5463521	0.1515131	0.3892468	0.1515131
overall				0.1515131		
Group #2 (marry_type=1; N=5409)						
birth3	0.5222072	0.1045378	0.4176694	0.2001845	0.4474198	0.2001845
overall				0.2001845		

此时，还需要继续使用 estat ginvariant 命令来检验所得的结果吗？由于 χ^2 值已经不显著，故没有必要再继续修改模型。如果拟合指标有问题，则可以继续使用 estat ginvariant 命令找出问题所在，例如，将方差、协方差设为在组间相等。

最后，可以使用一个统计表报告多组比较的结果。该表格应包括施加约束和不施加约束的结果，还要报告标准化和非标准化的结果，并报告模型的拟合指标。有的期刊还要求报告分组路径图。

8.3 潜变量的测量不变性检验

一、测量不变性检验

当某一个潜变量（概念）多次出现、多次使用时，即使仍是同一个名称，它在不同时间、地点、人群等情形下的内涵也可能发生变化，从而失去可比性。例如，"四大件"这个概念未变，但它的指标物品随着改革开放发生改变。"四大件"在 20 世纪五六十年代包括收音机、自行车、缝纫机、手表，20 世纪八九十年代变成了彩电、冰箱、洗衣机、空调，到 21 世纪又变为手机、电脑、汽车、房子。很显然，如果仍用收音机、自行车、缝纫机、手表来测量四大件，则在衡量人民生活水平、消费结构时会产生很大的误差。即使测量指标仍可使用，但各个测量指标的载荷系数却可能随着时间变化发生改变（至少是部分）。例如，某个指标在一个时点的重要性可能会大于另一个时点的重要性。

此时应先进行测量不变性（measurement invariance）检验，又称为相等约束（equality constraints）检验，检验其测量指标是否仍然可用，路径系数是否相等，对不同群体的含义是否一样，从而确定对同一个概念进行多次测量（使用）的等价性或相等性（equivalence of the measurement）。例如，在 SEM 使用 group () 命令时，测量模型被默认为在组间是相等的，对此也应先行验证。

目前被广泛接受的一共有四种不同的不变性规则，包括相同框架、相似载荷系数、相等载荷系数、相等系数和误差，如下表所示：

表 8-9 测量不变性的标准

等级	所有系数显著	相似系数	所有系数相等	相等方差误
1. 相同框架	是	否	否	否
2. 相似载荷系数	是	是	否	否
3. 相等载荷系数	是	是	是	否
4. 相等系数和误差	是	是	是	是

第一级不变性"相同框架"：能采用同一个测量模型测量不同时点（组、群体）的同一个概念，拟合指数良好，指标载荷系数都显著，就达到了第一级不变性。载荷系数可以不同，误差方差也可以不同，这是最低水平的不变性。它的风险在于，可能会将苹果与橘子混淆，即"形同神不同"。

第二级不变性"相似载荷系数"：指标变量相同，路径系数都显著，且大部分指标的载荷系数接近。即使个别指标的测量系数有所不同，差别也不能太大（可以显著)。问题在于,多少个、多大的系数差异才不能被接受,存在很大的主观性。故而,这一级的不变性标准较少被采用。

第三级不变性"相等载荷系数":指标变量相同,路径系数都显著,且每一个指标变量的测量系数都相同(有差异但不能显著),但允许有不同的误差方差。第三级不变性是目前使用最普遍的标准。

第四级不变性"相等系数和误差":测量系数和它的误差方差在不同组间都是不变的。这是最严格的不变性标准,确保能对同一类和同一类进行比较。但误差方差一般很难相等,故而,能达到第三级不变性即可。

图 8-2 是 Wheaton et al. (1977) 的疏离感模型。对于疏离感,曾在 1967 年和 1971 年前后测量了两次,这个潜变量是否满足测量不变性的要求?

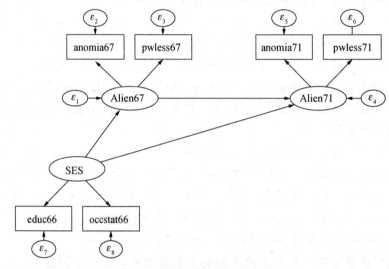

图 8-2 疏离感结构方程模型

资料来源:StataCorp (2017)。

对测量不变性的检验要基于非标准化系数。非标准化系数衡量了结构化相关关系。因为标准化系数往往混淆了非标准化效应和相对方差,故一般基于非标准化系数比较模型的系数差异。

(数据来源:http://www.stata-press.com/data/r15/sem_sm2)

首先估计出非标准化的路径系数。图 8-2 的估计命令如下:

```
sem (anomia67 pwless67 ←Alien67)         ///测量模型
    (anomia71 pwless71 ←Alien71)         ///测量模型
    (SES→educ66 occstat66)               ///测量模型
    (Alien67 ←SES)                        ///结构模型
    (Alien71 ←Alien67 SES)                //结构模型
```

表 8-10　疏离感的结构方程模型估计结果

Alien67	
SES	−0.6140**** (−10.92)
Alien71	
Alien67	0.7046**** (13.21)
SES	−0.1744*** (−3.22)
Alien67	
anomia67	1.0000 (.)
_cons	13.6100**** (120.85)
pwless67	0.8885**** (20.59)
_cons	14.6700**** (146.44)
Alien71	
anomia71	1.0000 (.)
_cons	14.1300**** (121.92)
pwless71	0.8486**** (20.44)
_cons	14.9000**** (144.03)
SES	
educ66	1.0000
	(.)
_cons	10.9000**** (107.40)
occstat66	5.3313**** (12.38)
_cons	37.4900**** (53.96)
N	932.0000
ll	−15246.4689

注：t statistics in parentheses，* 表示 $p<0.1$，** 表示 $p<0.05$，*** 表示 $p<0.01$，**** 表示 $p<0.001$。

如果所有系数都是统计显著的，则达到第一级不变性——相同框架。表 8-10 的测量系数都是显著的，满足第一级不变性的要求。

该模型中，anomia 指标为参照指标，系数被限定为 1。由于只要检验 pwless67 与 pwless71 这两个指标的系数是否相等，故不需要检验第二级不变性（大多数系数相等，个别系数不相等但差别不显著）。该测量模型能不能达到第三级不变性，即对应的载荷系数之间没有显著差异？可以采用三种不同的检验办法：

第一种办法，采用 t 检验，使用 test 命令。首先需要知道每一条路径的程序名称，使用命令：

```
sem, coeflegend
test (_b[pwless67:Alien67] == _b[pwless71:Alien71]
(1) [pwless67]Alien67 - [pwless71]Alien71 = 0
    chi2(1) = 0.89
    Prob>chi2 = 0.3464
```

检验结果显示，虽然两者的系数有一定差异，但这种差异并不显著。由于 anomia67 和 anomia71 的系数都被限定为 1，而 pwless67 和 pwless71 之间并没有显著差异，故该测量模型达到第三级不变性。

如果有三个指标，则需要检验两对系数的不变性；如果有四个指标，则要检验四对系数的不变性。同时也要检验能否达到第二级的不变性标准。如下命令为检验三个指标的不变性：

  test (_ b [x2h: Husb _ sat] = _ b [x2w: Wife _ sat]) ///
    (_ b [x3h: Husb _ sat] = _ b [x3w: Wife _ sat])

第二种办法，对两个不同的 SEM 进行似然比检验。一个模型是原来的模型，另一个则将对应的系数设置为相等再进行估计。模型一的估计命令为：

  sem (Alien67→anomia67 pwless67) ///Measure Alien67
   (Alien71→anomia71 pwless71) ///Measure Alien71
   (SES66→educ66 occstat66) ///Measure SES66
   (Alien67 ←SES66) ///Structural piece
   (Alien71 ←Alien67 SES66), ///Structural piece
  cov (e. anomia67 * e. anomia71) cov (e. pwless67 * e. pwless71)
  estat store level1

模型二的估计命令为：

  sem (Alien67→anomia67 pwless67@a1) ///Measure Alien67
   (Alien71→anomia71 pwless71@a1) ///Measure Alien71
   (SES66→educ66 occstat66) ///Measure SES66
   (Alien67 ←SES66) ///Structural piece
   (Alien71 ←Alien67 SES66), ///Structural piece
  cov (e. anomia67 * e. anomia71) cov (e. pwless67 * e. pwless71)
  estat store level3

然后再进行似然比检验：

  lrtest level1 level3
  Likelihood - ratio test
  (Assumption: level3 nested in level1)
   LR chi2 (1) = 0.89
   Frob > chi2 = 0.3457

第三种办法，将这两个模型拟合后得到的 χ^2 值相减 (5.66−4.78)，得到两个模型 χ^2 值的差异为 0.88，然后再进行基于 1 个自由度的 χ^2 检验，得到 $p=0.35$，这也表明二者没有显著差异。p 值的计算为：

$$\text{display } ''p = '' \chi^2(1, 0.88), \quad p = 0.34820168$$

从检验结果来看，两个模型的差异并不显著。可见，第三级不变性并没有比第一级不变性显著更差。故此，应选择标准更严格的第三级不变性。

如果还需要继续检验第四级不变性，则须将对应的误差方差设为相等。命令如下：

```
sem (Alien67→anomia67 pwless67@a1)    ///
    (Alien71→anomia71 pwless71@a1)    ///
    (SES66→educ66 occstat66) (SES66 Alien67→Alien71),    ///
    cov (e.anomia67@b1 e.anomia71@b1 e.pwless67@b2 e.pwless71@b2
    e.pwless67*e.pwless71 e.anomia67*e.anomia71) standardized
```

然后再将第四级模型与第三级模型进行对比，看两者之间有无显著差异，如果没有，则可以采用更严格的第四级不变性。

二、结构方程模型多组比较检验测量不变性

除了上述所列的三种检验方法之外，还可以借助结构方程模型的多组比较分析。具体而言，将时间、地方、人群等设定为组间变量，使用 group() 后缀命令，就可以得到不同组的估计系数，再使用 estat ginvariant 命令进行组间差异显著性检验，最后根据检验结果判断能否达到四级测量不变性标准。相比前述三种办法，使用多组比较结构方程模型的效果更好，能提供更多信息，且更便捷快速。

Acock（2013）的一个案例是使用测量模型检验不同性别（男性=0，女性=1）对压抑（Depress）与政府责任（Gov_resp）的不同看法。

不分组对全样本进行估计。将这种情形下得到的参数估计值作为对照基准，用于和后面的模型进行对比。模型估计命令如下：

```
sem (Depress→x1 x2 x3) (Gov_Resp→x4 x9 x10 x12),    ///
    standardized group (female) ginvariant (all)
estat gof, stats (all)
est store all     //储存起来后面做模型比较用
```

模型会对两组进行同步估计，由于加入了命令 ginvariant (all)，得到的参数估计值在不分组间都是一样的。

（数据来源：http://www.stata-press.com/data/dsemus/multgrp_cfa.dta）

（1）检验相同测量框架

现假设所有参数在不同组（男、女）之间都存在差异，即整个模型的框架是相同的——各个潜变量的指标变量相同，但不施加任何相等约束，不要求对应的载荷系数相等，也不要求误差方差、潜变量的方差或协方差相等。命令如下：

```
sem (Depress→x1 x2 x3)
```

```
            (Gov_Resp→x4 x9 x10 x12),
    group (female) ginvariant (none)    //No constraints on groups
    means (Depress@0 Gov_Resp@0)    //Means not estimated, fixed at 0
estimates store form    //储存起来后面做模型比较用
```

命令 ginvariant（none）不要求各组对应的参数估计值相等，相当于将相同形式的测量模型用于不同组。命令 Means（Depress@0 Gov_Resp@0）则将潜变量在每一组的均值设定为 0。我们称之为"相同框架"模型，估计结果如下表所示：

表 8-11 所有系数都不相同时的估计结果

	Depress	
x_1 [*]	1.0000	(.)
_cons		
male	3.3157****	(142.67)
female	3.1375****	(131.86)
x_2		
male	−0.7023****	(−11.26)
female	−0.7578****	(−13.42)
_cons		
male	2.1695****	(87.80)
female	2.2232****	(94.30)
x_3		
male	0.6718****	(11.38)
female	0.7070****	(13.15)
_cons		
male	3.6560****	(168.57)
female	3.5965****	(160.22)
Gov_Resp		
x_4 [*]	1.0000	(.)
_cons		
male	2.4128****	(65.42)
female	2.2636****	(65.29)
x_9		
male	1.0914****	(12.44)
female	1.1914****	(10.77)
_cons		
male	2.3378****	(72.02)
female	2.2169****	(67.48)

(续表)

	Depress
x_{10}	
male	1.0266**** (11.31)
female	1.3452**** (10.75)
_cons	
male	2.3096**** (61.12)
female	2.1627**** (57.42)
x_{12}	
male	0.9152**** (12.04)
female	1.0562**** (10.88)
_cons	
male	1.7936**** (65.60)
female	1.6368**** (63.69)
mean	
Depress [*]	0.0000 (.)
Gov_Resp [*]	0.0000 (.)
var (e.x1) #0.female	0.1180**** (4.65)
var (e.x1) #1.female	0.1283**** (6.00)
var (e.x2) #0.female	0.3384**** (16.41)
var (e.x2) #1.female	0.2566**** (14.80)
var (e.x3) #0.female	0.2377**** (14.55)
var (e.x3) #1.female	0.2393**** (15.06)
var (e.x4) #0.female	0.7548**** (16.66)
var (e.x4) #1.female	0.7102**** (17.29)
var (e.x9) #0.female	0.4378**** (12.92)
var (e.x9) #1.female	0.5109**** (14.67)
var (e.x10) #0.female	0.7907**** (16.64)
var (e.x10) #1.female	0.6851**** (14.86)
var (e.x12) #0.female	0.3132**** (13.01)
var (e.x12) #1.female	0.2527**** (11.65)
var (Depress) #0.female	0.3217**** (9.93)
var (Depress) #1.female	0.3206**** (10.79)
var (Gov_Resp) #0.female	0.3525**** (7.41)
var (Gov_Resp) #1.female	0.2431**** (6.42)
cov (Depress, Gov_Resp) #0.female	0.0374** (2.38)
cov (Depress, Gov_Resp) #1.female	0.0239* (1.81)
N	1607.0000
ll	−12362.4296

注：t statistics in parentheses，* 表示 $p<0.1$，** 表示 $p<0.05$，*** 表示 $p<0.01$，**** 表示 $p<0.001$。

可以将"相同框架模型"与之前设定的"所有系数都相等模型"进行比较。模型用 ginvariants（all）设定的 χ^2（48）=125.32，而使用命令 ginvariants（none）的 χ^2（26）=51，二者的差为 74.32。这个离差基于 22 个自由度（48－26），得到 $p<0.01$。检验该差值是否显著的另一个办法是 display chi2tail（22，74.32）=125.32，得到 $p=0.000000136$。从检验结果可知，不施加相等约束的模型比将所有参数都设为在不同组间相等的模型要显著更好。

综合上述估计结果，至少可以认为男性和女性具有相同形式的测量模型框架（测量指标相同且都显著），即达到第一级测量不变性标准。

（2）检验测量系数是否相等

在表 8-12 不施加约束的估计结果中，不同组测量系数有的差异比较大，有的比较小。对不同性别而言，载荷系数相等的约束是否成立？如果成立，则说明潜变量对不同性别组具有相同的含义。如果要证明测量系数相等则需将对应的参数在不同组间设为相等，可称之为"相同系数"模型。命令如下：

```
sem (Depress→x1 x2 x3) (Gov_Resp→x4 x9 x10 x12),    ///
group (female) ginvariant (mcoef) mean (Depress@0 Gov_Resp@0)
estimates store loadings    //储存起来做模型比较用
```

估计结果如表 8-12 所示。

表 8-12 检验测量系数组间相等的估计结果

Depress		
x_1 [*]	1.0000	(.)
_cons		
0. female	3.3157****	(142.99)
1. female	3.1375****	(131.59)
x_2	－0.7334****	(－17.54)
_cons		
0. female	2.1695****	(87.41)
1. female	2.2232****	(94.68)
x_3	0.6917****	(17.41)
_cons		
0. female	3.6560****	(168.46)
1. female	3.5965****	(160.32)
Gov_Resp		
x_4 [*]		
1.0000	(.)	
_cons		
0. female	2.4128****	(66.23)
1. female	2.2636****	(64.45)

（续表）

Depress	
x_9	1.1381**** (16.41)
_cons	
0. female	2.3378**** (72.33)
1. female	2.2169**** (67.16)
x_{10}	1.1694**** (15.61)
_cons	
0. female	2.3096**** (60.19)
1. female	2.1627**** (58.32)
x_{12}	0.9808**** (16.18)
_cons	
0. female	1.7936**** (65.54)
1. female	1.6368**** (63.75)
/mean	
Depress[*]	0.0000 (.)
Gov_Resp[*]	0.0000 (.)
var(e.x1)#0. female	0.1269**** (6.53)
var(e.x1)#1. female	0.1216**** (6.39)
var(e.x2)#0. female	0.3342**** (17.11)
var(e.x2)#1. female	0.2601**** (15.70)
var(e.x3)#0. female	0.2347**** (15.82)
var(e.x3)#1. female	0.2415**** (15.82)
var(e.x4)#0. female	0.7690**** (17.39)
var(e.x4)#1. female	0.6991**** (17.37)
var(e.x9)#0. female	0.4470**** (14.05)
var(e.x9)#1. female	0.5025**** (15.15)
var(e.x10)#0. female	0.7727**** (16.68)
var(e.x10)#1. female	0.7087**** (16.14)
var(e.x12)#0. female	0.3101**** (13.74)
var(e.x12)#1. female	0.2543**** (12.74)
var(Depress)#0. female	0.3108**** (11.89)
var(Depress)#1. female	0.3293**** (12.33)
var(Gov_Resp)#0. female	0.3114**** (8.75)
var(Gov_Resp)#1. female	0.2792**** (8.87)
cov(Depress,Gov_Resp)#0. female	0.0350** (2.41)
cov(Depress,Gov_Resp)#1. female	0.0254* (1.79)
N	1607.0000
ll	−12365.0744

注：t statistics in parentheses，* 表示 $p<0.1$，** 表示 $p<0.05$，*** 表示 $p<0.01$，**** 表示 $p<0.001$。

该模型的拟合指标估计命令为：

estat gof, stats (all)

表 8-13　相同框架模型与相等系数模型的拟合指标比较

Fit Statistic	Value		Description
	相同框架	相等系数	
Likelihood ratio			
chi2_ms (81)	50.999	56.289	model vs. saturated
p>chi2	0.002	0.004	
chi2_bs (105)	2312.80	2312.80	baseline vs. saturated
p>chi2	0.000	0.000	
Population error			
RMSEA	0.035	0.032	root mean squared error of approximation
90% CI, lower bound	0.02	0.018	
upper bound	0.049	0.045	probability RMSEA <= 0.05
pclose			
Information criteria			
AIC	24812.859	24808.149	Akaike's information criterion
BIC	25049.673	25018.052	Bayesian information criterion
Baseline comparison			
CFI	0.989	0.989	comparative fit index
TLI	0.982	0.985	Tucker-Lewis index
Size of residuals			
SRMR	0.03	0.032	standardized root mean squared residual
CD	0.945	0.944	coefficient of determination

注：多组比较不报告 pclose 指标。

新模型使用命令 ginvariant (mcoef) 设定不同组的测量系数相等，其他方面则与相同框架模型没有区别。此外，还估计了每个组的误差方差、潜变量协方差。相等系数模型的 χ^2 (31) = 56.29，并嵌套于之前的相同框架模型，后者的 χ^2 (26) = 51。两个模型的 χ^2 之差为 5.29。我们可以对两个模型进行似然比检验。估计命令如下：

```
lrtest form loadings            // Likelihood-ratio test
Likelihood-ratio test           LR chi2 (5) = 5.29
(Assumption: loadings nested in form)   Prob > chi2 = 0.3815
```

从检验结果可以看出，相等系数模型比相同框架模型更严格，而在统计上并没有显著更差（$p=0.3815$），并且相等系数模型的 RMSEA 和 CFI 指标更好。这些结果说明，相等系数模型会更好一些，指标变量在不同组（男、女）中的系数并没有显著差别，故潜变量在两个不同组间具有相同的含义。

如果检验结果表明，相等系数模型比相同框架模型显著更差，则应该拒绝采纳相等系数模型。也可以使用命令 estat ginvariant, showpclass（mcoef）检验哪些系数不相等。该命令可以对每一个受限参数进行 Score 检验，还可以对那些本应限制却没有限制的参数进行 Wald 检验。检验结果如下表所示：

表 8-14 参数差异显著性检验结果

Measurement	Wald Test			Score Test		
	chi2	df	p>chi2	chi2	df	p>chi2
Depress						
$x_1 \leftarrow$	.	.	.	0.389	1	0.5330
$x_2 \leftarrow$				0.253	1	0.6151
$x_3 \leftarrow$				0.006	1	0.9384
Gov_Resp						
$x_4 \leftarrow$	.	.	.	2.274	1	0.1316
$x_9 \leftarrow$				0.352	1	0.5528
$x_{10} \leftarrow$				3.467	1	0.0626
$x_{12} \leftarrow$				0.019	1	0.8897

从检验结果来看，只有一个指标 x_{10} 在两组之间的系数有显著差异，说明 x_{10} 作为潜变量的一个指标在两组间具有显著不同的重要性，应设为组间不相等，其他则仍可以设置为在组间相等。

(3) 相等误差方差

相等系数模型并没有要求误差方差也要在不同组间相等。前文的估计结果显示，各个指标的误差方差估计值在两组间差不多，① 可以考虑检验相等系数和相等误差方差。估计命令为：

  sem (Depress→x1 x2 x3)(Gov_Resp→x4 x9 x10 x12),
  group (female) ginvariant (mcoef merrvar) mean (Depress@0 Gov_Resp@0)
  estat gof, stats (all)

通过命令 merrvar ()，将各组的测量误差方差设为相等。得到的 $\chi^2(38)=74.62$，$p<0.001$，RMSEA=0.04，CFI=0.98。而相等系数模型的 $\chi^2(31)=56.29$，RMSEA=0.03，CFI=0.99。$\chi^2(7)=18.34$，$p<0.05$，说明与相等系数模型相比，相等误差方差模型要稍差一些，但 RMSEA 和 CFI 指标并没有明显的变化。

我们也可以使用命令 estat ginvariant, class 来检验究竟哪些误差方差在不同组间是不同的。如果存在显著不同的误差方差，则说明不同组对不同指标的回答结果确实有不同的独特方差。

---

① 可以先观察之前的估计结果，看两者是否差不多。如果差异不大，可以考虑将两者设为在组间相等，然后再进行检验。

（4）小结

表 8-15 是之前的估计和检验结果。

表 8-15 检验结果汇总

Model	χ^2 (df)	Comparison	χ^2 (df) diff	RMSEA	CFI
1. 相同框架	51 (26), $p<0.01$		not applicable	0.40	0.99
2. 相等系数	56.29 (31), $p<0.01$	2 v 1	5.29 (5), $p=0.38$	0.03	0.99
3. 相等测量误差	74.62 (38), $p<0.001$	3 v 2	18.34 (7), $p=0.01$	0.04	0.98
4. 相等潜变量误差协方差	76.91 (41), $p=0.001$	4 v 5	2.29 (3), $p=0.52$	0.03	0.98

* Tested against the equal loadings only model, StataCorp (2017a)。

从上表可以看出，几个模型与样本数据的拟合度都比较理想，挑选的标准应为相对更严格（约束更多）但依然显著的模型。在这些模型中，模型 2 是最佳的。它不比模型 1 显著更差。有人可能认为模型 3 也合适。但检验结果显示，它比模型 2 显著更差（$p=0.01$）。事实上，如果选择模型 3，还不如选择拟合更好的模型 4，因为模型 4 不比约束更少的模型 3 显著更差，但 MRSEA 和 CFI 指标更好。

8.4 结构方程模型多组比较

一、比较潜变量均值

结构方程模型多以方差—协方差的形式建模，指标、潜变量都是中心化的，往往忽略潜变量的均值和测量截距。如果研究人员仅仅想要考察潜变量之间路径的影响效应，以上分析尚可。但有时研究人员希望对比不同组的某个或多个潜变量均值、测量截距等，这时就必须拟合有均值的结构方程模型。结构均值模型（structured means models）就是用于检验显变量或潜变量的均值在各组间的差异是否显著。但在进行结构均值比较之前，首先需要确定各组的模型框架相同、因子载荷相等，即须达到第三等级测量不变性，[①] 这是进行进一步均值差异显著性检验的前提。如果检验通不过，各组因子均值就会失去可比性。

为比较潜变量均值，程序会将一组潜变量的均值设为 0，并将该组作为对照组，再估计另一组的潜变量均值。如果另一组的潜变量均值显著异于 0，则它与参照组均值之间有显著差异。具体而言，检验潜变量的均值差异（离差），并除以其标准误，得到一个 T^2 检验值（>2.0），从而判断该差异是否显著。有均值结构的测量模型如下：

$$x = \tau_x + \Lambda_x \xi + \delta \tag{8-1}$$

这个模型除了 Λ_x、Φ、Θ_δ 之外，还增加了两个参数，一个截距项 τ_x，一个是潜变

[①] 一些学者认为少量指标的载荷系数不同，也可以进行因子均值的比较，即满足第二等级的测量不变性也可以。

量 ξ 的均值 κ。x 的均值向量为：

$$E(x) = \tau x + \Lambda x \kappa \tag{8-2}$$

当 ξ 为中心化变量时（$\kappa=0$），τ_x 就是 x 的均值。

案例 1 同前述不同性别（男性＝0，女性＝1）对压抑（Depress）与政府责任（Gov_resp）不同看法的测量模型。在此进一步检验不同性别组基于两个潜变量的均值差异。

（数据来源：http://www.stata-press.com/data/dsemus/multgrp_cfa.dta）

将潜变量均值设为 0 时，截距项（_cons）就是各个指标变量的均值。如果测量模型在不同组的测量系数和测量截距都相同的话，潜变量不大可能有不同的均值；反过来说，如果各个指标的均值很不同，意味着不同组的潜变量均值之间很可能存在显著差异。为此，在检验潜变量均值是否相等之前，可以先检验测量指标的截距是否相等。首先观察各组间指标均值的差异大小，命令如下：

tabstat x1 x2 x3 x4 x9 x10 x12 if e(sample), statistics(mean) by(female)

表 8-16 各组指标变量的均值差异比较

female	x_1	x_2	x_3	x_4	x_9	x_{10}	x_{12}
man	3.315725	2.169533	3.65602	2.412776	2.337838	2.309582	1.793612
woman	3.137453	2.223203	3.596469	2.263556	2.216898	2.162673	1.636822
total	3.227754	2.196017	3.626633	2.339141	2.278158	2.237088	1.716241

注：StataCorp（2017a）。

也可以使用如下命令进行检验：

sem (Depress→x1 x2 x3)(Gov_Resp→x4 x9 x10 x12), ///
group(female) ginvariant(mcoef mcons) mean(Depress@0 Gov_Resp@0)

表 8-17 各组间指标截距差异显著性的检验结果

Depress	
x_1 [*]	1.0000 (.)
_cons [*]	3.2279**** (188.35)
x_2	−0.7263**** (−17.58)
_cons [*]	2.1934**** (127.48)
x_3	0.6869**** (17.43)
_cons [*]	3.6270**** (229.96)
Gov_Resp	
x_4	1.0000 (.)
_cons [*]	2.3347**** (91.39)

(续表)

Depress		
x_9	1.1315****	(16.58)
_cons [*]	2.2745****	(97.30)
x_{10}	1.1669****	(15.78)
_cons [*]	2.2326****	(82.81)
x_{12}	0.9821****	(16.38)
_cons [*]	1.7102****	(89.61)
mean		
Depress	0.0000	(.)
Gov_Resp	0.0000	(.)
其他结果	略	

注：t statistics in parentheses，* 表示 $p<0.1$，** 表示 $p<0.05$，*** 表示 $p<0.01$，**** 表示 $p<0.001$。

设置为相等截距的前面有"*"标识。相等截距和相等系数模型的 $\chi^2(38)=104.78$，$p<0.001$，而截距不相等的相等系数模型的 $\chi^2(31)=56.29$。两者的差为 $\chi^2(7)=48.49$，$p<0.001$。基于这个结果，可以拒绝相等截距约束。这意味着有必要继续比较潜变量均值的差异，并检验该差异的显著性。

在本案例中，男性为参照组（female=0）。

```
sem (Depress→x1 x2 x3) (Gov_Resp→x4 x9 x10 x12),    ///
    group (female) ginvariant (mcoef mcons)
```

上述命令中，ginvariant (mcoef mcons) 将指标变量的截距设为相等，因而指标变量的均值差异会反映到潜变量均值之上。作为对照组，男性的潜变量均值设为0，而女性的潜变量均值会不同。由于没有限定测量误差方差相等，该模型实际上是相等载荷系数模型，而不是相等误差方差模型。估计结果如下表所示：

表 8-18 潜变量均值比较的检验结果

Depress	估计系数	
x_1	1.0000	(.)
_cons	3.3017****	(143.34)
x_2	−0.7085****	(−17.13)
_cons	2.1401****	(104.46)
x_3	0.6689****	(17.01)
_cons	3.6760****	(196.06)
Gov_Resp		
x_4	1.0000	(.)
_cons	2.4061****	(79.24)

(续表)

Depress	估计系数
x_9	1.1288**** (16.61)
_cons	2.3532**** (80.11)
x_{10}	1.1655**** (15.80)
_cons	2.3158**** (70.19)
x_{12}	0.9843**** (16.40)
_cons	1.7813**** (71.10)
mean	
Depress	
male	0.0000 (.)
female	−0.1505**** (−4.61)
Gov_Resp	
male	0.0000 (.)
female	−0.1364**** (−4.22)
var(e.x1)#0.female	0.1193**** (5.88)
var(e.x1)#1.female	0.1138**** (5.71)
var(e.x2)#0.female	0.3386**** (17.21)
var(e.x2)#1.female	0.2646**** (15.80)
var(e.x3)#0.female	0.2384**** (15.95)
var(e.x3)#1.female	0.2454**** (15.89)
var(e.x4)#0.female	0.7688**** (17.39)
var(e.x4)#1.female	0.6991**** (17.37)
var(e.x9)#0.female	0.4498**** (14.18)
var(e.x9)#1.female	0.5051**** (15.26)
var(e.x10)#0.female	0.7729**** (16.71)
var(e.x10)#1.female	0.7092**** (16.17)
var(e.x12)#0.female	0.3087**** (13.65)
var(e.x12)#1.female	0.2529**** (12.66)
var(Depress)#0.female	0.3207**** (11.95)
var(Depress)#1.female	0.3393**** (12.43)
var(Gov_Resp)#0.female	0.3126**** (8.83)
var(Gov_Resp)#1.female	0.2801**** (8.94)
cov(Depress, Gov_Resp)#0.female	0.0356** (2.42)
cov(Depress, Gov_Resp)#1.female	0.0259* (1.80)
N	1607.0000
ll	−12370.8410

注：t statistics in parentheses, * 表示 $p<0.1$, ** 表示 $p<0.05$, *** 表示 $p<0.01$, **** 表示 $p<0.001$。

检验结果显示，女性的潜变量均值显著更低。问题在于这个差异是否够大吗，很多期刊还要求作者报告另一个指标——效应量（effect size, ES）。它的计算公式为：

$$ES = 潜变量均值差 / 潜变量标准差均值$$

$$=-0.15/0.58=-0.26$$

潜变量标准差均值就是两组的标准差之和除以2（方差为0.32和0.34，标准差则为0.57和0.58）。效应量等于-0.26，代表一个小到中度的差异。[①] 女性比男性要低1/4左右。如果两组的样本量差异很大，则需要根据样本量大小计算加权均值。

案例2 针对老年人健康的五期潜变量均值差异，使用图5-5的二阶四因子测量模型。

（数据来源：CLHLS 2002、2005、2008、2011、2014年五期数据）

命令如下：

```
sem (Function→katz@1 iadl ads)       ///
    (Physical→ill@1 slow)            ///
    (Mental→mmse@1 lone)             ///
    (Social→social@1 outdoor)        ///
    (Health→Function@1 Physical Mental Social), var (Health@1)
    group (year)
```

表8-19 基于多组比较结构方程模型的潜变量均值差异显著性检验结果

估计结果	年份	2002—2014 5期	2005—2014 4期	2008—2014 3期	2012—2014 2期
均值差异检验	2002	0.000			
	2005	0.033**	0.000		
		(2.41)	(.)		
	2008	-0.011	-0.049***	0.000	
		(-0.80)	(-3.45)	(.)	
	2011	0.065***	0.029*	0.078***	0.000
		(4.03)	(1.80)	(4.89)	(.)
	2014	0.119***	0.082***	0.131***	0.055***
		(6.41)	(4.38)	(7.04)	(2.65)
测量模型估计结果	二阶	略	略	略	略
	一阶	略	略	略	略
拟合指标	N	55041	40892	27037	13076
	RMSEA	0.064	0.063	0.062	0.057
	CFI	0.934	0.937	0.939	0.953
	TLI	0.931	0.933	0.933	0.945
	SRMR	0.055	0.051	0.048	0.055
	R^2（CD）	0.920	0.917	0.922	0.931

资料来源：Yinan Yang, Meng Yingying, Is China Moving Towards Healthy Aging? A Tracking study based on 5 Phases of CLHLS Data, *International Journal of Environmental Research and Public Health*, 2020, 17 (12), pp. 4343-4356。

[①] ES低于0.1为较小，0.25之下为中度，0.4之上为较大。

表 8-19 以 2002 年老年人健康均值作为参照系（设为 0）。结果表明，2005 年潜变量均值在 5% 水平下显著高于 2002 年健康均值，高了 3.3%；2008 年的均值差异为负数，但不显著；2011 年比 2002 年在 1% 水平下显著高了 6.5%；2014 年比 2002 年在 1% 水平下显著高了 11.9%。之后则以 2005 年的老年人健康均值作为基准。检验结果表明，2008 年比 2005 年在 1% 水平下显著低了 4.9%；2011 年在 10% 水平下比 2005 年显著高了 2.9%；2014 年则在 1% 水平下显著高了 8.2%。再以 2008 年老年人健康均值为参照系。检验结果表明，2011 年在 1% 水平下比 2008 年显著高了 7.8%；2014 年则在 1% 水平下比 2011 年显著高了 13.1%。最后以 2011 年老年人健康均值作为参照系。检验结果表明，2014 年比 2011 年在 1% 水平下显著低了 5.5%。表 8-19 中，只有 2008 年比 2002 年低（不显著）、2008 年比 2005 年显著更低。这说明，后期的老年人总体上比前期的同龄老年人更健康。

此外，当整体上的因子均值确实有显著差异而组数又较多时（≥2），一般还需要进一步作多重比较，即比较每两组之间的差异显著性。这和传统方差分析的做法是一样的。实际上，结构均值模型中，显变量均值差异检验类似于两组均值差异显著性的 t 检验、多组均值差异的方差或协方差分析（ANOVA），而潜变量均值差异检验却是 SEM 独有的，是方差分析在潜变量的拓展。

相比方差分析，结构均值模型具有以下优点：第一，可以在方差分析之前，先检验测量工具的可比性（比较的前提）。第二，传统方差分析并不处理测量误差，但结构均值模型可正确处理或调校测量上的误差。在比较均值时，可以允许测量误差的方差不同，同时将各组间的路径系数设为相等。第三，结构均值模型可以处理部分测量不变性模型的多组比较，而方差分析则不行。(Vandenberg, Lance, 2000)。

此外，尽管较少用到，有时我们也需要比较不同组潜变量的方差、协方差。可以拟合两个不同的模型：一个使协方差在不同组间不同，另一个则将协方差限定为相等。如果限定相等的模型具有显著更差的拟合指标，则可以判断协方差确实是显著不同的。

二、结构方程模型多组比较

多组比较也可应用于一个完整的结构方程模型。首先要检验和确定测量模型的不变性，即潜变量对不同组是否具有相同或相似的含义；之后再继续比较结构方程模型，即解释潜变量在预测结果变量时是否同等重要。如果不进行事先检验，多组比较模型会默认各组的测量系数和测量截距在组间是相同的，从而确保潜变量对各组具有相同的含义，但误差方差在各组间可以不同。

Acock（2013）的一个案例是使用生理健康（physical fitness, Physical）、吸引力（attractivenesss, Appear）预测他或她与同伴的关系（relationship with peers, Peerrel）。比较对象是四年级和五年级的学生。

（数据来源：http://www.stata-press.com/data/r12/sem_2fmmby.dta, clear）

估计命令如下：

```
sem (Peerrel→peerrel1 peerrel2 peerrel3 peerrel4)       ///
    (Appear→appear1 appear2 appear3 appear4)            ///
    (Physical→phyab1 phyab2 phyab3 phyab4)              ///
    (Appear Physical→ Peerrel), group (grade)
```

表 8-20 多组比较结构方程模型估计结果

Peerrel	估计系数
1. grade # c. Appear	0.4916**** (6.50)
2. grade # c. Appear	0.3491**** (6.35)
1. grade # c. Physical	0.2771** (2.53)
2. grade # c. Physical	0.1890*** (2.70)
peerrel1	
grade # c. Peerrel	1.0000 (.)
grade	8.7241**** (73.63)
peerrel2	
grade # c. Peerrel	1.2060**** (11.51)
grade	7.8741**** (57.83)
peerrel3	
grade # c. Peerrel	1.4382**** (12.21)
. grade	7.4182**** (47.70)
peerrel4	
grade # c. Peerrel	1.2616**** (12.20)
grade	8.1967**** (59.54)
appear1	
grade # c. Appear	1.0000 (.)
grade	7.5174**** (39.57)
appear2	
grade # c. Appear	1.0994**** (15.69)
grade	7.1628**** (33.97)
appear3	
grade # c. Appear	1.1914**** (15.91)
grade	7.2004**** (32.88)
appear4	
1. grade # c. Appear	1.0312**** (14.84)
grade	7.3708**** (37.81)
phyab1	
1. grade # c. Physical	1.0000
grade	8.3348**** (61.44)
phyab2	
grade # c. Physical	0.8518**** (9.66)
grade	8.3443**** (66.57)

(续表)

Peerrel	估计系数
phyab3	
grade # c. Physical	1.3805**** (12.89)
grade	8.3471**** (48.47)
phyab4	
grade # c. Physical	1.2269**** (12.96)
grade	8.6127**** (56.17)
mean（Appear）#1. grade	0.0000 (.)
mean（Appear）#2. grade	−0.0377 (−0.18)
mean（Physical）#1. grade	0.0000 (.)
mean（Physical）#2. grade	−0.0904 (−0.61)
cov（Appear，Physical）#1. grade	1.4739**** (5.10)
cov（Appear，Physical）#2. grade	0.9633**** (5.28)
N	385.0000
ll	−8994.6625

注：t statistics in parentheses，* 表示 $p<0.1$，** 表示 $p<0.05$，*** 表示 $p<0.01$，**** 表示 $p<0.001$。

资料来源：Acock (2013)。

我们可以将结构系数设为在各组间相等，从而与不设定相等的估计结果作比较。命令如下：

```
sem (Peerrel→peerrel1 peerrel2 peerrel3 peerrel4)    ///
    (Appear→appear1 appear2 appear3 appear4)         ///
    (Physical→phyab1 phyab2 phyab3 phyab4)           ///
    (Appear@a1 Physical@b1→Peerrel), group (grade)
estat gof, stats (all)
estat ggof
estat eqgof
```

新模型估计的 $\chi^2(123)=275.09$，$p<0.001$，之前模型的 $\chi^2(121)=267.19$，$p<0.0000$。两个模型的 χ^2 值之差为 7.90，自由度之差为 2，故对该差值的 $\chi^2(2)=7.9$，$p<0.05$。

从 RMSEA 和 CFI 指标来看，新模型并没有拟合得更差，但从卡方值检验来看，新模型确实又显著更差。事实上，如果样本量特别大，即使系数差异很小，χ^2 值也可能会显著。但本案例的样本量却不是很大。因此，在很大程度上可以认为应将结构模型的路径系数在各组间设为不相等。究竟是哪一组路径系数不相等？使用命令：

```
estat ginvariant
```

表 8-21 组间系数差异显著性检验结果

	Wald test			Score test		
	chi2	df	$p>$chi2	chi2	df	$p>$chi2
Structural						
Peerrel						
Appear .	.	.	.	6.823	1	0.0090
Physical .	.	.	.	4.730	1	0.0296
Measurement						
peerrel1						
Peerrel .	.	.	.	3.144	1	0.0762
_cons .	.	.	.	1.119	1	0.2901
peerrel2						
Peerrel .	.	.	.	2.953	1	0.0857
_cons .	.	.	.	0.156	1	0.6933
peerrel3						
Peerrel .	.	.	.	0.507	1	0.4766
_cons .	.	.	.	1.072	1	0.3005
peerrel4						
Peerrel .	.	.	.	0.073	1	0.7875
_cons .	.	.	.	0.989	1	0.3201
appear1						
Appear .	.	.	.	2.744	1	0.0976
_cons .	.	.	.	2.066	1	0.1506
appear2						
Appear .	.	.	.	0.471	1	0.4924
_cons .	.	.	.	4.227	1	0.0398
appear3						
Appear .	.	.	.	1.075	1	0.2999
_cons .	.	.	.	0.047	1	0.8293
appear4						
Appear .	.	.	.	0.343	1	0.5579
_cons .	.	.	.	1.579	1	0.2089
phyab1						
Physical .	.	.	.	2.093	1	0.1480
_cons .	.	.	.	0.804	1	0.3699
phyab2						
Physical .	.	.	.	0.115	1	0.7340
_cons .	.	.	.	0.380	1	0.5378

(续表)

	Wald test			Score test		
	chi2	df	$p>$chi2	chi2	df	$p>$chi2
phyab3						
Physical	.	.	.	1.711	1	0.1909
_cons	.	.	.	2.963	1	0.0852
phyab4						
Physical	.	.	.	0.042	1	0.8375
_cons	.	.	.	4.309	1	0.0379

资料来源：Acock（2013）。

Wald test 检验结果说明，可以将所有的误差方差项设为在各组间相等，但检验值也有问题，其一，只是估计如果限定某一个参数在各组间相等所带来的卡方值减少量；第二，这个估计值只是针对单个参数的估计值。尽管约束单个误差方差相等也许不会产生显著效应，但如果同时将所有误差方差都设为在各组间相等，结果可能有所不同。

后四列为 Score test，即拉格朗日乘子检验。该结果显示，如果减少一个相等约束，卡方检验值将减少多少。就测量模型的结果来看，去除任一路径的相等约束都不会显著降低卡方值。这是因为报告的所有卡方值减少额都小于 3.84，即临界值：$\chi^2(1)=3.84$，$p<0.05$。

在表 8-20 的结构模型估计系数（第二行）中，去除相等约束能显著改善模型的拟合值（6.823 和 4.73）。这些路径系数在各组间都有显著差异。因此，将这些路径设为相等要劣于将这些路径系数恢复为在各组间不相等的做法。

分组回归、多组比较都是在总体回归（平均效应）的基础上进一步考察观测值的异质性，但分组往往依据一些外生的变量，如性别、年龄、教育程度，等等。这些外生变量是造成观测值异质性的一部分原因，但观测值的异质性是多种因素综合作用的结果。因此，仅仅使用一个外生变量对观测值进行分组，难以捕捉这种异质性的全部，在分组时会存在较大的误差。而第 7 章介绍的潜类别模型，使用基于多个测量指标的分类型潜变量来对观测值进行分组，能更准确地识别出观测值异质性，分组结果更准确。

第 9 章

结构方程模型：多层效应

回归方程模型的一个基本假设是观测值个体之间要相互独立，并估计出固定效应。独立性假设在现实使用的数据中往往难以满足，一般情况下可以通过 vce（robust）、vce（cluster）来调校。但当数据呈嵌套结构，并产生显著的随机效应时，就必须使用多层模型处理。结构方程模型不仅可以处理单层模型，也可以估计两层、三层等多层模型。多层模型只能使用 gsem 命令估计，[①] 不能使用 sem 命令估计。

9.1 多层回归与路径模型

一、多层模型简介

社会科学研究的是复杂开放系统中的问题，个体行为必然会受到外部环境的影响。虽然我们在一些研究中能控制实验条件、使用控制组或对照组，但外部环境因素常常无法被控制或消除。这使得能测量和分析观测值所处情境、环境、生态等外部因素系统性影响的模型尤为重要。（Luke，2004）

事实上，我们平时使用的微观调查数据往往都不是简单随机抽样，而是多阶段分层复杂抽样的。样本数据往往并不满足观测值独立性假设，而呈嵌套（nested）结构。这种数据也常被称为多层（hierarchical）、多水平（multilevel）、聚类（cluster-correlated）数据结构。

如果组数比较少（2—4 组），可以通过分组回归（显变量）或多组 SEM（潜变量）分析，此时组效应仍假设为固定效应。当组数很多时（如超过 10 组），数据就会呈多层结构，个体嵌套在组里面。例如，学生属于学校，一些学校可能更好，另一些学校可能更差，势必影响各自的学生成绩。这里实际上存在着没有被测量出来的效应——组织的影响。它对组织内各个观测个体的影响是相同的，但不同组织的影响却不一样。这些影响或效应并不是个人层面因素所能决定的。

嵌套型样本如果在个体层面进行回归，就没有考虑不同层级之间的差异；如果对层级进行回归，又忽略了个体之间的差异。尽管绝大多数回归模型选择在观测个体层

[①] 多层模型也可以使用专用命令 me（如 mixed、meglm、metobit、melogit、meologit 等）估计，请参考 *STATA Multilevel Mixed-Effects Reference Manual Release* 15。

面进行估计,但得到的估计结果实际上并不完全源自观测个体层面,还可能夹杂更高层面(如组织、机构、层级等)的影响。很显然,传统回归模型的OLS估计[①]无法很好地捕捉数据本身的特点,会导致估计误差。

尽管多层和嵌套分析的想法由来已久,但直到20世纪90年代才发展成为一套系统完整的理论和方法。(侯杰泰、温忠麟、成子娟,2004)多层模型又称为混合效应模型,包括固定效应和随机效应。它主要考虑了数据属于不同组别(层级)所产生的随机效应,不要求误差相互独立和方差齐性假设。(温忠麟、刘红云和侯杰泰,2012)多层分析不仅可以减少上述统计误差,而且可以避免由人为选择分析单位所导致的错误;并且各层样本均可作为分析单位,还可以研究它们之间的交互作用。(侯杰泰、温忠麟、成子娟,2004)这种多层分析技术解决了困扰社会科学达半个多世纪的生态谬误(ecological fallacy)。

二、多层回归模型

多层回归模型常被称为多层线性模型(hierarchical linear modeling,HLM)。它也包括固定效应和随机效应。固定效应就是传统回归模型估计出来的回归系数;随机效应则包括随机截距、随机斜率。当使用结构方程模型时,估计随机效应就是把需要测量的层级效应参数化为一个潜变量,通过估计其影响作用的方差或协方差、系数评判。(StataCorp,2017b)

(一)随机截距回归模型

假设 x_1、x_2 是 y 的解释变量,如果数据中有观测个体住处所在地区的变量,我们可以在模型中添加所处地区带来的随机效应——随机截距(影响起点),如图9-1所示。

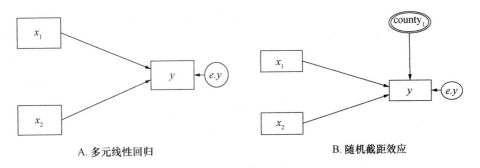

A. 多元线性回归　　　　　　　　　B. 随机截距效应

图9-1　回归模型与随机截距回归模型的路径图比较

资料来源:StataCorp(2017a)。

A模型是一个线性回归模型,方程式为:$y=\alpha+\beta x_1+\gamma x_2+\varepsilon$,而图9-1中的B是

---

① OLS估计一般都假设样本数据是简单随机抽样的,但现实中的样本数据大多为多阶段、多层、整群等复杂抽样设计。

一个两层回归模型：观测值层面和地区层面，方程为：$y=\alpha+\beta x_1+\gamma x_2+M_{1,C}+\varepsilon$，或 $y=\alpha+\beta x_1+\gamma x_2+\delta M_{1,C}+\varepsilon$。其中，参数 δ 的值被程序自动设为 1。自动设定是为了解决潜变量没有原始量纲（单位）的问题。当然，我们也可以将该层级潜变量的方差设为 1，则程序会估计出该层级潜变量的系数。

图 9-1 中 B 模型的估计命令如下：

gsem (x1 x2 M1 [county] →y)

或　gsem (y←x1 x2 M1 [county])

上述模型也可以使用专用的混合效应估计命令：

mixed y x1 x2 ‖ county：

研究者也可以设计一个三层模型。例如，观测值嵌套于地区，地区嵌套于省份。这意味着两个层面的外部环境因素（生态）都会影响被解释变量的截距（起点值）。模型如下图所示：

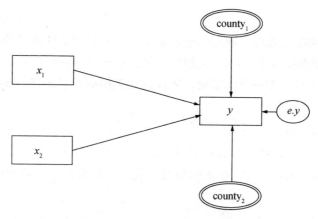

图 9-2　三层随机截距回归模型

资料来源：StataCorp (2017a)。

三层随机截距线性回归模型的方程式为：$y=\alpha+\beta x_1+\gamma x_2+M_{1,C}+M_{2,S}+\varepsilon$ 或 $y=\alpha+\beta x_1+\gamma x_2+\delta M_{1,C}+\zeta M_{2,S}+\varepsilon$。其中，gsem 命令自动设定 $\delta=\zeta=1$。命令程序为：

gsem (y←x1 x2 M1 [county<state] M2 [state])

上述模型也可以使用专门的混合效应估计命令：

mixed y x1 x2：‖ state：‖ county：

研究者还可以使用更多层级的随机截距模型，此时需要更多数据去拟合模型，并且可能还会遇到其他估计问题（如模型不收敛）。

案例 1　研究影响代际流动性的两层随机截距模型估计如下：

gsem (isei_self←isei_father isei_market edu healthy yes_boss M1 [province]

gender age age2 identity party private lnincome year2010 year2012),
vce (robust) var (M1 [province] @1)

```
Fitting fixed-effects model:
Iteration 0: log likelihood = -35381.91
Iteration 1: log likelihood = -35381.91
Refining starting values:
Grid node 0: log likelihood = -35353.561
Fitting full model:
Iteration 0: log pseudolikelihood = -35353.561
Iteration 1: log pseudolikelihood = -35349.325
Iteration 2: log pseudolikelihood = -35349.083
Iteration 3: log pseudolikelihood = -35349.083
Generalized structural equation model    Number of obs = 8,991
Response      : isei_self
Family        : Gaussian
Link          : identity
Log pseudolikelihood = -35349.083
 (1) [/] var(M1[province]) = 1
```

(Std. Err. adjusted for 31 clusters in province)

表 9-1 两层随机截距模型估计结果

	被解释变量					
isei_self	coef.	Robust Std.	Err. z	$P>z$	[95% Conf. Interval]	
isei_father	0.102606	0.0277996	3.69	0.000	0.0481199	0.1570922
isei_market	-0.0056609	0.0040704	-1.39	0.164	-0.0136387	0.0023169
edu	5.782238	0.1990926	29.04	0.000	5.392024	6.172453
healthy	0.2586976	0.1517267	1.71	0.088	-0.0386813	0.5560765
yes_boss	1.752153	0.3726164	4.70	0.000	1.021839	2.482468
gender	-0.7432949	0.2608723	-2.85	0.004	-1.254595	-0.2319947
age	-0.2917067	0.0847441	-3.44	0.001	-0.4578021	-0.1256113
age2	0.0042068	0.0009754	4.31	0.000	0.002295	0.0061186
identity	-0.5141608	0.3916451	-1.31	0.189	-1.281771	0.2534495
party	2.948273	0.519982	5.67	0.000	1.929128	3.967419
private	-2.435788	0.4818389	-5.06	0.000	-3.380175	-1.491402
lnincome	1.967081	0.2061564	9.54	0.000	1.563022	2.37114
year2010_2	-1.94802	0.5766872	-3.38	0.001	-3.078308	-0.8177363
year2012	-1.773165	0.6095401	-2.91	0.004	-2.967841	-0.5784879
M1[province]	1.596086	0.342131	4.67	0.000	0.9255214	2.26665
_cons	4.427308	2.540691	1.74	0.081	-0.552355	9.406972
var(M1[province])	1 (constrained)					
var(e.isei_self)	151.3632	4.783951			142.2714	161.0361

在上述命令程序中，我们使用命令 var（M1[province]@1）将该层级潜变量的

方差设为 1，故而可估计出该层级潜变量的系数。M1［province］的系数为 1.596086，z 值为 4.67，且在 0.1％的水平下显著。这也说明了控制住省份这个层级潜变量效应的必要性。如果不控制，会导致个体观测值层面的 isei_father 影响 isei_self 的系数被高估（读者可以自己去估计单层模型，再将结果进行比较）。

案例 2 研究社会流动影响收入差距的三层（个体—地市—省份）嵌套随机截距模型估计命令如下：

```
gsem (gap_pro ←mobility_isei mobile_b M1[s41] M2[s42<s41]
gender identity age age2 party edu health), var (M1[s41] @1) var (M2
[s42<s41] @1)

Fitting fixed-effects model:
Iteration 0: log likelihood = -66931.188
Iteration 1: log likelihood = -66931.188
Refining starting values:
Grid node 0: log likelihood = -66931.188
Fitting full model:
Iteration 0: log likelihood = -66931.188 (not concave)
Iteration 1: log likelihood = -66883.402 (not concave)
Iteration 2: log likelihood = -66873.427 (not concave)
Iteration 3: log likelihood = -66865.819
Iteration 4: log likelihood = -66856.737
Iteration 5: log likelihood = -66846.035
Iteration 6: log likelihood = -66845.603
Iteration 7: log likelihood = -66845.6

Generalized structural equation model      Number of obs = 5,619
Response       : gap_pro
Family         : Gaussian
Link           : identity
Log likelihood = -66845.6
(1) [/] var (M1[s41]) = 1
(2) [/] var (M2[s41>s42]) = 1
```

表 9-2　三层嵌套随机截距模型估计结果

	被解释变量					
	gap_pro	coef.	Std. Err.	z	$P>z$	[95% Conf. Interval]
mobility_isei		-46.60181	26.57146	-1.75	0.079	-98.68092　5.477291
mobile_b		-1798.536	312.4844	-5.76	0.000	-2410.994　-1186.078
gender		-13445.09	967.6797	-13.89	0.000	-15341.71　-11548.48

(续表)

	被解释变量					
	gap_pro	coef.	Std. Err.	z	P>z	[95% Conf. Interval]
identity	624.1844	1216.667	0.51	0.608	−1760.439	3008.808
age	−789.2204	177.9099	−4.44	0.000	−1137.917	−440.5235
age2	9.034762	1.784902	5.06	0.000	5.536418	12.53311
party	−4093.647	1488.701	−2.75	0.006	−7011.448	−1175.846
edu	−6665.453	480.6097	−13.87	0.000	−7607.43	−5723.475
health	−1790.951	539.936	−3.32	0.001	−2849.206	−732.6955
M1 [s41]	−5021.196	1021.761	−4.91	0.000	−7023.81	−3018.582
M2 [s41>s42]	6317.392	773.1082	8.17	0.000	4802.128	7832.656
_cons	41962.19	5630.379	7.45	0.000	30926.85	52997.53
var(M1 [s41])	1 (constrained)					
var(M2 [s41>s42])	1 (constrained)					
var(e.gap_pro)	1.23e+09	2.35e+07			1.19e+09	1.28e+09

由于命令中将两个层级潜变量的方差都限定为 1，程序会估计出两个潜变量的系数，分别为 −5021.196、6317.392，且都在 0.1% 的水平下显著。这也说明控制住省、市两级潜变量的必要性和重要性。

（二）随机斜率多层回归模型

如果层级潜变量不是影响截距（起点），而是影响解释变量的斜率（变化率或发展速度），该随机效应就是多层随机斜率模型，如下图所示：

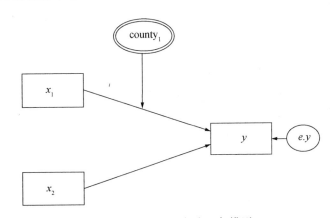

图 9-3 多层随机斜率回归模型

资料来源：StataCorp（2017a）。

命令程序如下：

    gsem (y←x1 c.x1#M1 [county]) (y←x2)

或 gsem (y←x1 c.x1#M1 [county] x2)

c 用于标识连续型变量。要标注随机斜率可以写为：c. variable # latent variable [grouping variable]。这里用到了因子变量符号。该模型方程表达式为：

$$y = \alpha + \beta x_1 + \gamma x_2 + \delta M_1, \quad cx_1 + \varepsilon_y \tag{9-1}$$

上式中，c 为地区代码，$\delta=1$ 是自动设定的。当设定 $\delta=1$ 时，可求出层级潜变量的方差（标准差）。我们也可以将该层级潜变量的方差设为 1，此时就可求出该层级潜变量影响被解释变量的路径（回归）系数。

检验代际流动性的两层随机斜率回归模型估计命令如下：

gsem (isei_self←isei_father isei_market edu healthy yes_boss gender age age2 identity party c.isei_father#M1[province] private lnincome year2010 year2012), vce(robust) var(M1[province]@1)

Fitting fixed-effects model：
Iteration 0：log likelihood = -35381.91
Iteration 1：log likelihood = -35381.91
Refining starting values：
Grid node 0：log likelihood = -35381.91
Fitting full model：
Iteration 0：log pseudolikelihood = -35381.91 (not concave)
Iteration 1：log pseudolikelihood = -35381.91 (not concave)
Iteration 2：log pseudolikelihood = -35381.91 (not concave)
Iteration 3：log pseudolikelihood = -35381.91 (not concave)
Iteration 4：log pseudolikelihood = -35381.91 (not concave)
Iteration 5：log pseudolikelihood = -35370.658
Iteration 6：log pseudolikelihood = -35362.239
Iteration 7：log pseudolikelihood = -35353.751
Iteration 8：log pseudolikelihood = -35353.704
Iteration 9：log pseudolikelihood = -35353.704

Generalized structural equation model   Number of obs = 8,991
Response   : isei_self
Family   : Gaussian
Link   : identity
Log pseudolikelihood = -35353.704
(1) [/] var(M1[province]) = 1
    (Std. Err. adjusted for 31 clusters in province)

表 9-3 双层随机斜率回归模型估计结果

被解释变量						
	isei_self	coef.	Robust Std. Err.	z	$P>z$	[95% Conf. Interval]
isei_father	0.11336	0.0360218	3.15	0.002	0.0427586	0.1839614
isei_market	−0.0073358	0.0054421	−1.35	0.178	−0.0180021	0.0033305
edu	5.770983	0.2000072	28.85	0.000	5.378976	6.16299
healthy	0.2362045	0.1536871	1.54	0.124	−0.0650167	0.5374256
yes_boss	1.767701	0.3673186	4.81	0.000	1.04777	2.487632
gender	−0.7393783	0.256525	−2.88	0.004	−1.242158	−0.2365986
age	−0.291902	0.0856094	−3.41	0.001	−0.4596934	−0.1241106
age2	0.0041939	0.0009827	4.27	0.000	0.0022678	0.00612
identity	−0.5077274	0.4220567	−1.20	0.229	−1.334943	0.3194885
party	2.952326	0.511044	5.78	0.000	1.950698	3.953954
private	−2.460141	0.486043	−5.06	0.000	−3.412768	−1.507515
lnincome	1.944676	0.2053657	9.47	0.000	1.542167	2.347185
year2010	−1.867806	0.5864346	−3.19	0.001	−3.017197	−0.7184157
year2012	−1.660371	0.6195106	−2.68	0.007	−2.87459	−0.4461527
c.isei_father#M1[province]	0.0373072	0.0079377	4.70	0.000	0.0217496	0.0528649
_cons	4.656958	2.560059	1.82	0.069	−0.3606653	9.674581
var(M1[province])	1 (constrained)					
var(e.isei_self)	151.5691	4.794738			142.457	161.2641

从表 9-3 的估计结果可以看出,影响斜率的层级潜变量 M1[province]的方差被固定为 1,估计出来的系数为 0.0373072,且在 1% 的水平下显著。这说明省级潜变量影响斜率(变化率)确实存在显著的随机效应。

(三)混合效应多层回归模型

外部的环境因素或组织差异可能既影响观测值的起点,又影响观测值的发展变化速度。这就要用到同时包含随机截距和随机斜率的模型,如下图所示:

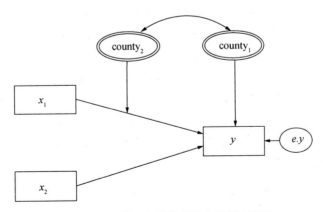

图 9-4 随机截距和随机斜率多层回归模型

资料来源:StataCorp(2017a)。

该模型包含了 idcode 的两个潜变量,一个潜变量代表随机截距,一个潜变量代表随机斜率。估计命令如下所示:

gsem (y←x1 x2 c.x1#M1 [county] M2 [county])

上述模型也可以使用专门的随机效应估计命令:

mixed y x1 x2 || id : x

模型的方程式如下:

$$y = \alpha + \beta x_1 + \gamma x_2 + \delta M_1,\quad cx_1 + \zeta M_1,\quad c + \varepsilon_y \tag{9-2}$$

上式中,c 是地区代码,gsem 程序自动设定 $\delta = \zeta = 1$。

案例 3 职工工资多层随机截距和随机斜率模型如下:

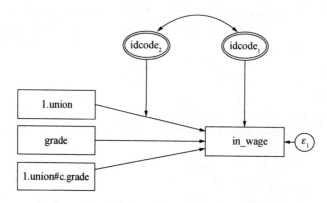

图 9-5 工资的随机截距和随机斜率回归模型

资料来源:StataCorp (2017a)。

代表随机截距和随机斜率的两个潜变量可以是相关的,但是通过协方差相关。在命令程序中,外生潜变量是默认相关的,不需要特别列明。而在 Builder 路径图中,外生潜变量被默认为不相关。如果要设为相关,就必须在路径图中用双箭头将二者连接起来。

该随机斜率模型实际上就是加入了一个交互项 i.union×M2 [idcode],也保留了1.union 的固定斜率(fixed-slope)。变量 1.union 在模型中的影响为:

$$\begin{aligned}\ln\_wage &= \cdots + \beta_3 \times 1.\text{union} + \beta_4 \times 1.\text{union} \times M2[idcode] + \cdots \\ &= \cdots + \beta_3 \times 1.\text{union} + \beta_4 \times M2[idcode] \times 1.\text{union} + \cdots \\ &= \cdots + (\beta_3 + \beta_4 \times M2[idcode]) \times 1.\text{union} + \cdots \end{aligned} \tag{9-3}$$

可见,1.union 的总效应(固定+随机),即总斜率为 $\beta_3 + \beta_4 \times M2[idcode]$。为了避免 M2 [idcode] 的量纲(不确定)导致的无解问题,限定 $\beta_4 = 1$。因此,总斜率就变为 $\beta_3 + M2[idcode]$,看起来更像一个固定斜率+随机斜率的组合。

该模型的估计命令如下:

gsem (ln_wage ← i.union grade i.union#c.grade M1 [idcode]
1.union#M2 [idcode])

案例 4 社会代际流动性的随机截距、随机斜率模型估计命令如下:

```
gsem (isei_self←isei_father isei_market edu healthy yes_boss
M1[province] c.isei_father#M1[province] gender age age2 identity
party private lnincome year2010 year2012), vce(robust) var(M1[prov-
ince]@1)
```

Fitting fixed-effects model:
Iteration 0: log likelihood = -35381.91
Iteration 1: log likelihood = -35381.91
Refining starting values:
Grid node 0: log likelihood = -35353.561
Fitting full model:
Iteration 0: log pseudolikelihood = -35353.561
Iteration 1: log pseudolikelihood = -35348.842
Iteration 2: log pseudolikelihood = -35348.563
Iteration 3: log pseudolikelihood = -35348.562
Generalized structural equation model Number of obs = 8,991
Response   : isei_self
Family   : Gaussian
Link   : identity
Log pseudolikelihood = -35348.562
(1) [/] var(M1[province]) = 1
   (Std. Err. adjusted for 31 clusters in province)

表 9-4 社会流动随机截距和随机斜率估计结果

	被解释变量					
isei_self	coef.	Robust Std. Err.	z	$P>z$	[95% Conf. Interval]	
isei_father	0.102551	0.0298495	3.44	0.001	0.044047	0.161055
isei_market	-0.0055714	0.0044118	-1.26	0.207	-0.0142183	0.0030756
edu	5.782142	0.1992876	29.01	0.000	5.391546	6.172739
healthy	0.2558038	0.1513126	1.69	0.091	-0.0407635	0.5523711
yes_boss	1.750425	0.3711696	4.72	0.000	1.022946	2.477904
gender	-0.7416537	0.2599097	-2.85	0.004	-1.251067	-0.23224
age	-0.2920635	0.0849676	-3.44	0.001	-0.4585968	-0.1255301
age2	0.0042102	0.0009773	4.31	0.000	0.0022947	0.0061258
identity	-0.5174544	0.3966651	-1.30	0.192	-1.294904	0.2599949
party	2.942314	0.5179901	5.68	0.000	1.927072	3.957556
private	-2.44185	0.4832568	-5.05	0.000	-3.389016	-1.494684
lnincome	1.965127	0.2056467	9.56	0.000	1.562067	2.368187
year2010	-1.927672	0.5864733	-3.29	0.001	-3.077139	-0.7782057
year2012	-1.756648	0.6176077	-2.84	0.004	-2.967137	-0.5461593

(续表)

	被解释变量					
	isei_self	coef.	Robust Std. Err.	z	P>z	[95% Conf. Interval]
M1[province]	1.243633	0.4313226	2.88	0.004	0.3982562	2.08901
c.isei_father# M1[province]	0.0096419	0.0083541	1.15	0.248	−0.0067319	0.0260156
_cons	4.431768	2.548226	1.74	0.082	−0.562664	9.4262
var(M1[province])	1 (constrained)					
var(e.isei_self)	151.3415	4.782511			142.2523	161.0114

（四）多层广义回归模型

上述多层线性回归模型也可以推广到多层广义线性回归模型，例如，检验两层 mlogit 模型的随机效应。

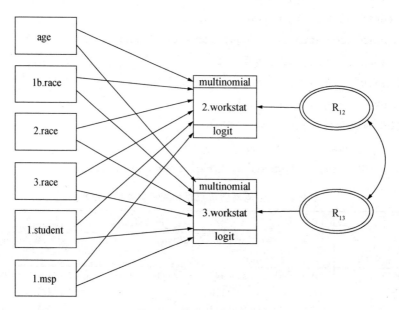

图 9-6　多层 mlogit 模型

资料来源：https://www.stata.com/stata-news/news29-2/path-diagram/。

被解释变量 workstatus 的取值为 1、2、3，分别代表就业、失业、不在劳动力市场三种状态。该模型的估计命令为：

gsem (2.workstat ←age i.race i.student i.msp RI2[idcode])
　　(3.workstat ←age i.race i.student i.msp RI3[idcode]), mlogit

双层潜变量[idcode]代表个体层面的随机效应，估计结果会报告该随机效应的方差，以及这两个外生多层潜变量之间的协方差。按照习惯，也可以进一步报告它们的标准差。命令为：

```
            display sqrt ( _ b [var (RI2 [idcode]): _ cons])
```
这种使用多层模型估计随机效应的办法等价于使用一个随机效应面板回归模型。对应的命令为：

```
            xtmlogit workstat age i. race i. student i. msp, re
```
一个使用泊松分布函数估计暴晒影响死亡率的多层模型估计命令如下：

```
    gsem (deaths←uv M1 [nation] M2 [nation>region]), poisson exposure (expected)
        estimates store poisson     //保存下来后面做模型比较用
```
该模型也可以使用 mepoisson 命令估计。命令如下：

```
    mepoisson dealths uv, exposure (expected) || nation: || region:
```

exposure () 选项是泊松分布和负二项分布特有的，加入变量（expected）意味着每一个观测值的风险暴露时间不同；如果不加，则意味着每一个观测值的风险暴露时间相同。

泊松分布没有考虑数据的过度离散（均值小于标准差）。相比泊松分布函数，负二项分布考虑了数据的过度离散，即标准差大于均值。估计命令如下：

```
    gsem (deaths ←uv M1 [nation] M2 [nation>region]), nbreg exposure (expected)
        estimates store nbreg     //保存下来做模型比较用
```

这个模型也可以使用专门的随机效应估计命令：

```
    menbreg deaths uv, exposure (expected) || nation: || region:
```

究竟要不要考虑数据的过度离散问题，或者说究竟是选择泊松分布还是负二项分布，可以使用似然比检验。命令如下：

```
    lrtest nbreg poisson
    检验结果：Likelihood-ratio test LR     chi2 (1)  = 17.84
    (Assumption: poisson nested in nbreg)  Prob>chi2 = 0.0000
```

根据上述检验结果，可以拒绝泊松分布已充分考虑数据过度离散问题。但该检验是相对保守的，因为只是检验方差是否接近于 0。lrtest 并不清楚负二项分布与泊松分布的关系实际上包含方差接近于 0。

三、多层中介模型

假设我们在单层中介模型的基础上加入第二层（branch，所在部门）的随机截距，就变成了多层中介模型，如下图所示：

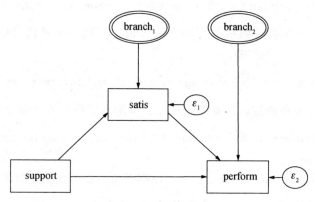

图 9-7 多层中介模型

资料来源：StataCorp（2017a）。

（数据来源：http://www.stata-press.com/data/r15/gsem_multmed）

多层中介模型必须使用 gsem 命令进行估计。估计命令如下：

```
gsem (perform ←satis support M1 [branch])       ///
     (satis  ← support M2 [branch]), cov (M1 [branch] * M2 [branch] @0)
```

相比之前的估计结果，加入层级潜变量之后的直接效应有所下降。我们可以通过手工计算分解直接效应、间接效应，可以将层级潜变量的方差设为 1，则程序会报告层级潜变量的系数估计值。

此外，gsem 命令也可以处理多层交互效应模型，限于难度和篇幅，笔者不再介绍多层交互效应模型，感兴趣的读者可以参考温忠麟、刘红云、侯杰泰（2012）第 7 章的内容。

四、何时使用多层模型？

在使用多层模型之前，需要检验使用多层模型的必要性。按照建模遵循的简约规则，如果复杂模型的统计并不优于简单模型，则应该首选更简洁的单层模型。检验的办法主要有：

(1) 根据报告的多层潜变量方差的 F 检验结果进行判断；

(2) 将多层潜变量的方差固定为 1，则会报告该多层潜变量的系数、z 值和显著性水平；

(3) 使用不含任何解释变量（只有多层潜变量）的模型，根据报告的总方差、组间方差，手工计算 ICC 值。如果 ICC 值大于 0.06，则应该使用多层模型；还可以计算设计效应（design effect），计算公式为：Deff＝1＋（组群平均规模－1）×ICC。当 Deff 大于 2 时，要考虑采用多层模型。

(4) 先估计一个单层模型，再估计一个多层模型，再对这两个模型进行嵌套模型

lrtest 检验;

(5) 使用 Mixed 专用命令估计该多层模型,再使用后续命令 estat icc。若 ICC 较大(>0.1)且显著,则意味着必须使用多层模型,而不是普通的 OLS 回归。因为回归分析会得到偏小的标准误,导致产生回归系数被高估的偏误。

9.2 多层结构方程模型

一、多层测量模型

(一) 两层测量模型

图 9-8 是一个双层测量模型,第一层是观测值(学生)层面,第二层是学校层面。变量 $school_1$ 被包纳于双圆之内,是代表层级的潜变量。它的含义是"层级对本层级内的样本观测值的影响是一样的,但各个层级之间(如校与校)的影响是不同的"。一般用符号 M♯ 表示,♯ 是圆内变量的下标,M 是代表层级的变量。该两层测量模型的含义是 x_1—x_4 的取值除了受到个体层面的潜变量 X 的影响,还受到双层潜变量 school 的影响。例如,x_1—x_4 四门课成绩的不同既有个体差异的原因,也有学校差异的因素。

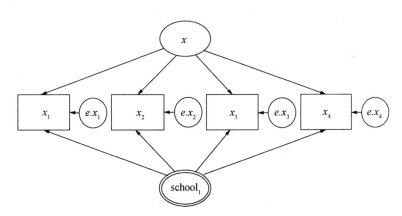

图 9-8 两层嵌套测量模型

资料来源:StataCorp (2017a)。

该两层测量模型的方程式如下所示:

$$x_i = \alpha_i + \beta_i X + \gamma_i M_{1,s} + e.x_i \tag{9-4}$$

上式中,s 代表学校代码。

估计程序命令如下:

```
gsem (x1 x2 x3 x4 ←X M1 [school])
```

可见,我们可以使用三种不同的方式来标识层级潜变量:在路径图中用双圆包纳的 $school_1$,命令程序中的 M1 [school],方程式中的 $M_{1,s}$。

（二）三层测量模型

很多时候，数据结构还会在第二层的基础上再添加第三层。例如，学生属于学校，学校属于地区。

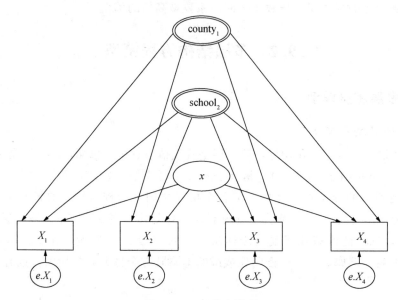

图 9-9　三层嵌套模型

资料来源：StataCorp（2017a）。

图 9-9 中，有两个层级潜变量。$county_1$ 代表县级潜变量，意味着地区一级对本地区内的样本观测值的影响是一样的（不变的），而不同区的影响则是有差异的。$school_1$ 是代表学校一级的潜变量，意味着学校的影响对本校的学生是一样的，而不同学校的影响则是有差异的。命令程序如下：

　　　　gsem（x1 x2 x3 x4 ←X M1 [county] M2 [county>school]）

或　　　gsem（x1 x2 x3 x4 ←X M1 [county] M2 [school<county]）

　　　　gsem（x1 x2 x3 x4 ←X M2 [county>school] M1 [county]）

　　　　gsem（x1 x2 x3 x4 ←X M2 [school<county] M1 [county]）

三层模型的方程表达式如下：

$$x_i = \alpha_i + \beta_i X + \gamma_i M_{1,c} + \delta_i M_{2,s} + e.x_i \tag{9-5}$$

上式中，c 代表地区代码，s 代表学校代码。

（三）广义多层测量模型

多层测量模型的指标变量也可以是二值 logit 变量，如下图所示：

第 9 章 结构方程模型：多层效应

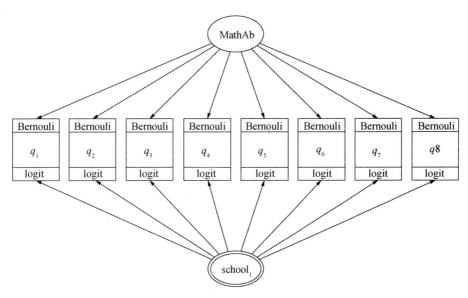

图 9-10 广义响应变量多层模型

资料来源：StataCorp（2017a）。

双圆内的 school$_1$ 代表校级层面的潜变量，意味着对校内观测值的影响是相同的，但各个学校之间的影响是有差异的。这个潜变量考虑（度量）了学校不同所带来的影响（如果有影响的话）。

（数据来源：http://www.stata-press.com/data/r15/gsem_cfa）

没有潜变量的估计命令为：

$$\text{gsem (MathAb} \rightarrow \text{q1 - q8), logit}$$

加入层级潜变量之后的估计命令为：

$$\text{gsem (MathAb M1 [school]} \rightarrow \text{q1 - q8), logit}$$

表 9-5 广义指标的多层模型估计结果

	（1） 广义测量	（2） 多层广义测量
q_1		
MathAb	1.0000 (.)	2.8075*** (2.97)
M1 [school]		1.0000 (.)
_cons	0.0373 (0.30)	0.0388 (0.24)
q_2		
MathAb	0.3816*** (3.27)	1.0000 (.)
M1 [school]		0.6674** (2.18)
_cons	−0.4613**** (−4.66)	−0.4631**** (−3.86)

（续表）

	（1） 广义测量	（2） 多层广义测量
q_3		
MathAb	0.4994**** (3.72)	1.4555*** (2.81)
M1[school]		0.3556 (1.17)
_cons	0.1533 (1.52)	0.1538 (1.44)
q_4		
MathAb	0.3300*** (3.10)	0.8421** (2.39)
M1[school]		0.7073** (2.07)
_cons	−0.3231**** (−3.37)	−0.3253*** (−2.71)
q_5		
MathAb	0.8402**** (4.21)	2.3995*** (2.96)
M1[school]		0.7296** (2.19)
_cons	−0.0495 (−0.43)	−0.0489 (−0.35)
q_6		
MathAb	0.6454**** (3.94)	1.8406*** (3.10)
M1[school]		0.4849* (1.70)
_cons	−0.3147*** (−2.91)	−0.3139*** (−2.65)
q_7		
MathAb	0.8164**** (3.99)	2.4440*** (3.05)
M1[school]		0.3677 (1.34)
_cons	0.1053 (0.91)	0.1062 (0.87)
q_8		
MathAb	0.5770**** (3.92)	1.6063*** (2.99)
M1[school]		0.5851* (1.70)
_cons	−0.0267 (−0.26)	−0.0262 (−0.22)
var（MathAb）	2.1511*** (2.95)	0.2461* (1.79)
var（M1[school]）		0.2121 (1.40)
N	500.0000	500.0000
ll	−2637.3759	−2630.2063

注：t statistics in parentheses，* 表示 $p<0.1$，** 表示 $p<0.05$，*** 表示 $p<0.01$，**** 表示 $p<0.001$。

表9-5中，M1[school]的方差为0.21，而另一个解释潜变量MathAb的方差为0.25，两者的方差差不多，均值都为0（外生潜变量的均值被模型设定为0）。但MathAb的路径系数在8个方程中都比M1[school]的大得多。可见，MathAb的影响比M[school]更大。另一种比较的办法是将两个潜变量的对应路径系数设为相等，再比较二者方差的大小。

二、多层结构方程模型

多层测量模型可以进一步扩展为多层结构方程模型。这种多层潜变量既可以影响外生潜变量,也可以影响内生潜变量。

图 6-10 含数学态度、数学能力两个因子的双因子模型,可以扩展为多层测量的潜变量,如图 9-10 所示。假设学生所在的学校(变量 school)会同时影响他们对数学的态度和数学能力,进而研究数学态度对数学能力的影响效应,就变成了一种多层结构方程模型。

此时,要特别注意多层潜变量只能置于各个因子的测量模型方程之内,而不能置于结构模型的方程之内。如果放入结构模型的方程:

gsem(MathAb > q1—q8, logit)(MathAtt → att1—att5, ologit) (MathAtt M1 [school] →MathAb)

此时,执行 gsem 命令会提示错误:MathAb may not be the destination of a path from M1 [school]。正确的估计命令如下:

gsem (MathAb M1 [school] → q1 - q8, logit)(MathAtt M1 [school] → att1 - att5, ologit) (MathAtt→MathAb)

估计结果为:

表 9-6 多层结构方程模型

	(1)
q_1	
M1 [school]	1.000 (.)
MathAb	1.000 (.)
_cons	0.045 (0.35)
q_2	
M1 [school]	3.321 (0.30)
MathAb	0.346*** (3.28)
_cons	−0.460**** (−4.37)
q_3	
M1 [school]	−0.176 (−0.06)
MathAb	0.544**** (3.93)
_cons	0.159 (1.54)
q_4	
M1 [school]	2.561 (0.30)
MathAb	0.286*** (3.01)
_cons	−0.321*** (−3.23)

(续表)

	(1)
q_5	
M1 [school]	−0.006 (−0.00)
MathAb	0.816**** (4.38)
_cons	−0.046 (−0.39)
q_6	
M1 [school]	−2.527 (−0.24)
MathAb	0.610**** (4.10)
_cons	−0.312*** (−2.80)
q_7	
M1 [school]	−1.854 (−0.23)
MathAb	0.726**** (4.21)
_cons	0.105 (0.92)
q_8	
M1 [school]	2.656 (0.30)
MathAb	0.582**** (4.07)
_cons	−0.025 (−0.23)
att_1	
M1 [school]	7.780 (0.28)
MathAtt	1.000 (.)
att_2	
M1 [school]	9.044 (0.28)
MathAtt	0.372**** (3.89)
att_3	
M1 [school]	0.978 (0.21)
MathAtt	−1.478**** (−4.49)
att_4	
M1 [school]	2.858 (0.25)
MathAtt	−0.789**** (−5.35)
att_5	
M1 [school]	−6.497 (−0.28)
MathAtt	0.535**** (4.61)
MathAb	
MathAtt	0.544**** (3.90)
/att1	
cut1	−1.147**** (−7.06)
cut2	−0.262* (−1.76)
cut3	0.310** (2.08)
cut4	1.387**** (8.14)

(续表)

	(1)
/att2	
cut1	−1.094**** (−7.31)
cut2	−0.197 (−1.40)
cut3	0.376*** (2.66)
cut4	1.179**** (7.80)
/att3	
cut1	−1.039**** (−6.15)
cut2	−0.047 (−0.33)
cut3	0.551**** (3.63)
cut4	1.645**** (7.99)
/att4	
cut1	−1.087**** (−8.54)
cut2	−0.212* (−1.87)
cut3	0.414**** (3.59)
cut4	1.413**** (10.33)
/att5	
cut1	−1.279**** (−9.20)
cut2	−0.338*** (−2.71)
cut3	0.231* (1.86)
cut4	0.963**** (7.28)
var（M1［school］）	0.003 (0.14)
var（e.MathAb）	1.802*** (3.00)
var（MathAtt）	1.689**** (3.72)
N	500.000
ll	−6371.051

注：t statistics in parentheses，**** 0.1% *** 1% ** 5% * 1%。

在没有控制学校层级潜变量的影响时，对数学的态度对数学能力的影响系数为 0.581，$z=3.93$。表 9-6 中，在控制了学校的影响之后，对数学的态度对数学能力的影响系数变为 0.544，略有降低。这意味着之前的回归系数 0.581 中实际上夹杂了一部分学校的影响，并不完全是由学生个体因素造成的。0.544 才是更洁净的个人层面的数学态度对其数学能力的影响效应。

第 10 章

结构方程模型：交互效应

结构方程模型最初建立在线性结构关系基础上，使用一组联立线性结构方程组。最近的发展使得结构方程模型可以处理多种形式的非线性关系和交互效应，包括分类变量、乘积项、非线性、潜变量交乘，等等。

10.1 交互效应结构方程模型

当变量 x 对变量 y 的影响受到另一个变量 z 的调节，或者说 z 调节着 x 与 y 之间的相关关系时，就称为"统计交互效应"。调节变量就好比"活性酶"或"离合器"，影响因变量和自变量之间关系的方向或强弱。调节变量可以是分类型变量，如性别可能调节 x 对 y 的影响；调节变量也可能是连续型变量，如激励调节智商与学习成绩之间的关系。激励强，高智商可能会使学习成绩很高；而激励弱，智商与成绩之间的关系便很弱。高智商带来高成绩依赖于被激励的前提条件。此处的"激励"是连续型调节变量。这些连续型显变量或分类型显变量的交互效应同样也适用于潜变量，包括连续型潜变量和分类型潜变量。

一、显变量交互效应

分类变量的交互效应实际上类似于 t 检验（2 类）、方差分析（2 类以上），或类似于 SEM 的多组或多样本比较模型。（Schumacker & Rigdon, 1995）即根据交互变量的不同取值将样本观测值分为不同组或不同样本。其基本逻辑是，如果确实存在交互效应，一些参数在不同组或不同样本间的估计值应该不同（显著差异）。由此，可以检验截距、斜率在不同组或不同样本之间的差异，从而判断主效应和交互效应。

除了传统的交互效应回归模型，也可以通过 SEM 交互效应模型来达到上述目标：第一，保持斜率不变（相等），根据截距估计值的组间差异来分析主效应，称为主效应模型；第二，根据截距和斜率估计值的组间差异来分析交互效应，称为交互效应模型。即主效应是两个截距之差，交互效应则是两个斜率之差。该模型实际上假设均值（截距）不同、变化率（斜率）也不同。

一个常用的案例是，假设车重会影响每公里油耗，并加入产地（进口或国产）作为共同的解释变量，但回归结果显示加入该二值虚拟变量并没有显著改善对 MPG

（每公里油耗）的解释。① 为此，我们猜测产地更适合作为调节变量，可以先生成一个交互项，再纳入模型进行估计：

$$\text{generate wgt1000sXforeign} = \text{wgt1000s} * \text{foreign}$$

使用 sem 命令估计该调节效应模型的命令如下：

$$\text{sem (mpg} \leftarrow \text{wgt1000s foreign wgt1000sXforeign)}$$

```
Fitting target model:
Iteration 0: log likelihood = -298.90093
Iteration 1: log likelihood = -298.90093
Structural equation model          Number of obs = 74
Estimation method = ml
Log likelihood = -298.90093
```

表 10-1 交互效应 SEM 估计结果

	coef.	Std. Err.	z	P>z	[95% Conf. Interval]	
wgt1000s	−5.975084	0.644035	−9.28	0.000	−7.237369	−4.712798
foreign	9.271333	4.377086	2.12	0.034	0.692401	17.85026
wgt1000sXforeign	−4.450874	1.735688	−2.56	0.010	−7.852761	−1.048987
_cons	39.64696	2.18189	18.17	0.000	35.37054	43.92339
var (e.mpg)	10.22853	1.68156			7.410996	14.11724

表 10-1 的估计结果中，截距的意思是其他解释变量都为 0，即车是国产车且重量等于 0。如果想要得到的截距有实际意义，可以对车重的数据进行中心化处理（将每个观测值的车重减去均值）。此时，截距的含义就变为具有平均车重的国产车的 MPG。

国产车：

$$\text{mpg\_domestic} = 39.65 + 9.27(0) - 5.98(\text{wgt1000s}) - 4.45(\text{wgt1000sv} \times 0)$$
$$= 39.65 - 5.98(\text{wgt100s})$$

进口车：

$$\text{mpg\_foreign} = 39.65 + 9.27(1) - 5.98(\text{wgt1000s}) - 4.45(\text{wgt1000s} \times 1)$$
$$= 39.65 + 9.27 - 10.43(\text{wgt1000s})$$
$$= 48.92 - 10.43(\text{wgt1000s})$$

我们还可以使用后续命令估计该模型方程的拟合程度，命令为：

$$\text{estat eqgof}$$

---

① 可以将该步骤作为检验某个变量究竟是解释变量还是调节变量的标准程序，然后对三个模型进行模型差异显著性检验。

表 10-2 交互效应模型拟合程度

observed depvars	Variance			R-squared	mc	mc²
	fitted	predicted	residual			
mpg overall	33.01972	22.79119	10.22853 0.6902297	0.6902297	0.8308006	0.6902297

上述交互模型也可以使用 regress 命令估计，但使用 sem 命令具有更多的优点：第一，如果有缺失值，且变量又服从正态分布假设，则可以使用 MLMV，保留有缺失值的样本个体，而不必像 OLS 那样都删除。第二，结构方程模型可以估计出测量误差，并在需要时将误差项设为相关。第三，可以扩展为更复杂的调节效应模型。例如，如果调节变量是分类的，可以将这些分类变量当作不同组，使用之前介绍的多组比较分析；将调节变量与多个外生变量进行交互（多个调节效应），既有连续型调节变量，又有分类型调节变量。第四，当被交互的变量为潜变量时（潜变量交互效应），使用 OLS 方法无法估计。第五，处理更复杂的调节中介效应模型（moderated mediation model）。即 x 与 y 之间的中介效应可能还受到某调节变量的影响。例如，女性的间接效应可能比直接效应更强，而男性则可能恰好相反。

分类变量交互效应模型也有一些缺点。样本分组之后一些组的观测值数目可能很少。这会影响参数估计值，也可能会影响对相减后离差值的 χ^2 检验（使研究者误以为存在交互效应，但实际上并没有）。解决的办法就是将尽可能多的参数设为在各组间相等。

对连续型显变量，两个显变量之间可以存在三种非线性关系：x_1 与 x_2 曲线相关（curvilinear）、平方项（$x_2 = x_1^2$）、乘积项（$x_3 = x_1 x_2$）。这三种交互效应 SEM 都可以处理。为减少多重共线性，一般会对该连续型调节变量进行中心化（原值减去均值）或标准化处理（原值减去均值后再除以标准差）。需要指出的是，当变量为连续型变量时，不建议将其转化为分类变量交互模型。因为如果将连续变量裁剪为分类变量，会损失大量有用的信息，而在分组时也可能产生错误（分组的截断点不易取舍），导致将某些观测值错误地归入本不该属于的分组之内。

由于对显变量的交互效应回归模型的方法介绍和应用案例已经非常多，读者也很熟悉，此处不再赘述。交互效应也可应用于路径模型。

二、潜变量交互效应

SEM 可以很好地处理包含调节效应，尤其是潜变量交互效应模型。当模型中至少有一个是潜变量时，应当使用潜变量调节效应分析方法。通常主要有两种情形：第一，自变量是潜变量，调节变量是类别（显）变量，此时一般使用结构方程模型的多组比较分析来处理；第二，自变量和调节变量都是潜变量。此时，则要采用专门的潜变量交互项模型来处理。

目前，Stata 软件可以使用的方法为 Kenny-Judd 办法，即将外生潜变量的测量指标配对相乘,得到的乘积项显变量作为交互潜变量的对应测量指标。由于配对指标可以通过不同的组合方式产生,指标数目过多会产生阶数很大的协方差矩阵,往往导致模型不收敛或其他问题。故此,研究者建议采用"大配大、小配小"的办法,对各个因子(外生潜变量)进行验证性因子分析,然后将标准化的因子载荷由高到低排列,再按"大配大、小配小"的规则配对相乘。如果外生潜变量的测量指标的数目不同,则可以采用"留高去低"的办法配对相乘,即优先使用该潜变量载荷系数最高的 n 指标与另一个潜变量的 n 指标配对相乘。对指标配对想要了解更多的读者可以参阅温忠麟、刘红云和侯杰泰(2012)及相关论文。

案例 1 潜变量公平度调节获得感影响幸福感的效应检验,如图 10-1 所示。

$$\eta_1 = \gamma_1 \xi_1 + \gamma_2 \xi_2 + \gamma_3 \xi_1 \xi_2 + \zeta \tag{10-1}$$

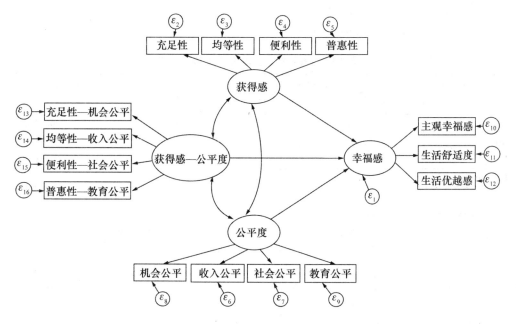

图 10-1 潜变量交互效应模型

该潜变量交互效应的估计命令为:

```
sem (Obtain→ c_adequacy c_equity c_convenience c_coverage)   ///
    (Fair→ c_fair_money c_fair_edu c_fair_chance c_fair_social)   ///
    (Inter→ aa bb cc dd)   ///
    (Happy→ c_happiness c_comfort c_super)   ///
    (Fair Obtain Inter→ Happy), method(mlmv) vce(robust)
    Iteration 0: log likelihood = -60177.325 (not concave)
    Iteration 1: log likelihood = -60032.116
    Iteration 2: log likelihood = -59997.591
```

```
Iteration 3: log likelihood = -59988.127
Iteration 4: log likelihood = -59985.372
Iteration 5: log likelihood = -59985.263
Iteration 6: log likelihood = -59985.254
Iteration 7: log likelihood = -59985.254
Structural equation model      Number of obs = 4457
Estimation method = ml
Log likelihood   = -59985.254
(1) [c_happiness] Happy = 1
(2) [c_adequacy] Obtain = 1
(3) [aa] Inter = 1
(4) [c_fair_money] Fair = 1
```

表 10-3　潜变量交互效应模型估计结果

Structural	coef.	OIM Std. Err.	z	$P>z$	[95% Conf. Interval]	
Happy ←						
Obtain	0.1743716	0.0206965	8.43	0.000	0.1338072	0.2149361
Inter	0.4066817	0.1885538	2.16	0.031	0.037123	0.7762405
Fair	0.8642729	0.1226685	7.05	0.000	0.623847	1.104699
Measurement						
Obtain						
c_adequacy ←	1 (constrained)					
_cons	0.0111349	0.0131432	0.85	0.397	-0.0146252	0.0368951
c_equity ←	0.9107462	0.0230858	39.45	0.000	0.8654989	0.9559935
_cons	-0.0069929	0.0131481	-0.53	0.595	-0.0327627	0.018777
c_convenience ←	1.091576	0.0252776	43.18	0.000	1.042032	1.141119
_cons	0.0064377	0.0137174	0.47	0.639	-0.020448	0.0333233
c_coverage ←	0.9801657	0.0247068	39.67	0.000	0.9317413	1.02859
_cons	-0.0035633	0.0133268	-0.27	0.789	-0.0296834	0.0225567
Inter						
aa ←	1 (constrained)					
_cons	0.0264429	0.0056333	4.69	0.000	0.0154017	0.037484
bb ←	0.8132593	0.1158519	7.02	0.000	0.5861937	1.040325
_cons	0.0199191	0.0064934	3.07	0.002	0.0071924	0.0326459
cc ←	1.435557	0.248064	5.79	0.000	0.9493604	1.921753
_cons	0.1395418	0.0148496	9.40	0.000	0.1104371	0.1686465
dd ←	1.966213	0.3016255	6.52	0.000	1.375037	2.557388
_cons	0.0405121	0.0051894	7.81	0.000	0.030341	0.0506832

(续表)

Structural	coef.	OIM Std. Err.	z	P>z	[95% Conf. Interval]	
Fair						
c_fair_money ←	1 (constrained)					
_cons	−0.0084357	0.0073741	−1.14	0.253	−0.0228888	0.0060173
c_fair_edu ←	1.239457	0.0922613	13.43	0.000	1.058628	1.420286
_cons	0.0019101	0.0057258	0.33	0.739	−0.0093123	0.0131324
c_fair_chance ←						
Fair	1.140863	0.0837472	13.62	0.000	0.9767211	1.305004
_cons	0.0020731	0.0063938	0.32	0.746	−0.0104585	0.0146047
c_fair_social ←	1.788769	0.1583924	11.29	0.000	1.478325	2.099212
_cons	−0.0132102	0.0157331	−0.84	0.401	−0.0440465	0.017626
Happy						
c_happiness ←	1 (constrained)					
_cons	0.0383986	0.0125045	3.07	0.002	0.0138903	0.0629069
c_comfort ←	0.9161461	0.0604258	15.16	0.000	0.7977138	1.034578
_cons	0.0140565	0.0131277	1.07	0.284	−0.0116733	0.0397863
c_super ←	0.3697046	0.0247283	14.95	0.000	0.321238	0.4181711
_cons	0.0185097	0.0067754	2.73	0.006	0.0052302	0.0317892
var(e.c_adequacy)	0.3568515	0.0104729			0.3369041	0.3779798
var(e.c_equity)	0.427875	0.0112329			0.4064157	0.4504674
var(e.c_convenience)	0.3464808	0.0110748			0.3254405	0.3688813
var(e.c_coverage)	0.3947375	0.0110038			0.373749	0.4169046
var(e.aa)	0.1306002	0.0033201			0.1242524	0.1372723
var(e.bb)	0.180755	0.0041149			0.1728672	0.1890027
var(e.cc)	0.9604764	0.0210953			0.9200077	1.002725
var(e.dd)	0.0781179	0.0062514			0.066778	0.0913836
var(e.c_fair_money)	0.2108962	0.0051449			0.2010496	0.221225
var(e.c_fair_edu)	0.0977806	0.0038597			0.0905009	0.1056458
var(e.c_fair_chance)	0.1412478	0.0039966			0.1336279	0.1493022
var(e.c_fair_social)	1.002555	0.0241616			0.9563007	1.051048
var(e.c_happiness)	0.4501541	0.0185332			0.4152567	0.4879843
var(e.c_comfort)	0.5609995	0.0181786			0.5264779	0.5977847
var(e.c_super)	0.1708765	0.0043501			0.1625597	0.1796188
var(e.Happy)	0.2043521	0.0170236			0.1735678	0.2405962
var(Obtain)	0.4130653	0.0161676			0.3825623	0.4460004
var(Inter)	0.0108405	0.0021662			0.0073275	0.0160377
var(Fair)	0.0314667	0.0035933			0.0251565	0.0393598
cov(Obtain, Inter)	−0.0010316	0.0017574	−0.59	0.557	−0.0044761	0.0024129
cov(Obtain, Fair)	0.0322559	0.0033764	9.55	0.000	0.0256383	0.0388735
cov(Inter, Fair)	−0.0071641	0.0010953	−6.54	0.000	−0.0093109	−0.0050173

潜变量交互模型除了采用 Kenny-Judd 办法，还可以采用由两个潜变量直接相乘

得到交互项的办法。该办法称为调节潜变量结构方程（latent moderated structural equations，LMS）。例如，一个模型含有两个作为解释变量的潜变量。在得到潜变量交互项之前，应先对各个潜变量进行中心化处理（减去各自均值的离差值）。然后再用中心化之后的潜变量相乘，得到乘积的潜变量交互项。这两个潜变量的取值是无偏的，交乘后得到的均值和协方差矩阵会与原潜变量的相同。新的交互潜变量也被当作连续型变量。潜变量交互模型如下图所示：

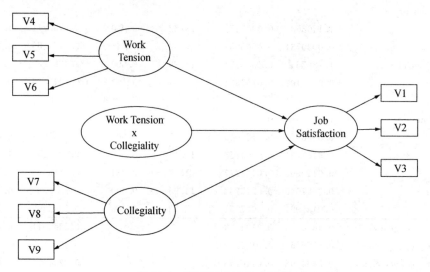

图 10-2　潜变量交互效应模型

资料来源：Schumacker and Lomax（2016）。

LMS 模型方法目前在 Stata 软件中还无法实现，但在 Mplus 软件中已经可以使用了。

相比用因子得分化潜为显、2SLS 等回归方法来处理潜变量交互效应，使用 SEM 方法由于同时考虑了指标与潜变量之间的关系（测量模型）以及潜变量与潜变量之间的关系（结构模型），精确度较高。回归方法往往发现交互效应不显著，但 SEM 方法都显示交互效应显著。（温忠麟、刘红云和侯杰泰，2012）

在结构方程模型中，检验交互效应会存在一些问题：第一，模型设计的问题。在潜变量交互模型中，难以判断或确定究竟该研究何种相关关系，以及假设何种分布函数。第二，当不采用线性模型时，就会存在多种乘积变量（product indicant variable）或不同的潜变量交互项组合。此时，就特别需要借助相关理论聚焦研究对象。第三，在设计分类交互模型时，收集数据的变量取值范围必须足够宽，从而使交互效应比较明显，并且样本量也必须足够大（便于分组或分样本）。第四，统计拟合指标、参数估计值及其标准误都是基于线性和正态分布假设。除非交互效应特别大，否则可能很难得到稳健的估计结果识别其中的交互效应是否（显著）存在。

当使用潜变量交互模型时也要使用 bootstrap 计算标准误，因为所使用的估计方法计算出来的标准误可能是不准确的。这是因为偏离了交互模型要求的分布假设。甚至可以说，不管如何，我们都建议进一步使用 bootstrap 计算参数估计值及其标准误，以获得更可靠的参数估计值。如果不太熟悉 bootstrap，也可以对交互项变量进行正态化转换（变量值的正态变换），以减少检验交互效应时遇到的非正态问题。

分类型潜变量也可用作为调节变量。感兴趣的读者可以参考邱皓政（2008）、王孟成和毕向阳（2018）。此外，研究时序数据的潜增长模型也可以考察其内在的交互效应，详见温忠麟、刘红云和侯杰泰（2012）。

需要指出的是，使用者往往容易混淆调节变量和中介变量。相对于研究者关注的自变量和因变量而言，这两类变量都是第三者。中介变量与前行变量、后面变量都有直接接触、直接影响，但调节变量并不会和这两个变量接触，只是调节两者之间的影响效应，起到"催化剂""媒介"的作用。如果一个变量与自变量或因变量相关不大，则不可能成为中介变量，但可能成为调节变量。理想的调节变量应与自变量和因变量的相关性都不大。从理论上来说，中介效应分析主要是为了探讨理论内部的传导机制，而调节效应分析则是为了确定理论适用的外部条件。有时，一个变量作为调节变量和中介变量都是合适的，理论上都可以给出合理的解释。（温忠麟、刘红云和侯杰泰，2012）它作为调节变量，就会影响 Y 和 X 之间关系的方向（正或负）与强弱；它作为中介变量，就代表一种机制，X 通过它影响 Y。由于调节变量与中介变量定义完全不一样，在同一个模型中，一个变量不能同时作为中介变量和调节变量。

此外，可以构建有调节的中介效应模型和有中介的调节效应模型，来处理差异化的中介效应以及需要中介变量传导的调节效应。感兴趣的读者可以参考温忠麟、刘红云和侯杰泰（2012）。

10.2 二次效应结构方程模型

二次效应模型是交互效应模型的一个特例。当调节变量是自身时，该模型就成了二次效应模型。

假设所构建的二次效应结构方程模型矩阵方程如式（10-2）所示。模型中，被解释变量为幸福感 η_1，使用 3 个测量指标：主观幸福感 y_1、生活舒适度 y_2、生活优越感 y_3。其测量模型的矩阵方程如式（10-3）所示。外生潜变量获得感 ξ_1 采用 4 个测量指标：充足性 x_1、均等性 x_2、便利性 x_3、普惠性 x_4。潜变量二次项 ξ_1^2 可用 x_1^2、x_2^2、x_3^2、x_4^2 作为其测量指标。（温忠麟、刘红云和侯杰泰，2012）ξ_1 及其二次项 ξ_1^2 的测量模型方程如式（10-4）所示。这些指标都已经作过中心化处理。

$$\eta_1 = \gamma_1 \xi_1 + \gamma_2 \xi_1^2 + \zeta \tag{10-2}$$

$$\begin{bmatrix} y_1 \\ y_2 \\ y_3 \end{bmatrix} = \begin{bmatrix} 1 \\ \lambda_{y2} \\ \lambda_{y3} \end{bmatrix} \eta + \begin{bmatrix} \varepsilon_1 \\ \varepsilon_2 \\ \varepsilon_3 \end{bmatrix} \tag{10-3}$$

$$\begin{bmatrix} x_1 \\ x_2 \\ x_3 \\ x_4 \\ x_1 x_1 \\ x_2 x_2 \\ x_3 x_3 \\ x_4 x_4 \end{bmatrix} = \begin{bmatrix} 1 & 0 \\ \lambda_2 & 0 \\ \lambda_3 & 0 \\ \lambda_4 & 0 \\ 0 & 1 \\ 0 & \lambda_6 \\ 0 & \lambda_7 \\ 0 & \lambda_8 \end{bmatrix} \begin{bmatrix} \xi_1 \\ \xi_1^2 \end{bmatrix} + \begin{bmatrix} \delta_1 \\ \delta_2 \\ \delta_3 \\ \delta_4 \\ \delta_5 \\ \delta_6 \\ \delta_7 \\ \delta_8 \end{bmatrix} \qquad (10\text{-}4)$$

式（10-2）中，系数 γ_1 代表获得感影响幸福感的一次线性效应，而 γ_2 代表获得感影响幸福感的二次曲线（非线性）效应。

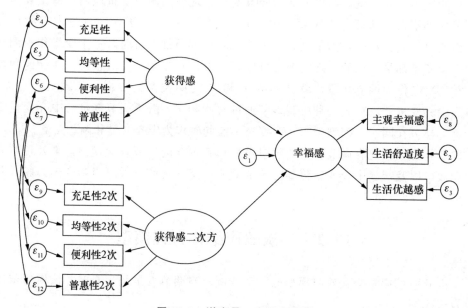

图 10-3　潜变量二次效应模型

该模型的估计命令为：

sem (Obtain Obtain2→Happy)　///
　　(Obtain→c_adequacy c_equity c_convenience c_coverage)　///
　　(Happy→c_comfort c_super c_happiness)　///
　　(Obtain2→ade2 equ2 con2 cov2)

Fitting target model:

Iteration 0: log likelihood = -64443.579

Iteration 1: log likelihood = -64300.519

Iteration 2: log likelihood = -64113.701

Iteration 3: log likelihood = -64106.983

第 10 章 结构方程模型：交互效应

```
Iteration 4: log likelihood = -64106.94
Iteration 5: log likelihood = -64106.94
Structural equation model        Number of obs = 5357
Estimation method = ml
Log likelihood    = -64106.94
 (1) [c_comfort] Happy = 1
 (2) [c_adequacy] Obtain = 1
 (3) [ade2] Obtain2 = 1
```

表 10-4 潜变量二次效应模型估计结果

Structural	coef.	OIM Std. Err.	z	$P>z$	[95% Conf. Interval]
Happy ←					
Obtain	0.2190209	0.0174075	12.58	0.000	0.1849028 0.2531391
Obtain$_2$	0.0581228	0.0215526	2.70	0.007	0.0158804 0.1003652
Measurement					
Obtain					
c_adequacy ←	1 (constrained)				
_cons	0.0008586	0.011725	0.07	0.942	-0.0221219 0.0238391
c_equity ←	0.8585839	0.0210141	40.86	0.000	0.817397 0.8997708
_cons	-0.0015962	0.0115356	-0.14	0.890	-0.0242056 0.0210132
c_convenience ←	1.091142	0.0236093	46.22	0.000	1.044869 1.137415
_cons	0.0024774	0.0122516	0.20	0.840	-0.0215352 0.02649
c_coverage ←	0.9965189	0.0230677	43.20	0.000	0.951307 1.041731
_cons	-0.0000235	0.0119881	-0.00	0.998	-0.0235198 0.0234728
Happy					
c_comfort ←	1 (constrained)				
_cons	-0.0037178	0.0120006	-0.31	0.757	-0.0272385 0.0198029
c_super ←	0.4321502	0.0260444	16.59	0.000	0.3811042 0.4831963
_cons	0.0081412	0.0062405	1.30	0.192	-0.00409 0.0203724
c_happiness ←	1.112152	0.0696936	15.96	0.000	0.9755547 1.248748
_cons	0.0163294	0.0115237	1.42	0.156	-0.0062566 0.0389153
Obtain$_2$					
ade$_2$ ←	1 (constrained)				
_cons	0.7498855	0.0095562	78.47	0.000	0.7311558 0.7686152
equ$_2$ ←	1.027438	0.0340471	30.18	0.000	0.9607067 1.094169
_cons	0.7476937	0.0115934	64.49	0.000	0.724971 0.7704164
con$_2$ ←	1.155923	0.0354117	32.64	0.000	1.086517 1.225328
_cons	0.8260863	0.0112312	73.55	0.000	0.8040735 0.8480992
cov$_2$ ←	1.148521	0.0366772	31.31	0.000	1.076635 1.220407
_cons	0.7707675	0.011495	67.05	0.000	0.7482377 0.7932972

（续表）

Structural	coef.	OIM Std. Err.	z	P>z	[95% Conf. Interval]
var（e. Happy）	0.1817063	0.0148065			0.1548848 0.2131724
var（Obtain）	0.3896014	0.0141614			0.3628112 0.4183698
var（Obtain2）	0.2091002	0.0094905			0.1913026 0.2285536
cov（e. c_adequacy, e. ade2）	−0.04845	0.005556	−8.72	0.000	−0.0593396 −0.0375604
cov（e. c_equity, e. equ2）	0.1278546	0.0076242	16.77	0.000	0.1129114 0.1427977
cov（e. c_convenience, e. con2）	−0.083176	0.0067451	−12.33	0.000	−0.0963963 −0.0699558
cov（e. c_coverage, e. cov2）	−0.0393703	0.0069128	−5.70	0.000	−0.052919 −0.0258215

表 10-4 中，潜变量 Obtain 的一次效应系数为正，二次效应系数也为正，这意味着获得感影响幸福感存在 U 型曲线关系。当获得感为负时，会降低幸福感，但随着获得感由负转正，会逐渐增加幸福感。

总结与展望

SEM 是一套非常复杂的统计技术，继承和发展了从初等统计、多元统计到潜变量统计的统计技术变革。相信读者学完本书之后会对定量研究方法有更全面、更深入、更清晰的认识。最后，我们梳理一下不同模型之间的演化关系。

当采用因子分析从指标中提取出因子之后，使用显变量作为协变量，该模型称为 MIMIC 模型，使用连续潜变量作为协变量时，称为结构方程模型。

当对指标采用联合概率分析提取出分类潜变量之后，采用显变量作为协变量，该模型称为混合回归模型；当使用分类潜变量作为协变量时，称为潜类别结构方程模型。

因子分析坚持认为个体之间只有量的差异，潜类别模型则坚信个体只存在质的区别。而混合因子分析则认为个体之间既有质的区别，又有量的差异。当从一组测量指标中同时提取出连续型潜变量和分类型潜变量时，这种测量模型称为混合因子模型。一般先把个体划入某一类别之中，再考虑同类个体之间量的差异。"先求同，再存异"符合人们的思维习惯。

既有连续型潜变量又有分类型潜变量的结构方程模型称为混合结构方程模型，它是目前最大的统计分析框架。多元回归、路径分析、验证性因子分析、结构方程模型、潜类别分析、多层模型等多元统计分析技术，都可以统一到混合结构方程模型的框架之下。

结构方程模型也可以处理时间序列数据。当使用 SEM 处理时间序列数据时，相应模型称为潜增长模型，包括线性潜增长模型、非线性潜增长模型。目前，Stata 软件可以处理这些潜增长模型。

当使用潜类别模型处理时序数据时，称为潜转换模型，代表不同类别组个体随时间而改变属性的情形。在 Stata 操作手册中并未看到处理潜转换模型的命令程序。

当使用时间序列数据同时研究潜增长和潜类别的跨期变化时，称为混合增长模型。在 Stata 操作手册中也未看到处理混合增长模型的命令程序。

目前，Stata 软件尚未开发出系统便捷的面板数据潜变量模型。事实上，我们可以使用多组比较模型或多层模型来处理面板数据。对此，本书第 9 章在介绍多层 mlogit 模型时略有涉及，读者也可以尝试使用多层模型处理其他面板数据。

总体而言，最前沿的潜变量建模技术目前仍处于发展探索之中。相信 Stata 软件会及时更新，将最新的潜变量统计分析技术纳入"毂中"。

参 考 文 献

[1] 贾俊平等. 统计学 [M]. 北京：中国人民大学出版社，2015.
[2] 侯杰泰，温忠麟，成子娟. 结构方程模型及其应用 [M]. 北京：教育科学出版社，2004.
[3] 黄芳铭. 结构方程模式理论与应用 [M]. 北京：中国税务出版社，2005.
[4] 何晓群. 多元统计分析 [M]. 北京：中国人民大学出版社，2015.
[5] 李健宁. 结构方程模型导论 [M]. 合肥：安徽大学出版社，2004.
[6] 李锡钦. 结构方程模型：贝叶斯方法 [M]. 北京：高等教育出版社，2011.
[7] 林嵩. 结构方程模型原理及 AMOS 应用 [M]，武汉：华中师范大学出版社，2008.
[8] 柳士顺，凌文辁. 多重中介模型及其应用 [J]. 心理科学，2009，32（2）：433—436.
[9] 邱皓政. 潜在类别模型的原理与技术 [M]，北京：教育科学出版社，2008.
[10] 邱皓政，林碧芳. 结构方程模型的原理与应用 [M]. 北京：中国轻工业出版社，2012.
[11] 王孟成. 潜变量建模与 Mplus 应用·基础篇 [M]. 重庆：重庆大学出版社．2014.
[12] 王孟成，毕向阳. 潜变量建模与 Mplus 应用·进阶篇 [M]. 重庆：重庆大学出版社，2018.
[13] 王卫东. 结构方程模型原理与应用 [M]. 北京：中国人民大学出版社，2010.
[14] 王济川，王小倩，姜宝法. 结构方程模型：方法与应用 [M]. 北京：高等教育出版社，2011.
[15] 吴明隆. 结构方程模型——AMOS 的操作与应用 [M]. 重庆：重庆大学出版社，2009.
[16] 温忠麟，刘红云，侯杰泰. 调节效应和中介效应分析 [M]. 北京：教育科学出版社，2012.
[17] 肖金川，任飞，刘郁. 主要英文经济学期刊论文计量分析 [J]. 世界经济，2014，(1).
[18] 易丹辉. 结构方程模型方法与应用 [M]. 北京：中国人民大学出版社，2008.
[19] 俞立平，刘骏. 主成分分析与因子分析法适合科技评价吗？[J]. 现代情报，2018，(6).
[20] 张岩波. 潜变量分析 [M]. 北京：高等教育出版社，2009.
[21] Dayton, C. M. 潜类别尺度分析 [M]. 许多多，译. 上海：格致出版社，上海人民出版社．2017.
[22] Long, J. S. 协方差结构模型：LISREL 导论 [M]. 李忠路，译. 上海：格致出版社，上海人民出版社，2014.
[23] Preacher K. et al. 潜变量增长曲线模型 [M]. 姜念涛，译. 上海：格致出版社，上海人民出版社，2012.
[24] Skrondal Anders, Rabe-Hesketh Sophia. 广义潜变量模型——多层次、纵贯性以及结构方程模型 [M]. 陈华珊，等译. 重庆：重庆大学出版社，2011.
[25] Acock, A. C., *Discovering Structural Equation Modeling Using Stata* [M]. A Stata Press Publication，2013.
[26] Bagozzi, R., Baumgartner, H. The Evaluation of Structural Equation Models and Hypothesis Testing [J], Blackwell Business，1994.

[27] Bollen, K. A. Structural Equations with Latent Variables [M]. NJ: Wiley, 1989.

[28] Bollen, K. A., & Long, J. S. Testing Structural Equation Modeling [M]. Newbury Park, C. A: Sage, 1993.

[29] Browne, M. W., Asymptotic Distribution-free Methods for the Analysis of Covariance Structures [J], *British J. Math. Statist. Psych.*, 1984, 37 (1): 62-83.

[30] Cohen, J., Cohen, P. *Applied Multiple Regression/Correlation Analysis for the Behavioral Sciences* [M]. NJ: Lawrence Erlbaum, 1983.

[31] Collins, L. M., Lanza, S. T. *Latent Class and Latent Transition Analysis: with Applications in the Social, Behavioral, and Health Sciences* [M]. NJ: Wiley, 2010.

[32] Cooley, W. W. Explanatory Observational Studies [J]. *Educational Researcher*, 1978. 7 (9): 9-15.

[33] Costello, A. B., and Osborne. J. W. Best Practices in Exploratory Factor Analysis: Four Recommendations for Getting the Most from Your Analysis [J]. *Practical Assessment, Research & Evaluation*, 2005, 10 (7): 173-178.

[34] Hershberger, S. L. The Growth of Structural Equation Modeling: 1994—2001 [J]. *Structural Equation Modeling*. 2003, 19 (10): 35-46.

[35] Howell R. D, *et al.* Reconsidering Formative Measurement [J]. *Psychological Methods*, 2007, 12 (2): 205-218.

[36] Hu, L. T., Bentler, P. M., Kano, Y. Can Test Statistics in Covariance Structure Analysis Be Trusted [J]. *Psychological Bulletin*, 1992, 112 (2): 351-362.

[37] Iacobucci, D. Mediation Analysis and Categorical Variables: The Final Frontier [J]. *Journal of Consumer Psychology*, 2012, 22 (4): 582-594.

[38] Johnson, D. R., Creech, J. C. Ordinal Measures in Multiple Indicator Models: A Simulation Study of Categoriza-tion Error [J]. *American Sociological Review*, 1983, 48 (3): 398-407.

[39] Kaiser, H. F. An Index of Factor Simplicity [J]. *Psychometrika*, 1974, 39 (1): 31-36.

[40] Kenny, D. A. *Correlation and Causality* [M]. NY: Wiley, 1979.

[41] Kline, P. *Handbook of Psychological Testing* [M]. London: Routledge, 2000.

[42] Kline, R. B. *Principles and Practice of Structural Equation Modeling* [M]. NY: Guilford Press, 1998.

[43] Kline, R. B. *Principles and Practice of Structural Equation Modeling* [M]. NY: Guilford Press, 2016.

[44] Luke Douglas, A. *Multilevel Modeling* [M]. London: SAGE Publications, 2004.

[45] Nunnally, J. C. and Bernstein, I. H. The Assessment of Reliability [J]. *Psychometric Theory*, 1994, 3 (1): 248-292.

[46] Satorra, A. Robustness Issues in Structural Equation Modeling: a Review of Recent Developments [J]. *Quality & Quantity*, 1990, 24 (4): 367-386.

[47] Schumacker, R. E. Relationship Between Multiple Regression, Path, Factor, and LISREL Analysis [J]. *Multiple Linear Regression Viewpoints*, 1991, 18 (1): 28-46.

[48] Schumacker, R. E., Rigdon, E. Testing Interaction Effects in Structural Equation Modeling [R]. Paper Presented at the Annual Meeting of the American Educational Research Association,

San Francisco, 1995, April.
[49] Schumacker, R. E. & Lomax, R. G. *A Beginer's Guide to Structural Equation Modeling* [M]. London: Taylor & Francis Group, 2016.
[50] StataCorp, *Stata Structural Equation Modeling Reference Manual Release* 15 [M]. A Stata Press Publication, 2017a.
[51] StataCorp, *Stata Multivariate statistics Reference Manual Release* 15 [M]. A Stata Press Publication, 2017b.
[52] West, S. G., Finch, J. F., Curran, P. J. Structural Equation Models with Nonnormal Variables: Problems and Remedies. in R. H. Hoyle (Ed.), *Structural Equation Modeling: Concepts, Issues, and Applications* [M]. London: Sage Publications, 1995.
[53] Wheaton, B., Muthén, B., Alwi, D. F., Summers, G. F. Assessing Reliability and Stability in Panel Models [J], 1997, 8 (1): 84—136.
[54] Xie, Y. Structural Equation Models for Ordinal Variables. Sociological Methods & Research, 1989, 17 (4): 325-352.